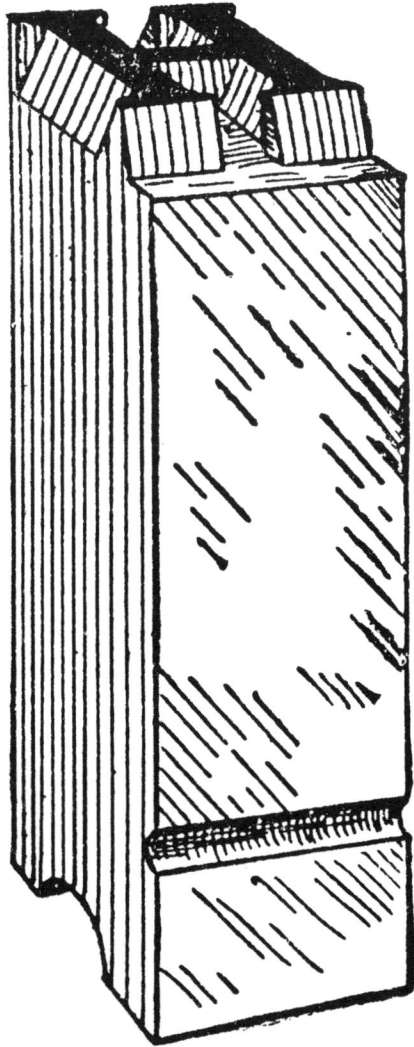

图4　用于印刷的活字。活字下边缘的凹槽提示排字师
应如何正确拿取以及放进排字角托

图5 抄写中的僧侣。原本和复制本相邻地放在书写台上

图6 16世纪的造纸工人。欧洲用金属丝筛网造纸,从中产生水印

图7 1481年的学校课堂,木刻版画

图8 工作中的调色工,约1570年。对印刷来说,颜料调制十分重要

图9　16世纪时对印刷工场场景的描绘。印刷手柄在侧面操作，压板装配到下方的压板桥中

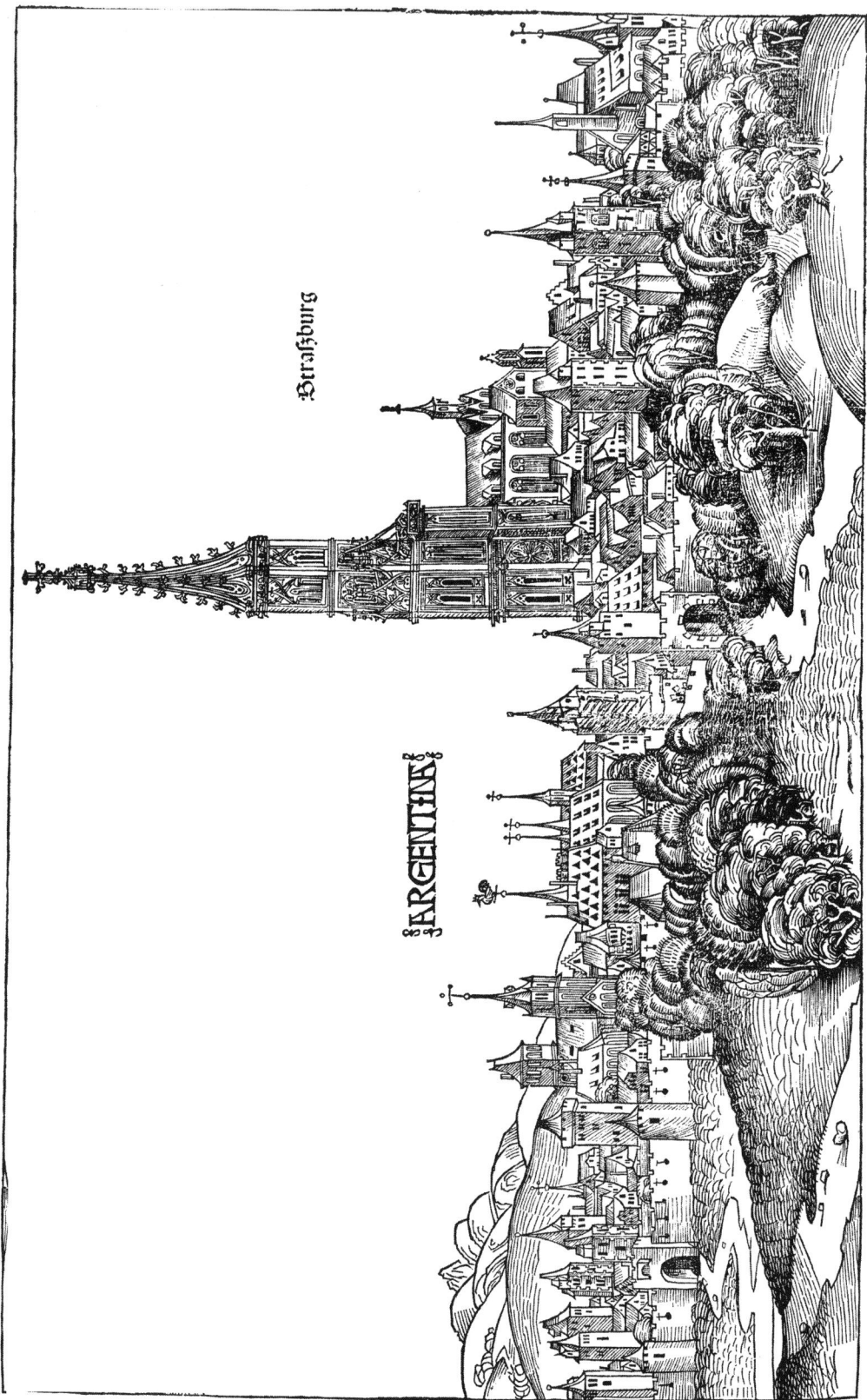

图10 哈特曼·舍德尔（Hartmann Schedel）在1490年《世界编年史》中描绘的斯特拉斯堡

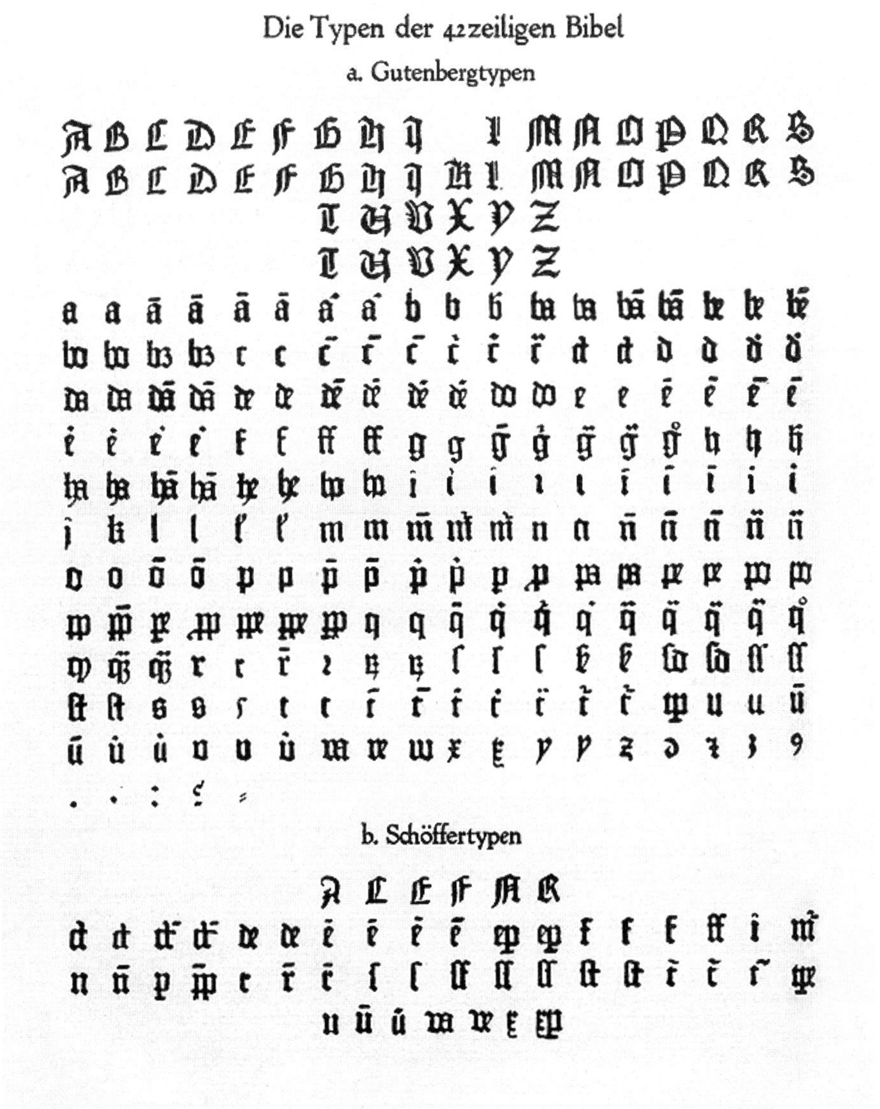

Die Typen der 42zeiligen Bibel

a. Gutenbergtypen

b. Schöffertypen

　　图11　约翰内斯·古登堡（Johannes Gutenberg）为印刷《四十二行圣经》所设计的字模套组，由戈特弗里德·泽勒（Gottfried Zeller）整理

图12　"纸牌大师"（Meisters der Spielkarten）的作品，主题为当时人喜闻乐见的动物与民间故事画像。铜版雕刻师也因为纸牌的流行而获益。纸牌大师的主题不仅见于《四十二行圣经》的插画中，也见于同时面世的《美因茨大圣经》中

图13　柏林皮纸本《圣经》，此处是《创世记》的开头：in principio creavit Deus caelum et terram（起初神创造天地）。在第一页的装饰花边的左侧，是描绘神创造世界的场景的插图

目　录

○ 图像与原型

绪　论

在古登堡出生前一个世纪，威尼斯的马可·波罗（Marco Polo）结束旅行回到欧洲。他在外游历20年，最远曾到达中国。虽然他的游记轰动一时，但他绝非第一个探索亚洲并因此拓宽西方国家视野的欧洲人。早在13世纪中叶，法国国王路易九世（Louis IX，人称"圣路易"）就派出了方济各会[1]修士卢布鲁克的威廉（Wilhelm von Rubruk）前往哈拉和林拜访成吉思汗之孙蒙哥（Mangu）大汗，使基督教的视线进入亚洲深处。虽然中世纪时中国、波斯、阿拉伯和欧洲各地的情况可能千差万别，但它们的社会秩序是相同的："个体"的概念尚未形成，只有少数人能接触到知识。一般而言，学者们不是在大学里教书或者在教会里工作，就是服务于宗教或世俗领袖。他们身处森严的等级之中，围绕着领袖人物旋转，就像亚历山大港的天文学家克劳狄乌斯·托勒密（Claudius Ptolemäus）的水晶球宇宙体系中围绕着地球旋转的其他星球。

在当时并不存在现今意义上的作者，因为每个作者都只是在阐释某个至高无上者——上帝、安拉或某个拥有真正权力的天神。此外，随处可见的还

---

[1] 方济各会及下文提到的多明我会、本笃会、耶稣会等均为基督教修会。修会亦作"教团"，是在修道院规则下生活的团体，其成员有纪律地工作、祈祷和研读。——译者注

有对"哲学家"——在欧洲指的是亚里士多德，在中国则是孔子——的阐释和评论。当时也没有著作权的说法——上帝这位伟大创造者拥有世间万物的版权，有谁敢质疑这点？人们抄写书籍，靠的是勤奋和日益精进的技能。别说是拥有书籍，就连使用都是一件奢侈的事。从特茹河到长江，人们生活的地方丰富多样，但归根结底，人们不过是生活在由不同部分组成的同一个世界里罢了。

这个统一的中世纪世界的瓦解自然不在一朝一夕，而是经历了漫长的过程。或许可以用文艺复兴和人文主义的历史来描述这个过程。但如果想用一个具体的日期和事件来标记出中世纪的转折点，那么1450年和1452年这两个年份就会进入我们的视野：1450年，美因茨的约翰内斯·古登堡发明了活字印刷[1]；1452年，古登堡用活字排印了《四十二行圣经》。伴随印刷复制，堪称欧洲"创始文件"的《圣经》从根本上落入了他手，这个"他"即人们后来所说的"工业"。技术革新为通过历史批判的方法深入解读文本创造了重要前提，由此也为基督教信仰与民主的世俗国家和谐共存创造了基础。出于意识形态方面的原因，理性化的基督教在欧洲现代化发展中的重要性常被低估，但是自从印刷术诞生之日起，欧洲和东方开始呈现出不同的发展，欧洲在科学技术、哲学和文明方面蓬勃发展，领先于世界的其他地区。

在欧洲，伴随着知识文本的复制及传播，知识本身也变得多样，因为越来越多的人参与到科学和文化领域之中。除了人文和艺术领域的进步，科学发现和技术发明的数量也呈爆炸性的增长。

不可否认的是，宗教的缮写室和世俗的抄书坊在手抄方面也达到了一定的专业程度和效率，为书籍的传播起到了不容忽视的推动作用。但直到出现机械化、分工化的复制方法，文本的获取才变得更加日常，这反过来也使得文本的生产，即文字信息的撰写成为一件自然而然的事：一方面，大学的数量不断上升；另一方面，越来越多的人进入大学学习，对这些人而言，文字交流是日常行为。一切都被写了下来，囊括生活的方方面面——从植物书籍到工艺教程，甚至还包括秘密。而在此之前，这一切几乎都依靠口述，很少记录在纸上。[2]

在此后很长一段时间中，欧洲社会越来越多地朝着知识社会发展，文字交流成为进步的工具，而这种交流是因为古登堡才成为可能。书籍不再是奢侈品，知识不再高不可攀，伴随着著作权概念的产生，学者和作家获得了作为作者的独立性。[3]

活字印刷创造了新的交流体系，改变了人类及其在世界中的地位，这相当于今天互联网对交流和对人的地位的改变。今天我们清楚地知道，"在这样的工具"——不论是印刷术还是互联网——"被长期运用之后，人们的生活习惯必然发生变化"[4]。从活字印刷术的发明者约翰内斯·古登堡的一生中也可以看到这样的转变。他的一生是中世纪晚期历史的缩影，从中探寻历史转折点的痕迹正是阅读其生平的精彩所在。

然而，运用新的交流技术也意味着舍弃旧技术，与一方的胜利相伴的是另一方的失利。古登堡的发明引发了其支持者和批评者之间的文化战争，因为与我们这些后人相比，他那时的人们更多地认为自己处于时代的转折点上。

个体是我们现今所处社会的基础。如果说马丁·路德（Martin Luther）通过宗教信仰中的"我"找到了个体，那么古登堡的发明则确保了个体的存在。这个美因茨人对新世界的诞生所起到的作用远比他自己所能想象的更多，也更为深远。与近东、中东和远东相比，欧洲实现了更为出色和先进的发展，欧洲因此在19世纪称霸世界。

今天，当学界说到古登堡时，所说的不仅是一个新的世界，还是一个因古登堡而诞生的崭新星汉[5]。与此类似，互联网的出现让有些人认为"古登堡星汉"（Gutenberg-Galaxis）即将走向尽头。如果古登堡时代，即纸质书时代结束，那么由古登堡和马丁·路德开启的伟大的欧洲时代是否也将就此中止？古登堡经历了媒体和社会的巨大转变，作为活字印刷术的发明者，他自己也对此产生了非凡的影响。如今，我们的时代不也正面临着同样深刻的转变吗？要理解当今的转变，就必须梳理先例。因此，回溯古登堡的一生也必然是展望我们自己的未来。

探寻古登堡所处的世纪，意味着进入一个被根深蒂固的危机所笼罩的世界，意味着进入一个因变革而刹那间天摇地动的世界，在那个世界中，恶魔还未去神学化，是一股无比邪恶的强大力量。约翰内斯·古登堡也曾多次亲身遭遇恶魔和它的同伙。对中世纪的人来说，在任何时间和地点，都能被恶魔侵袭和附体，这样的不幸就如同遭遇冰雹或者暴风雪一般。如此一来，在恶劣天气中染上的疾病自然是恶魔的杰作，因为疾病来自恶魔和它的同伙，而痊愈和健康则被视为上帝的恩赐。

我们所要探索的是一个被荷兰文化历史学家约翰·赫伊津哈（Johan Huizinga）称为"中世纪之秋"（Herbst des Mittelalters）的时代，它充满了恶劣天气、冲突、变化和戏剧性。那是一个确定之事开始变得不再确定的时代——先前那些让人们坚信基督存在的确定之事，此时不再理所当然和不容置疑。生活的基础摇摇欲坠。

教皇和统一帝国的皇帝是当时的两大权力中心，两者在一场无所不用其极的斗争中相互消耗。诸侯扩张各自的领地，皇帝在帝国中的权力越来越多地落入诸侯之手；教皇则越来越像是意大利领主，而非基督代言人和基督教领袖。政治、法律和社会发生了深刻的变化。这些变化很大程度上决定了约翰内斯·古登堡的一生。

古登堡的发明具有跨时代的意义，这一点毋庸置疑，但关于古登堡个人则存在较多争议。在文献资料中，他以亨内·拉登（Henne zur Laden）、亨金（Hengin）或者亨显·根斯弗莱施（Henchen Gensfleisch）的名字出现，我们面临的关于古登堡生平经历的研究困境不仅清晰地体现在不同的名字中，同样也体现在"人"（Person）这个词的本义中。

在古希腊语中，"prosopon"指的是演员的面具，观众看到的是面具，并不是演员本身的样子。古罗马人用"personare"来表示用声音穿透某物，"persona"则是面具，同时也用来表示某人在其生命中所扮演的角色。从这个意义上说，历史流传下来的约翰内斯·古登堡这个人物是历史为他戴上的面具，是在他死亡的一瞬间就已写成的传说。

他的成就如此重大，而他的生平经历中能确定的事实却如此之少，似乎也找不到任何来自他本人的文字或图像信息。难道正是这个原因，亨内的声音才微弱到不足以穿透约翰内斯·古登堡的面具，穿过历史进入21世纪？

不论是他的印刷机，还是他使用或发明的工具，例如手铸工具、铅字盒、排字角托、排字盘，都没有保留下来，只能参考后来的工具模拟再现。关于印刷场景的图像最早见于1500年前后的一幅以"死亡之舞"（Totentanz）为题材的绘画作品。"死亡之舞"是中世纪常见的艺术题材，表现的是死亡对生命的支配和掌控。

鉴于这样的资料情况，或许人们不应使用传记作家和历史学的惯用手段，而应当借助考古学的方法来考察这个充满谜团的人物。以这种方式走近古登堡的人，不会将其少得可怜的生平痕迹单纯地看作数据，而会将它们视为等待拼接的碎片。如此一来，有关古登堡的传说可以作为连接件代替那些未能找到的碎片，将已找到的碎片完整地组合到一起。

若想稍加了解这位发明家，甚至解开其生平中的种种谜团，唯一的可能是穿过约翰内斯·古登堡的面具，走向美因茨城市贵族亨内·拉登；穿过他的传说故事，走向他的生活经历。

长期以来，关于这位德意志天才的传说不断发展，直到20世纪中叶都没有停止。在当时，古登堡这一传奇人物成为德意志身份认同的关键。在经历了觉醒的15世纪，因宗教改革和教派化（konfessionalisierung）而天翻地覆的16世纪，战争不断的17世纪，革命的18世纪，民族主义兴起、近代国家得以建立的19世纪之后，如果要在历史长河中寻找能代表德意志民族身份的人物，除了图伊斯托（Thuisto）[1]、阿米纽斯（Arminius）[2]、阿尔伯特·马格努斯（Albertus Magnus）[3]，下一个这样的人物就是约翰内斯·古登堡。关于他的丰富传说甚至发展出了神话的色彩。

活字印刷术的发明使四分五裂的德意志进入了基督教世界的现代思想史和科技史，德意志从此开始自认为是诗人和思想家、科学家和天才专家的国度。在这个留着长胡子、戴着象征市民阶层的皮毛檐帽的男人身上，我们可以找到人们对于日耳曼人的刻板印象的原型，例如高效、固执和富有创造力。

然而，这个所谓的原型跟这些刻板印象一样都不是真的。直到今天都没能找到可勉强视为真实的古登堡肖像画。迄今为止，古登堡已知的最早画像出自1567年巴塞尔医学家、人文主义者海因里希·潘塔莱翁（Heinrich Pantaleon）以德语出版的《德意志国家英雄录》（*Teutscher Nation Heldenbuch*）6第二卷。流行最广的古登堡画像则出自法国博物学家安德烈·泰韦的九卷本传记辞典《杰出希腊人、拉丁人和异教徒的真实画像和生平事迹，摘自其新旧绘画作品、书籍、徽章》7中的第三卷。只是这位法国作者与古登堡之间已相距一个多世纪之久。但毋庸置疑，古登堡生活在一个非凡的时代，这清晰地体现在传记中有关他的部分的前后几页里：在他之前是著名的人文主义者恩尼亚·西尔维奥·皮科洛米尼（Enea Silvio Piccolomini），即后来的教皇庇护二世（Pius Ⅱ），以及数学家雷吉奥蒙塔努斯（Regiomontanus）；在他之后是人文主义者、罗马教廷的枢机主教彼得罗·本博（Pietro Bembo）和人文主义者、哲学家乔瓦尼·皮科·德拉·米兰多拉（Giovanni Pico della Mirandola）。

---

[1] 神话人物。根据塔西佗在《日耳曼尼亚志》中的记载，图伊斯托是日耳曼人的祖先，也写作Tuisto。——译者注

[2] 公元9年，在条顿堡森林战役（Schlacht im Teutoburger Wald）中，阿米纽斯带领日耳曼人击退罗马人，从而抵御了罗马人的入侵。塔西佗称其为"日耳曼的解放者"。——译者注

[3] 又称大阿尔伯特（约1206—1280），中世纪重要的哲学家和神学家。——译者注

15世纪中叶前后，人们对当时刚刚诞生的印刷术的兴趣越发浓厚，我们之后将进一步探究为什么恰好是这个时间。对这一创新成果的赞誉与发明的诞生是同步发生的吗？是知识水平的发展恰好导致了这项发明的出现吗？

在一封写于1454年底或1455年初，但迄今尚未找到原版的信中，当时身在罗马的西班牙枢机主教胡安·德·卡瓦哈尔（Juan de Carvajal）向他的同僚恩尼亚询问了印刷术的情况，从后者的回复中显然可以看出，这位主教对印刷术深感兴趣。至于古登堡发明了印刷术的消息是如何从美因茨传播到遥远的罗马，虽然美因茨与罗马教廷的联系和关系错综复杂，但还是可以找出这一消息的传播途径。

维甘德·门克勒（Wigand Menckler）自1450年起为受俸圣职候选人，1452年起担任位于美因茨附近的圣维克多修道院（St.-Viktor-Stift）学校校长。正如在《兄弟会之书》（*Liber fraternitatis*）[8]中可见，古登堡是圣维克多修道院的平信徒[1]，因此毫无疑问的是，门克勒认识古登堡，两人之间有着联系。此外，门克勒不仅是德意志枢机主教库萨的尼古拉（Nikolaus von Kues）的幕僚，也与西班牙枢机主教卡瓦哈尔关系密切，因此很有可能的是，门克勒将古登堡进行的工作告诉了卡瓦哈尔[9]，后者又就此询问了意大利的恩尼亚。恩尼亚在1454年10月5日至31日以皇帝腓特烈三世（Friedrich Ⅲ）顾问的身份参与了法兰克福帝国议会，虽然他看到的仅是几份《圣经》五页本（Quinternio），也就是将印刷晾干的页面以五页为单位装订成本的印刷物，但这足以让这位具有影响力、人脉极广的人文主义者激动不已，他在1455年3月12日——维也纳新城举行帝国议会期间——给胡安·德·卡瓦哈尔的回信中写道：

> 关于那个出现在法兰克福的了不起的人，写给我的内容并没有错。我没有看到完整的《圣经》，而是看到了一些以最为整洁精准

---

[1] 基督教中未被授予圣职的成员。——译者注

的字体印刷而成的（《圣经》）不同卷书的五页本，你不戴眼镜也可以轻松阅读。我从多个可靠人士那里了解到，一共印成了158册；有些人甚至说是180册。就数字而言我不是完全肯定，但如果可以相信这些（人），我并不怀疑《圣经》已经印成。若是我早些知道你的愿望，我肯定（为你）买一册。有一些五页本是带给皇帝的。如果可以的话，我会试着买一本能买得到的《圣经》给你并为你付款。但我担心这行不通，既是因为路途遥远，也因为有人说，这些书在印成之前就有了买家。但从你让一个比珀伽索斯[1]还快的信使来通知我这一点中我可以看出，你是多么希望了解这件事。[10]

在这封信中，我们跨越数百年看到了亨内·拉登。他当时就已经被称为古登堡，原因是他住在父母的名为古登堡的宅院里；这是他作为逃难者的临时住所，也是足以激动人心的经历和传奇的开始。德意志枢机主教库萨的尼古拉与恩尼亚也是朋友，前者的秘书乔瓦尼·安德烈亚·迪·布西（Giovanni Andrea di Bussi）在印刷术诞生不久后就称之为"ars sacra"，即神圣的艺术，并且自己在罗马对此进行了尝试。对于意大利的大哲学家马尔西利奥·菲奇诺（Marsilio Ficino）而言，这项发明甚至成了人们生活在黄金时代的证明。德意志人则庆幸恰恰好是他们当中的一员成功创造了这一神圣艺术。1455年，意大利人阿斯科利的艾诺克（Enoch von Ascoli）在赫尔斯菲尔德修道院的图书馆发现了塔西佗的《日耳曼尼亚志》（Germania）[2]手稿并将其带回罗马，使当时的德意志人蒙羞。几乎与此同时出版的古登堡的《四十二行圣经》则将德意志人的创造精神传播到了全世界，大大减轻了这一屈辱。对于德

---

[1] Pegasus，长有双翼的马，希腊神话中的奇幻生物。——译者注
[2] 罗马历史学家塔西佗于公元98年完成。《日耳曼尼亚志》记述了公元1世纪左右的日耳曼部族的分布情况，是最早的一部全面记载日耳曼人的作品，具有重要的历史价值。在1455年重新被发现之前，该书遗逸已久。——译者注

意志的人文主义者来说，仅这个理由就足以让他们对这个美因茨人大加称赞。

不到30年后，被腓特烈三世封为"桂冠诗人"（poeta laureatus）的人文主义大学者康拉德·策尔蒂斯（Conrad Celtis）在其颂歌第三卷中赞美约翰内斯·古登堡道：

> 相信我，不逊于代达罗斯（Dädalus）或者发明了字母表的凯克洛普斯（Kekrops），出身于美因茨市民的这个人是我们名字的荣誉。他在短时间内铸造出坚固的合金字母，他教会人们用活字进行印刷。相信我，不论何时，都没有比此更有用的发明！现在意大利人终于不会再指责德意志人迟钝懒散，因为他们看到，通过我们的工艺，古罗马文学将增加好几百年的寿命。[11]

如果说罗马的帝权通过帝权转移（translatio imperii）[1]交给了德意志皇帝，那么通过印刷术这项来自德意志的发明，德意志人不再需要意大利人，甚至可以比意大利人更快地通往古罗马和古希腊文化，如此一来，古人的智慧和知识通过伟大的学识转移（translatio studii）直接转入德意志人之手。在这个德意志人文主义者看来，意大利人没有任何可以与古登堡的活字印刷术媲美的成就。

策尔蒂斯将这一出色创造直接归到最伟大的文化成就中，例如将古登堡与雅典的英雄、传奇国王凯克洛普斯相提并论。传说凯克洛普斯创造了字母表；除了使用字母表和推行一夫一妻制，人们还认为他颁布了法律并进行了第一次人口普查；在波塞冬与雅典娜争夺国家所属时，他选择了雅典娜。没

---

[1]　"帝权转移"的概念可回溯到圣哲罗姆对《圣经·旧约·但以理书》的注解：帝权从巴比伦依次转移到了波斯、希腊、罗马帝国，罗马帝国被认为是世间最后一个、同时也是永恒的帝国。神圣罗马帝国用"帝权转移"的概念来巩固自身作为罗马帝国继承者的合法性。下文的"学识转移"也类似，指文化精华从某时某地向另一个时间的另一个空间进行的线性转移。——译者注

有什么比与凯克洛普斯相提并论更加神圣庄严的了。在颂歌开头提到的代达罗斯则是手工艺者、技师和发明家的保护神。

在对古登堡的颂歌中，这位人文主义者颇有预见性地强调了文字与印刷、知识与媒介之间的联系，事实上，他的目的在于赞颂德意志民族的非凡创造力——感谢古登堡的发明，德意志人不用再对自诩为古罗马人后代和古代文化合法继承人的意大利人忍气吞声，也不用再对他们的成就自愧不如。策尔蒂斯将古登堡与技术大师代达洛斯、文化英雄凯克洛普斯置于同等地位，为的是强调信息与媒介之间不可分割的联系。

当然对于这位桂冠诗人来说，这样做最主要的目的还是宣传帝国思想和意识形态，将祖国德意志的诞生等同于罗马帝国的再生。这样一来，因为上帝将罗马人的统治转移给了德意志人，德意志人就成为欧洲秩序的掌管者。转移体现在三个方面：帝权转移给了德意志国王，学识转移给了古登堡，艺术转移给了阿尔布雷希特·丢勒（Albrecht Dürer）。在中世纪的大危机中，以康拉德·策尔蒂斯和维利巴尔德·皮克海默（Willibald Pirckheimer）为中心的人文主义者们对建立统一帝国进行了纲领性的表述，就如人们早在但丁（Dante）[12]和帕多瓦的马西利乌斯（Marsilius von Padua）[13]的描述中所能看到的：建立统一的基督教帝国，成为该帝国的秩序维护者。至于这一帝国愿景的主角，他们推崇的是在历史上被称为"最后的骑士"的皇帝马克西米利安一世（Maximilian Ⅰ）。更为重要的、能为他们的计划奠定基础的则是约翰内斯·古登堡的天才创造。然而，他们无视德意志的现实情况，整个计划如同空中楼阁，虚无缥缈。

彼时的德意志正处于诸侯割据的状态，法国、西班牙和英格兰则慢慢形成民族国家；除了皇帝和一些德意志的人文主义者，没有人对统一帝国感兴趣——它是正在消失的中世纪的一部分，已无可挽回。但是因为这个梦想已经脱离了实际，反而具有持续的影响力，其中一大体现就是对约翰内斯·古登堡的推崇，他自此完全成为德意志人的象征。最晚从策尔蒂斯这首颂歌开始，亨内·拉登成为德意志的文化英雄约翰内斯·古登堡。

在探寻这位印刷术发明者人生的过程中，如果仅因为历史发展出的反对一切民族主义的倾向就将这首来自人文主义者的颂歌置于一旁，那么就是过犹不及。与此相反，策尔蒂斯的颂歌值得仔细阅读，因为其明确指出，古登堡集技术专家和艺术家的身份于一体。正因我们对这个美因茨人的了解甚少，更应该严肃看待这位人文主义者颇具洞见的提示。在《四十二行圣经》中，古登堡的美学见地一览无遗。虽然人们经常认可和赞扬这部作品具有非比寻常的美，却很少将这种美作为创造者个人方面的证据进行解读。这本传记将对此进行尝试，将古登堡同时也视为艺术家，使"艺"（ars）这个概念的双重意义——手艺与艺术——同时在一个人身上得以体现。

策尔蒂斯之所以将古登堡与凯克洛普斯直接进行比较，是因为后者发明了字母表，它以单个字母而非象形符号为基础，而单个字母恰恰构成了古登堡复杂创新的核心。凯克洛普斯和古登堡都以单个字母为基础，这是分析式思考方式的前提。

但为什么是古登堡呢？为什么是这个美因茨人呢？从今天的角度看，印刷术的发明在当时几乎是水到渠成的，它的出现符合那个时代的需求和逻辑，但这个逻辑恰是通过印刷术的发明才实现的。从15世纪早期的角度看，情况完全不同，否则当时就会爆发关于这一发明的竞赛，大概也会有很多人争相表示自己才是印刷术的发明者。

亨内·拉登既不是纯粹的手工艺人，也算不上学者或人文主义者。在一些人眼中，他是一个因阶层出身而自满的花花公子。[14]这个美因茨城市贵族如何以及为什么能实现这样具有划时代意义的成就？活字印刷术的发明为什么没有发生在当时的文化科学中心——例如巴黎、罗马、佛罗伦萨、帕维亚、帕多瓦或博洛尼亚，而是在美因茨这样一座当时连大学都没有的城市？康拉德·策尔蒂斯的颂歌虽然受意识形态影响，但归根结底，他的看法是不是比人们一般认为的更加深刻？

○岌岌可危的世界

第一章

对上帝失去信任

亨内·拉登，也就是古登堡，他的一生被限定在1420年与1468年2月3日这两组数字之间，乍看之下，这令人惊讶。[1]关于其去世时间没有争议，但前一个数字给人的第一感觉则是出乎意料的。然而，进一步思考后很快可以确定，"1420"并不像一般情况中那样表示出生年份，而是指亨内·拉登首次出现在文书记录中的时间，这也显示出古登堡研究面临的困境：至少，其童年和少年时期缺少直接记录。如此一来，只有像研究史前史的考古学家一样深入挖掘，利用类比法和年代学进行研究才能有所帮助。因此，如果想要探寻约翰内斯·古登堡的人生轨迹，就不要过分纠结于单个细节，只要能自圆其说就行。

1420年的一份有关继承事项的文书提到亨内当时已经成年，这意味着，1420年前后他至少已经15周岁。由于至今人们连古登堡的受洗记录都没能找到，其具体出生日期也就成了古登堡研究中没有定论的难题。也正因如此，1900年时，历史学家们有充分的理由得出古登堡出生于1400年[2]的结论，该结论的好处是，人们可以立即大举庆祝古登堡的500周年诞辰，同时为这位美因茨之子、了不起的文化英雄建起一座博物馆——1901年，古登堡博物馆建成开放。

这个家庭的第一个孩子随父亲名为弗里勒（Friele），这是弗里德里希

（Friedrich）在当地的变体。如果父母不是随随便便地为他们的第二个儿子取了当时非常流行的名字约翰内斯——在当地的变体为亨内、亨显或亨金——那么根据当时的习俗，亨内应该在圣约翰日这天接受了洗礼，也就是1400年6月24日，他的出生日期可能是6月22日或23日。这一日期仍然存疑，但如果加上前后五年的误差，应该可以算是对其生日的合理推测，以下将以这个推断为基础。

当时的美因茨有一项特殊习俗，它让人们在研究中不断得出错误结论，也让检索资料变得更加困难。13、14世纪时，城市中普遍以外号作为姓氏。人们通常用职业、某个身体特征、出生月份或者家乡来区分数不胜数的约翰内斯和弗里德里希。在美因茨，城市贵族用对方居住的城市宅院（stadthof）互相称呼。文献中因此出现了让人困惑的现象——看似毫无关联的不同家庭具有相同的称呼，导致这一现象的原因是这些家庭在不同时期住过同一处宅院。

亨内也出生在中世纪的一座城市宅院中。一般情况下，城市宅院至少包含两栋多层房屋，房屋和围墙环绕着一个或者多个庭院。美因茨的城市贵族喜欢在街道角落建造自己的宅院，这样就有两至三面可以朝向街道。在当时，城市宅院不仅为生活和经济服务，而且也用于展示。城市贵族向外展示的一切体现着家族地位，这能保护他们不受侵犯。一个家族在社会上的声誉并不属于道德的范畴，而是属于物质的范畴。冒犯城市贵族家庭，意味着对这个毫不妥协地保卫自身特权的、不可侵犯的群体提出挑战。但当后来城市贵族的权势和地位下降时，他们的特权也走向了终点。

城市贵族的宅院与低等级乡村贵族的城堡的相似并非巧合。与意大利城市贵族的塔楼类似，由石头搭建而成的城堡同样也用于防御和保护。在当时，低等级乡村贵族与城市贵族进行联姻。乡村贵族在城市里也拥有房产，而城市贵族在乡下也有土地和宅院，两者的生活方式相互适应。因此很容易将古登堡错误地归为骄傲的容克贵族阶层[1]。

城市花园也是城市贵族生活的一部分。花园或是建在第一个庭院的后方，作为第二个庭院；或是建在住处附近，主要用作休闲场所。人们在这里举办铺张的节日庆典和各式各样的娱乐活动。美因茨曾以花园闻名。除了居住区域，城市宅院中还有经营区、粮仓、库房、工场和自己的水井。田地和花园中种植了可作为食材的植物，同时还包括香料植物，这类植物由于种类繁多，在当时被用作调味品和药材，因而被广泛种植。

城市贵族依靠特权生活，经济上可与莱茵河中游的乡村小贵族相媲美。城市贵族通常来自大主教大臣家庭，因此他们在出身上也与低等级贵族相似。不同的是，乡村贵族的亲属不只在美因茨大主教那里工作，作为国家大臣的他们同时还为国王或皇帝效力。

对于亨内·拉登而言，出生在富裕的城市上层阶层家庭是他的幸运。在童年时期，他不知贫穷为何物，但他知道在一个极不安全和极不稳定的社会中人们所需的权利、尊严、骄傲和身份，他切身了解到他家族的财产和地位有多么岌岌可危。不仅如此，从第一次呼吸开始，生命就充满了不确定因素，就连一次不幸的牙齿发炎都能致命。人们每一天都能感受到，所有的一切，包括自己的生命都掌握在上帝手中。

亨内出生的这栋两层建筑位于今天的舒斯特街（Schusterstraße）与克里斯托弗街（Christofstraße）的交叉处。美因茨最古老的居住区围绕着市场、鱼门（Fischtor）、克里斯托弗街和加尔默罗街（Karmeliterstraße）分布，这栋建筑就在其中，他应该在那里受到了母亲无微不至的照料。居住在城市中心也是城市贵族地位的体现，象征着权势和财富。亨内在其社会阶层的地理中心出生、长大，同阶层的伙伴就住在步行距离内，他们可能在各种情境中相

---

[1] 容克为德语 "Junker" 的音译，本意是 "贵族子弟" 或 "少爷"。容克贵族地主的前身为12世纪十字军东侵期间征服普鲁士地区的条顿骑士团骑士。14世纪开始，他们把依靠军事侵略夺来的大批土地建成领主制庄园。——译者注

遇：在去教堂的路上、在弥撒时，或者在每年一次的宣誓日——美因茨市民结成合作社，所有成员每年重新宣誓。宅院的面积和位于中心且朝向街道的位置都体现了亨内家在城市阶层结构中的地位。

在亨内的孩童时期，古登堡宅院只有一部分属于他家。当他在家里跑来跑去玩耍时，如果是在普通的日子里或是独自一人时，他不被允许踏入身为城市贵族的父亲弗里勒·根斯弗莱施的会客室或会客厅。可以想象，这个华丽的房间或者大厅装饰有壁画，因为莫尔斯贝格（Molsberg）家族也是如此——在他们位于科尔布巷（Korbgasse）的宅子中，莫尔斯贝格的族徽和其姻亲家族的族徽装点着大厅窗户之间的立柱。科尔布巷在文献中被记录为"versus curia zu Korbe"，后来彼得·舍费尔（Peter Schöffer）也在这里拥有了一处房屋，他的印刷工场分布在科尔布巷的科尔布宅（Haus zum Korb）和舒斯特街的洪布雷希特宅院（Hof zum Humbrecht）。[3]

用壁画装饰住所并以此展示自己在城市阶层中的地位、财富和权势，这似乎是当时的习俗。在曾经的柯尼希施泰因宅院（Königsteiner Hof）中，就连塔楼的祈祷室都装饰有壁画。文献记录了美因茨市的司库大臣、大教堂教士会成员埃贝斯泰因的约翰（Johann von Eberstein）伯爵家中异常放纵的壁画[4]。宗教人士的身份丝毫不妨碍他欣赏细节丰富的威斯巴登浴场画面——当时的人们在浴场庆祝节日和进行古希腊式的狂欢。就像造物主创造他们时那样，男女共浴、舞蹈、狂欢酒宴、怪诞的人物装扮、性角色互换和变身游戏等画面让他赏心悦目；画面上也展现了竞技场景。他不但没有对这些露骨的画面遮遮掩掩，反而大方地让他的客人们参与这场视觉盛宴。[5]

巴黎大学教授朗恩斯坦因的海因里希（Heinrich von Langenstein）在拜访了这位宗教人士之后，看似批判、实则享受地在论文《关于肉欲》（*De voluptate carnali*）的第五章中写道：

      也就是说，尘世中所有让人走上歧途的不道德行为可以分为三

种：肉欲、随时间消逝的贪欲和对毫无价值的名声的自傲。有什么
能比表现威斯巴登浴场狂欢的绘画更好地展现肉欲？画面上是放荡
不羁的肉体，人们嬉水享受，这种愉悦像泡沫一样无法长久。

人们打扮得花枝招展，伴随音乐在盛宴中纵情狂欢，对花费毫无顾忌。

> 人们一来就会找到同好，要求有女性相伴，然后进入浴池，虽然
> 身体得到了清洁，灵魂却被玷污了。小号和笛子奏响音乐，人们迈出
> 步子，跳起了圆圈舞。男女丝毫不知廉耻，不加遮掩地在观众贞洁的
> 眼睛前共同上演堕落的表演。人们看到的是女性裸露的胸脯和男性不
> 加遮掩的臀部，每个角落都在侮辱纯洁的思想和纯洁的生育。[6]

朗恩斯坦因看不到任何"美德"，能看到的只有"对上帝的忘却"。
当然，城市贵族家里的图像不会如此过分。埃贝斯泰因的约翰身为宗教人
士，却可以公开展示这些画面，这也在一定程度上展现了中世纪晚期越发自
由的精神。那是个羞耻和内敛落于下风的时代。看到这点，我们就能理解亨
内·拉登在什么环境中成长——在他所处的社会中，一切都是公开的，一切
都发生在众目睽睽之下。强烈的色彩和赤裸裸的痛苦构成了街道和广场的景
象，张扬且近在咫尺。

在当时，死亡的艺术（ars vivendi）比生活的艺术（ars moriendi）更重要。
人们认为生命是短暂的，生命结束后的地狱或天堂才是永恒。深刻的忏悔、
痛苦的自我折磨与最严重的罪行在同一个人身上交替上演。如同个体所体现
的那样，整个社会只有极端，没有中间。

两种思想一直伴随着亨内的成长：一是原罪观念，认为每个人出生时都
带有罪孽；二是尘世苦海有终的观念，认为人生在世只会经受有限的历练。
人们每时每刻都要设法救赎灵魂，但这是可以通过行善和忏悔实现的。伴随

亨内成长的信念是，上帝创造了世间的秩序，他必须在这个世界中扮演好上天给他安排的角色。城市贵族们捍卫自己的特权，这也是在实现上帝的意志——如果不是从上帝那里，那他们是从何处得到这些特权的？

亨内父母在古登堡宅院的住所应该也分为展示区和日常生活区。在住所中与亨内一起玩耍的很可能是他的兄弟。撇开很早就由母亲带着一起操持家庭事务不谈，如果姐姐埃尔泽（Else）是在1414年嫁给城市贵族克劳斯·菲茨图姆（Claus Vitzthum）的，那么她至少比亨内年长六岁。文献中对她的最后一次记载是1443年，她可能在此后不久就去世了。

兄弟弗里勒的出生日期不明，去世则是在1447年8月。在遗产继承调解中，弗里勒的终身年金继承权被转给了亨内，同时每次可领取的金额减少。基于这点，可以推测出弗里勒年长于亨内——因为如果年金继承权转移到了更年轻的人那里，后者领取年金的时间将会更长，而单笔金额将减少。

弗里勒娶了城市贵族耶克尔·希尔茨（Jeckel Hirtz）的同样名为埃尔泽的女儿，自1434年起与她一同居住在埃尔特维勒。[7]关于兄弟之间关系的资料很少，但如果通过遗产继承调解就得出两人不和的结论，未免是进行了过度解读。与此相反，兄弟间似乎一直保持着联系，因为亨内与侄女——弗里勒的女儿奥迪尔根（Odilgen）及其丈夫约翰·佐根罗赫（Johann Sorgenloch）一向关系良好。可惜我们不知道亨内是否还有别的兄弟姐妹，在那个高夭折率的时代，这完全是有可能的——当时半数孩子都活不到10岁。

另一方面，父亲很晚才与埃尔泽·维利希（Else Wirich）结婚。他当时已超过50岁，已经算得上是个老人。在埃尔泽活下来的孩子当中，亨内是最小的，可能也是最受她疼爱的，这体现在她之后为亨内处理终身年金事宜，以及就遗产继承协定和继承调解为他上庭辩护等事务上。古登堡接下来的人生道路和退出美因茨城市贵族圈的行为都显示出，母亲为自己最年幼的孩子规划了另一条人生道路。

亨内在今天的舒斯特街度过了童年和少年时代，当时，这条街道因附近的圣昆汀教堂（Quintinskirche）而被称为昆汀巷（Quintinsgasse）。圣昆汀教堂是美因茨最古老的教区教堂，早在774年就出现在了文献记录中；13世纪末14世纪初时，圣昆汀教堂具有了晚期哥特式厅堂式教堂的形态。但亨内受洗的地方不是圣昆汀教堂，而是圣克里斯托弗教堂，那是一座简朴的哥特式拱顶巴西利卡（Basilica）教堂。小亨内受洗的石质洗礼盆出自14世纪，下方由狮子雕像托起。

在礼拜仪式中，年幼的亨内是否经常看向圣克里斯托弗背负耶稣假扮的孩童的壁画？或许画家在这个城市贵族之子受洗时已完成了壁画，或许是亨内的父母因为儿子出生而向教堂捐献了这幅壁画，至少可以肯定的是，这幅画诞生于1400年前后。

走出古登堡宅院，亨内就来到了昆汀巷，这里遍布手工艺人的小屋，其中包括刀剑制造师、编篮工和制壶匠。如果他走向另一个方向，穿过当时还叫亚麻店下巷（Unter den Leinengaden）8的克里斯托弗前巷（Vordere Christofsgasse），那么他将被不同的亚麻纺织工场环绕。他会对这些纺织工投以友善的目光，因为他们的勤奋增加了他家的财富。

1239年，大主教授予城市贵族商店经营权。这项权利能保障他们在织物生意中的收益，因为这样一来，只有城市贵族才有资格出售织物或者授权他人出售织物，后一种情况指的是他们也可以通过出租织物商店来获取租金。

亨内从小就对城市贵族的传统耳濡目染，父亲告诉他城市贵族眼中的美因茨和世界是什么样的，城市贵族骄傲的资本是什么，以及城市贵族可以运用和同时要捍卫的权利有哪些——这些权利并不总是可靠。人们常批评的阶层傲慢，归根结底是关乎生存的行为习惯，是保障自我认识、从而保障城市贵族权利合法性的基本准则。

亨内绝不会让自己与行会混为一谈，因为这将使他失去自己拥有而行会成员不具备的税收特权。税收特权的基础在于行会成员与城市贵族身份的区分，后者用历史来强调这一区分的合法性：美因茨这座城市之所以能获得自由，城市贵族功不可没。这也是他们在与行会的争端中唯一可拿来为自己辩解的。因此越发重要的是，不要因不与行会区分而让自己的身份遭受质疑。

为了了解美因茨城市贵族如何产生，以及他们为何将自己视为城市自由的保证和载体，有必要在此简短地介绍一下美因茨的历史，这段历史也是小亨内耳熟能详的。他从小在这样的阶层意识形态中成长，这构成了他基本的世界观。

美因茨隶属于大主教，但自1347年起，大主教的官邸位于附近的埃尔特维勒，而非美因茨城中。美因茨在11世纪末形成了由富裕市民组成的上层社会，主要由大主教大臣组成，他们也在市政府中任职，例如市长、司库大臣、警长[9]、法官、陪审员。通过罚金、手续费、售出商品的税费、不同监狱的收入、妓女税等，这些职务为他们带来了收入。[10]

美因茨大主教辖区是德意志最大的教省，不仅如此，美因茨大主教还担任帝国掌玺大臣（kanzler）一职，同时也是七大选侯[1]之一，在帝国政治上一向具有举足轻重的地位。作为为美因茨大主教处理行政事务的大臣，城市贵族成员逐渐掌握了各种能带来收入的特权，例如商店经营权或者担任教省公职和进入铸币会（Münzerhausgenossenschaft）的特权。13世纪初，美因茨诞生了主要由市民和大臣组成的城市自治机构——市议会，成员共有24人，他们将终身维护这座城市的利益。

整个帝国中都出现了类似的机构，不论是在莱茵河两岸，还是在多瑙河、佩格尼茨河、阿尔诺河两岸，或者是在威尼斯，在意大利，这样的自治机构被称为执政团（signoria）。大主教没有任命市议会成员的权力，而是由市议会在其成员去世后决定继任者人选。

市议会从大主教那里获得了对所有建造行为的决策权和监督权，在美因茨这样一座繁荣发展、规模逐渐扩大的城市中，城市贵族因此获得了通过地

---

[1] 指德意志七位有权选举国王及后来的皇帝的诸侯，包括教会选侯和世俗选侯。——译者注

产投机来增加自身财富的良机。

在教皇与来自斯陶芬家族（dem Staufer）的腓特烈二世（Friedrich Ⅱ）的斗争中，与帝国中的大多数城市相反，美因茨选择站在教皇这边，美因茨也因此得到了回报：大主教埃普施泰因的西格弗里德三世（Siegfried Ⅲ von Eppstein）在1244年11月13日宣布美因茨享有自由特权，美因茨自此成为自由市。虽然名义上其仍归大主教所有，但实际上权力落到了控制议会的城市贵族手里。但与此同时，城市贵族们也试图通过自己的大主教大臣家族出身与大主教保持充分的往来，因为大主教能使美因茨成为教会会议和帝国议会的举办地，这能在很大程度上促进美因茨的经济发展。

亨内的家族虽是大臣世家，但祖上同样来自手工业和银行业。有人认为暴动者"红色的"阿诺尔德（Arnold der Rote）是古登堡的祖先，1160年，可能在6月24日圣约翰日这一天，作为城市中反对主教的带头人之一，他参与了对美因茨主教塞伦霍芬的阿诺尔德（Arnold von Selenhofen）的刺杀行动。虽然美因茨因发生刺杀主教的严重罪行而受到惩罚——城墙被拆除，以至于城市毫无保护地"暴露给了狼和狗、小偷和强盗"[11]——但"红色的"阿诺尔德并没有被皇帝腓特烈·巴巴罗萨（Friedrich Barbarossa）追究责任，正如在史料中可见的，他仍作为有声望的市民出庭为文书做证。虽然对"红色的"阿诺尔德的后代没有确凿的记录，但无论如何可以推测出的是，约翰内斯·古登堡出生于一个世代居住在美因茨、以市民身份为傲的家族。

来自传统世家

亨内家在美因茨留下的最早痕迹是1330年关于弗里勒·拉夫特·根斯弗莱施（Friele Raft zum Gensfleisch）的记录。他的名字取自拉夫特和根斯弗莱施两处宅院。在弗里勒第一段婚姻中诞生的三个儿子——弗里勒、约翰和彼得曼（Petermann）——都可以算作城市贵族。其中，弗里勒后来成为圣彼得教堂的法政牧师（kanoniker），彼得曼则担任颇具影响力的陪审员一职，此外还经营两家织品商店。经营商店的前提是享有商店经营特权，这意味着彼得曼必然拥有城市贵族的身份。彼得曼与内泽·荣根（Nese zum Jungen）结为夫妻，他们的儿子弗里勒·根斯弗莱施（Friele zum Gensfleisch）在1368年7月搬进了拉登宅院，因此被称为拉登。

在弗里勒·拉登的第一段婚姻中，他娶的是格雷特·荣根·阿本（Grete zur jungen Aben）。从结婚对象的名字上可以看出城市贵族世家之间的联姻关系。在当时，结婚的目的是尽可能多地增加权势和财富，最起码要维持原有的权势和财富。荣根（zum Jungen）、埃泽尔维克（zum Eselweck）、荣根·阿本（zur jungen Aben）都是城市贵族的姓氏，源于他们所居住的城市宅院。在结婚对象的选择上，城市贵族只考虑城市贵族或传统贵族，如果对方非常富有，偶尔也将商人纳入考虑范围。

　　弗里勒·拉登的第三个孩子出生在拉登大院，同样名为弗里勒[1]。得以继承这个大院的是兄长，弗里勒后来搬到了古登堡宅院，这座宅院中有一部分属于他的远房亲戚亨内·荣根（Henne zum Jungen）和海因里希·荣根（Heinrich zum Jungen）兄弟。通过调解或者诉讼，弗里勒逐步拥有了整个大院。在他的第一段婚姻中诞生了一个名为帕萨（Patza）或帕策（Patze）的女儿，她嫁给了美因茨市长彼得·荣根（Peter zum Jungen），还出现在前文提及的1420年的遗产继承调解中，正是在这次调解中出现了对亨内·拉登的第一次文书记录。

　　1386年前后，弗里勒进入了第二段婚姻。当时人们再婚的原因多是伴侣去世。婚姻主要是经济上的结合，同时，家庭中也需要一个女主人来掌管庞杂的家事安排，因此，有人"接任"家庭主妇这个"职位"是很有必要的。从监管女工到安排餐食，再到规划和确定家庭支出，负责儿子的学龄前教育和女儿的教育等，这些都是妻子的任务。简单地说，女主人要负责家中的一切，而男主人则负责政治和经济事务。骄傲的城市女贵族与她们的丈夫并肩而立，共同决定家族的命运，这样的事在当时并不罕见。

　　在纽伦堡，女性甚至可以在家以外工作，她们可以经营自己的买卖，也有权在丈夫去世后接手他们的工场，但时间仅限于儿子们因尚未成年而不能继承遗产期间。从根本上说，我们之所以觉得当时的妇女受困于狭隘的家庭，毫无话语权，是因为将宗教改革和教派化时期投射到了中世纪，而实际上，中世纪在某些方面更为自由。

　　14世纪中叶的圣卡泰丽娜（Katharina）或者圣女贞德（Jeanne d'Arc）让我们清楚地看到了当时女性在政治方面的影响力：前者劝告教皇从阿维尼翁正式迁往罗马，后者甚至率领了法国国王的军队。毫无疑问，圣卡泰丽娜和圣女贞德是少数情况，但是作为各种可能性中最极端的例子，她们展现出了

---

[1] 即古登堡的父亲。——译者注

中世纪晚期女性角色极其多样的可能性。

仅从经济角度出发，弗里勒就有充分的再婚理由；至于其他需求，美因茨有众多浴场和妓院供他消遣。他的第二任妻子埃尔泽并非城市贵族家的女儿，而是富裕商人维尔纳·维利希之女。这位富裕商人在美因茨拥有多处房产，他的女儿继承了他在商业上的才能；埃尔泽应当是一位非凡的女性，这点我们将在下文中进一步领略。从母亲那里，埃尔泽至少继承了埃尔特维勒的一处房产。不论是对于家族，还是对于约翰内斯·古登堡个人的发展而言，宁静的埃尔特维勒都成为不平静的美因茨之外的重要备选方案。虽然埃尔泽是商人的女儿，但是追根溯源，她的家族并不平凡，其先祖维利希曾是美因茨大主教手下的城堡伯爵（Burggraf）。

大主教布歇格的马蒂亚斯（Matthias von Buchegg）去世后，亲皇帝的美因茨大教堂教士会选择了皇帝路德维希四世（Ludwig IV）推荐的候选人——特里尔大主教卢森堡的巴尔杜因（Balduin von Luxemburg）作为继任者。传统上，主教虽由教士会推举，但由教皇任命。当教皇约翰二十二世（Johannes XXII）不顾教士会的推举结果，任命科隆大主教维尔内堡的海因里希（Heinrich von Virneburg）的同名侄子时，围绕美因茨大主教之位的斗争爆发了。准确地说，这场冲突不过是被称为"巴伐利亚人"的皇帝路德维希与律师出身、原名为雅克·杜埃兹（Jacques Duèse）的教皇约翰二十二世之间权力之争的一个章节，最多也只能说是其中的重要一章。在同一时间，这位科隆主教对14世纪初最重要的德意志哲学家埃克哈特大师（Meister Eckhart）进行了异教徒审判，哲学家帕多瓦的马西利乌斯和奥卡姆的威廉（William von Ockham）为此在慕尼黑用笔墨支持皇帝"巴伐利亚人"路德维希，反对阿维尼翁的教皇约翰二十二世。这场教皇权力与统一帝国的皇帝权力之间的中世纪大战迎来了最后一幕，结局是两败俱伤。

美因茨市议会选择支持教皇，承认了维尔内堡的海因里希作为主教的身份。美因茨的根本冲突——具体来说是市议会与大教堂教士会、城市的世俗统治力量与宗教统治力量之间的斗争——都是围绕着权力和收入展开的。为了实现自己的利益，两位宗教大人物很不宗教地派出了军队。为抵御巴尔杜因，市议会下令拆毁周边的修道院和城堡，例如威森瑙的圣维克多教堂，以免巴尔杜因的军队借此修筑防御工事。此外，美因茨市民攻击大教堂教士会，摧毁了神职人员的住所和修道院。修士和神职人员逃出了城市。由于宗教人士遭受暴行，教皇不得不向其最重要的盟友美因茨下达停止一切宗教活动的禁令。

美因茨不得再进行礼拜、庆祝弥撒、分发圣体。这意味着不能进行洗礼，也不能缔结婚姻，临死之人踏上最后的旅程时也没有人可以宽恕他们的罪过。1331年末，皇帝开始对美因茨市进行帝国审判，1332年，皇帝判定美因茨要用其拥有的一切资产来赔偿损失，并剥夺帝国对该市的法律保护。最终的结果是，美因茨人必须认可巴尔杜因的大主教身份，赔偿损失并重建他们摧毁的所有住所、房屋和城堡。对于城市贵族和这座城市而言，即使他们从未完全实现、也没有能力实现这些要求，这一结果仍是一次沉重的打击。

6月23日，美因茨的司库大臣萨尔曼（Salmann）和议会成员对一项协定进行宣誓，根据这项协定，神职人员返回了城市，重获他们先前的财产和特权。两周之后，皇帝撤销了帝国对美因茨剥夺法律保护的命令。在美因茨市民向教皇承诺会将掠夺的所有修道院财产存放在玛利亚修道院，并在神职人员归来时归还这些财产之后，教皇提前一年解除了对他们的宗教活动禁令。[12]

为了进行赔偿，城市贵族只能咽下权力之争的败果，这次失败意味着城市贵族不再能够独揽大权。城市贵族剩下的唯一一条道路是赢取行会的支持，毕竟缴交税费的终究还是行会。为此，城市贵族们最终接受了行会向市议会输送24位行会代表的要求。城市贵族的旧议会和行会的新议会虽然各自为政，但从这个时刻起，利益的平衡和讨价还价成为美因茨城市政治的一部分。城市贵族对权力的垄断永远地结束了。

这些争端让上文提及的城堡伯爵陷入财政困境之中，把女儿嫁给住在宾根的银行家奥蒂尼（Ottini）似乎成为解决问题的唯一方法。之后人们也将在约翰内斯·古登堡身上看到他对新式金融业务的偏好。在对他的生平介绍中，他擅长金融的一面经常消失在他作为发明家的光环之中，金融正是他从母亲的家族那里继承的能力。

在莱茵河地区，从事信贷和货币兑换生意的多是犹太人和来自意大利北部——尤其是伦巴第——的金融专家，因此在阿尔卑斯山北侧的欧洲，人们也以"伦巴第人"来称呼货币兑换商和放贷者。随着长途贸易路线逐步拓展为从意大利到德意志再到勃艮第、法国北部和英国的路线，这些货币兑换商和放贷者也向北越过阿尔卑斯山，沿贸易路线从事金融生意。佛罗伦萨和托斯卡纳的年轻人涌向阿维尼翁、那不勒斯、巴塞罗那、巴黎、勃艮第、香槟、莱茵河及摩泽尔河沿岸赚取他们的第一桶金。为了能赚到钱，他们勇敢地离开家乡，在外勤奋工作。除了勇气、洞察力、毫无顾虑的冲劲和对生意的灵敏嗅觉，这些年轻人一无所有。来自佛罗伦萨、热那亚、威尼斯、阿斯蒂和基耶里的商行和银行在他们所知的每个地方——从巴塞罗那到君士坦丁堡，从伦敦到克里米亚半岛上的卡法（今费奥多西亚）再到黑海边的特拉布宗——都拥有分号，每个分号都需要"fattori"，即管理者，更确切地说是代理人，而且必须是意大利本国人。由于各个城市都征收关税，市场上产生了兑换货币的必要性。兑换货币是复杂的营生，需要掌握关于发行者、含金量或含银量等各种关于货币的知识，此外还要有检测金、银含量的技术能力。

货币价值的升降由硬币中金属成分的增减决定。为了填满自己永远填不满的钱箱，拥有造币权的国王、主教和王侯从不会因自己悄悄地减少金属含量或者将硬币尺寸缩小而感到羞愧。兑换商不该放过这当中的任何一个细节。从根本上说，欧洲甚至东方的经济和政治情况也是兑换商必须掌握的知识。货币兑换商和织品商是欧洲最早的现代银行家。

此外，美因茨等城市还行使了堆货权——商船必须卸下货品，在码头边的仓库存放三天，以供出售。这为美因茨人创造了购买这些产品的机会。

美因茨位于大型交通和贸易路线的交接点上，包括从英国经阿姆斯特丹、科隆、美因茨、斯特拉斯堡、巴塞尔和伯尔尼到意大利的南北向连接线，以及从香槟地区经特里尔、美因茨和莱比锡到布雷斯劳的东西向连接线。这一地理位置为美因茨带来了经济收益。

香槟地区的博览会是中世纪盛期重要的经济活动。自11世纪末起，香槟地区每年举办六次贸易博览会，起初以织品和羊毛贸易为主。随着织品和羊毛贸易的发展，货币生意也逐渐增加，从业者主要是伦巴第人和托斯卡纳人，其中又以锡耶纳和佛罗伦萨的银行为主，这些银行基本上都是从织品和羊毛贸易起家。乔瓦尼·薄伽丘（Giovanni Boccaccio）在《十日谈》里生动地描述了博览会的氛围。随着香槟博览会的兴盛，城市贵族也变得富裕起来。

然而，当佛罗伦萨人拓展与英国的羊毛贸易并成为英国国王的国家级投资者时，香槟博览会却因不稳定的政治关系和英、法之间持续百年的战争而失去了重要性。随着香槟博览会在14世纪末走向终结，贸易路线也发生了变化，这对美因茨十分不利。纽伦堡等城市对长途贸易进行了投资并与威尼斯等城市结成紧密的关系，因此能够根据自己的需求调整贸易路线。美因茨的城市贵族却没有纽伦堡人或者奥格斯堡人那样的能量和勇气来参与国际贸易与信贷生意，这成为这座城市的劣势。想要在美因茨找到像富格尔（Fugger）、韦尔泽（Welser）、施特罗默（Stromer）、伊姆霍夫（Imhoff）、图赫尔（Tucher）、霍尔茨舒尔（Holzschuher）这样将儿子送往威尼斯学习的家族，结果只能是徒劳无获。

无论如何，对于面临经济窘境的维利希家族而言，城堡伯爵的女儿和意大利金融专家奥蒂尼的结合是件好事。维尔纳·维利希迎娶了容克贵族耶克尔·罗德·菲尔斯滕贝格（Jekel Rode zum Fürstenberg）的遗孀恩讷辛·菲尔斯滕贝格（Ennechin zum Fürstenberg）。菲尔斯滕贝格家族属于城市贵族，同时家族成员作为大臣在市议会和主教管区中拥有不容小觑的影响力。

如果不考虑其父亲不属于城市贵族这点不足的话，埃尔泽是一个非常好的结婚对象。她既聪明又有执行力，在她的身体中流动的是商人、金融专家、大臣和城市贵族的血液。弗里勒·根斯弗莱施·拉登本身在他家乡中也称得上是经济和政治方面的实干家。当这对老夫少妻携手走向圣坛时，弗里勒已经是个成熟老练的人物。他一边继续经营家族传统的织品生意，一边从事信贷生意，同时也是铸币会的一员。

铸币会是美因茨当时最高雅的俱乐部和最核心的社团，其成员均来自大臣家庭。根据自由特权，铸币权归大主教所有，由他下令让他的部下们铸造硬币。铸币会成员负责采购贵金属。在美因茨，贵金属贸易这一利益丰厚的特权只对他们开放，只有他们有权兑换货币。与此相反，外人既不能在这座城市中买进贵金属，也不能将它们带出城市。当时明确规定，只可由铸币会成员进行金银交易。[13]可以说，铸币会成员不仅是私人银行家，实际上也相当于拥有了货币发行权。此外，似乎成员们也通过铸币会统一运营兑换机构。

像亨内父亲这样的美因茨城市贵族，其生活资金来源于织品生意的盈利、铸币会的商业活动和所购买或继承的年金。亨内也被安排好了过这样的生活，即使母亲肯定也为她的小儿子规划了一条宗教道路。不能确定的是，弗里勒是亲自经营织物生意，还是进行租赁经营，也就是将他的织物店铺出租赚取租金。但值得注意的是，他收入中的一部分甚至是最大的一部分源于年金。

这些不需要占用他时间的收入让他有机会担任公职，当时的公职虽然没有酬劳，但可以促进他的生意。富有的人将变得更加富有——只有能够零酬劳地付出大量时间的人才会选择担任公职。在风起云涌的1410—1411年，弗里勒·根斯弗莱施甚至作为四大算术师（rechenmeister）之一掌管着美因茨的财政大权。

当弗里勒的儿子亨内·拉登——古登堡——出生时，美因茨早已过了繁盛的顶点。亨内在孩童和青少年时期感受到的是城市的逐渐衰弱和传统世家权力的丧失，他的家族也不例外。他从小亲身经历了城市贵族与日益强大的行会之间的对抗，深刻体会到了城市贵族是如何维持自身地位、捍卫自身权利和特权的。城市贵族的地位不再可靠，阶层成员不得不出手捍卫自身特权，古登堡正是在这样的动荡中认识了自己的阶层特权。

在14世纪初，这座城市还以2.5万的人口位居欧洲大城市之列，到亨内出生时，人口已不足1万。黑死病在1348年席卷欧洲，1349年开始在美因茨引发多场瘟疫并最终导致人口减半，它与发生在1328—1332年的美因茨大主教之争一起造成了美因茨的衰弱。

此外，传统世家的贪婪也使得城市的财政雪上加霜。一方面，他们无须向城市缴税；另一方面，城市需要向他们支付年金。然而，购买年金的价格与城市实际支付的数目在经济关系上并不匹配。如果领取年金的人寿命较长，对于城市来说将会出现难以承受的亏损。至于年金协定为何会设置得对城市财政如此不利，简单来讲，是因为享受年金的人同时也是决定如何发售和设置年金的人。即使早已存在由行会组成的新议会，但决定如何发放年金的仍是由传统城市贵族世家组成的旧议会，而享受年金的也正是世家成员。没有意外的话，亨内今后也会依靠年金生活。

与纽伦堡的城市贵族不同的是，美因茨的城市贵族并不热衷于长途贸易，并且随着贸易路线的改变，他们不再有扩张经济的机会。

独揽大权的城市贵族在政治上并非无可指摘，他们最终在财政上给城市带来了灾难性后果。因此，城市贵族的统治在为此买单的行会那里遭遇越来越多的阻力和抗拒。为了扩大自己在议会中的权力，行会与传统世家展开了激烈的较量。城市贵族与行会之间的争斗并不是美因茨的特有现象，而是遍及帝国的所有城市。其中的关键在于利益平衡，实现的途径包括使行会参与城市统治，或者像纽伦堡那样干脆禁止行会的存在。纽伦堡的城市贵族之所以能够解散行会，是因为议会成员的聪明才智足以让他们在兼顾手工业者利益的同时进行均衡的统治。

虽然1332年时城市贵族不得不同意行会参与美因茨的城市管理，但奇怪的是，这不仅没有改善状况，反而让状况进一步恶化。由于在议会中的工作没有酬劳，有能力做议会成员的只有富裕的手工业者和商人。这样一来，议会内形成了由手工业者精英组成的团体。作为上位者，他们与普通行会手工业者之间的共同之处越来越少，也不再以行会利益为首，而是追逐自己的利益。新的不满情绪在城市中发酵。

后人认为古登堡早在少年时期就经历了阶层下降，并试图将其视为古登堡人生轨迹的特别之处——由于母亲不是城市贵族，他不能像父亲一样成为铸币会成员，因而不能进入城市中最有权势、最核心的圈子。因为选择与商人之女埃尔泽·维利希结合，弗里勒·根斯弗莱施剥夺了儿子们进入这个高雅而重要的协会的可能性。

有人将古登堡既霸道又叛逆的性格归咎于他被排除在城市最高雅的圈子之外这个事实。[14]但我们有必要更仔细地研究当时的情况，以免主观地编造传说。亨内的哥哥弗里勒也处于同样的情况之中，但这没有妨碍他过上富裕的生活和为孩子们留下可观的遗产。1444年，哥哥弗里勒甚至与妻子一起赞助了美因茨赤足教堂（Barfüßerkirche）的一场安魂弥撒，虽然当时他已经居住在埃尔特维勒，后来可能也安葬在了那里。

所谓的阶层下降没有使亨内·拉登走上对抗铸币会的道路，与此相反，他是与行会的斗争中最激烈、最不愿妥协的城市贵族之一。至于父亲因为草率的婚姻让后辈无法走与自己相同的人生轨迹这个说法，同样没有说服力。父亲至少知道可以通过自己的政治影响力和财富避免他们被排除在这个圈子之外。虽然有关古登堡生平的史料很少，但也应尽可能避免过度解读。与此相比，对他孩童和少年时期具有更大影响的是城市贵族与行会和大教堂教会之间的斗争。亨内从孩童时期起就切身体会到了权力斗争，并从那时起就认为行会的要求是不正当的。

伴随着新一轮比以往更为严重的动荡，亨内成为学生。可以推测出的是，城市贵族弗里勒·根斯弗莱施·拉登的儿子就读的是圣维克多修道院的学校。这所优质的学校位于威森瑙附近的城门前，日常的上学路线使这个孩子被动地成为骚乱的见证者。

在一般情况下，手工业者、小商贩和商人的孩子们在德语学校学习读写和计算。世家之子与他们没有交集。城市贵族和贵族的孩子们或是由家庭教师授课，或是就读于三艺学校（Trivialschule）。

与德语学校相比，可以将三艺学校视为更高一级的教育机构，仅凭用拉丁语教授基础知识这一点，三艺学校就为学生铺平了通往大学的道路。三艺学校教授自由七艺（Septem Artes liberales，博雅教育）中的三艺（Trivium），即语法、修辞和辩证，因此得名。

三艺教育也包含宗教的内容，但通常仅限于《历法口诀》（Cisiojanus）。中世纪时，人们不像我们现在这样用日和月来描述日期，而是使用教会历来联系重要的教会节庆。了解这些知识也是基础教育的一部分。教会历以各个教会节庆为基础，《历法口诀》可以帮助记忆。在《历法口诀》中，每月那行的音节数等于当月天数，整个《历法口诀》的音节数即一年的总天数。《历法口诀》得名于其第一行："Cisio janus epi sibi vendicat oc feli mar an prisca fab..."1月1日为耶稣受割礼日，拉丁语是"circumcisio domini"，简称"Cisio"。"janus"的意思是1月，在此的作用是连接1月1日和1月6日主显节（Epiphanias），后者缩写为"epi"。"sibi"和"vendicat"为填充词，之后是1月13日"oc"，其完整形式为"octava epiphaniae"，即主显节后的八天。

亨内首先要学习的是拉丁语词汇和拉丁语读写，老师借助书写板（tabula）[1]以问答模式进行教学。接下来是用埃利乌斯·多纳图斯（Aelius Donatus）的《语法书》（Artes grammaticae）学习拉丁语语法，这是中世纪最重要的拉丁语教材，简称《多纳特》（Donat）。《多纳特》之所以权威，不仅因其本身质量突出，也因为编写者多纳图斯是圣哲罗姆〔原名Eusebius

---

[1] 表面涂蜡的薄木板，用金属笔书写，可反复使用。——译者注

Sophronius Hieronymus，以圣哲罗姆（St. Jerome）知名〕的老师。

最后，亨内用维尔迪厄的亚历山大（Alexander de Villa Dei）在12世纪时编写的教材学习句法和格韵，结束了自己在三艺学校的时光。至于修辞学，亨内自然是以西塞罗的演讲为范例进行学习的。

约翰内斯·古登堡最早的印刷作品就包括《多纳特》和《历法口诀》，这不是因为他怀念早已逝去的校园时光，而是因为他清楚地看到了教材市场的广阔前景。古登堡的目标并非生产单本，而是要以量产的方式复制出物美价廉的产品。

我们在此得以瞥见古登堡的思想甚至灵魂。他从一开始就看好量产，更准确地说是看好工业化的生产方式，想要以此盈利。古登堡所印刷的都是具有庞大市场，特别是市场还有望继续扩大的作品。至于古登堡何时何故产生了工业化生产书籍的想法，我们将在之后进一步探究。除了具有看上去相当现代化的融资能力外，古登堡的第二个重要特点在于其对于手工业的工业化视角：他的想法不再局限于家庭式的手工作坊，而是要建立分工式的工场，在最短的时间内以最简便的方式生产出最多的产品。

让我们回到他的少年时光——亨内此时还在上学，就读的是德意志当时最好的学校之一。逃离美因茨、转学、还算舒适的逃亡生活都是这个男孩年少经历中的一部分，这些经历让他清晰地体会到了生活的不确定性和社会地位的脆弱性。在父亲还位列议会四大算术师之一的那年，城市贵族与行会的争端导致暴力冲突不断升级。1411年，117位城市贵族因此决定迁出美因茨，其中就包括亨内的父亲弗里勒·根斯弗莱施。

城市贵族约翰内斯·斯瓦尔巴赫（Johannes Swalbach）被旧议会选为市长，这引起了由行会成员组成的新议会的激烈反对。来自新议会成员的威胁愈演愈烈，他们甚至说要砍下斯瓦尔巴赫和其他一些旧议会成员的脑袋。行会提出了一系列要求，包括要求斯瓦尔巴赫下台。由于城市贵族不接受这些要求，8月15日，美因茨发生公开暴动。美因茨城市贵族纷纷逃往奥彭海姆或埃尔特维勒，其中多是被点名威胁的城市贵族，另外还有一些出于团结而一起出逃的人。

尽管没有证据，弗里勒·根斯弗莱施出逃时很有可能带上了他的家庭，因为妻子从她的母亲恩讷辛·菲尔斯滕贝格那里继承了埃尔特维勒的一处靠近环形城墙的房产。斯瓦尔巴赫家的房子就在一旁，他们家在埃尔特维勒也有丰厚的财产。半个世纪后，在即将过完自己的一生时，古登堡将再次回到这里。亨内一家在埃尔特维勒的逃亡生活相当奢华，持续的时间也不长。因为埃尔特维勒也有拉丁语学校，亨内得以在逃亡中继续学业。

由于根斯弗莱施家族与斯瓦尔巴赫家族之间的渊源，古登堡与格雷特根·斯瓦尔巴赫（Gretgen Swalbach）有着良好的关系。古登堡作为城市贵族的态度一贯保守，在这方面他与市长斯瓦尔巴赫十分相似；古登堡在孩童时期就认识了斯瓦尔巴赫，后者在与行会的激烈争端中的表现可能给古登堡留下了深刻印象。古登堡在其一生中都属于城市贵族中的保守派，绝不进行任何妥协。

在大主教的调停下，争端双方做出让步，亨内与他的家庭回到了美因茨。但短短一年之后，动乱再次爆发。这次动乱在1412—1413年之间的冬天伴随着饥荒达到了高潮，1413年，弗里勒不得不带领他的家庭再次逃往埃尔特维勒。在此期间，双方的斗争有所减弱，弗里勒和家人得以重返古登堡宅院，但不久后被迫再次逃往埃尔特维勒。最后，城市中的争端和不时出现的无政府状态让德意志的国王卢森堡的西吉斯蒙德（Sigismund von Luxemburg）不得不介入调停。

1411—1417年，弗里勒家是每次都一起往返于美因茨和埃尔特维勒之间，还是只有弗里勒独自往返，而母亲与孩子们留在埃尔特维勒，我们无从得知。恰好在那几年中，亨内外祖母的娘家菲尔斯滕贝格家族数次对圣彼得教堂进行捐赠，该教堂有一所颇有名气的拉丁语学校，亨内可能就在那里上学。无论如何，城市中的动荡、混乱和无所不用其极的权力之争对亨内的童年和少年早期造成了不容低估的影响。行会的目的在于使城市贵族"行会化"，也就是要求城市贵族像行会成员一样缴交税费。城市贵族拒绝了，他们能做出的最大让步是同意增加议会中行会成员的人数。

此时陷入混乱的不止美因茨。基督教世界也不再统一，基督徒之间产生了分歧，欧洲随之开始分裂。1378年，以法国人为主的枢机团宣布废黜教皇，并推选了一个新的耶稣代言人入驻阿维尼翁教廷。这造成了两个教会并存的局面——两个教会各有一个教皇，并且都声称只有自己才是合法的。他们认为不正当的、要被逐出教会的不仅是另一个教皇，还有对方的所有支持者。真正的教皇只有一个，但究竟是哪一个呢？因为这个问题尚无定论，没有人知道自己是否站在了错误的一边，是否要因此受到永恒的诅咒。

双方的分裂如此严重，以至于人们对信仰产生了巨大的困惑和怀疑。世俗领袖和宗教领袖们都知道这种情形不能持续下去了，但选择任何一方教皇都将牵涉政治利益问题，因此似乎找不到任何解决方法。最终人们灵光一现，试图废黜这两位教皇并另选一位新教皇，但是这个主意彻底失败了——基督教中不再同时存在两个教皇，而是三个。

伴随着这一混乱，不仅是教会的地位和人们对教会的信任受到负面影响，甚至连人们对上帝的信仰都开始动摇。西方教会大分裂（das Große Abendländische Schisma）导致了深重的危机。即使美因茨人支持的是罗马教皇而非阿维尼翁教皇，成长中的亨内还是意识到了教会内部跟美因茨一样存在巨大的分裂。

母亲的世界

亨内的外祖母恩讷辛在丈夫耶克尔·菲尔斯滕贝格去世后再婚，嫁给了没有城市贵族身份的富裕商人维尔纳·维利希。在这段婚姻中，埃尔泽·维利希作为贵族和商人的女儿出生了。她可能学过读写，但肯定不是拉丁语。尽管如此，她完全可能对教育抱有开放的心态。她看向自己的三个孩子[15]，意识到女儿和长子的未来不言而喻：女儿埃尔泽会结婚，这在1414年成为现实；弗里勒则会追随父亲的足迹。但是亨内未来将成为什么样的人呢？自然，他会继承一部分遗产，家里也为他安排了终身年金；但因他才思敏捷，母亲可能产生了让他接受全面的教育，从而在未来有机会成为神职人员或法官的想法。

母亲不仅有来自大臣世家菲尔斯滕贝格家族的亲戚，也与其他贵族大臣和生活在城市的乡村贵族有所交往，因此，她可能对教育的好处及教育通往的职业道路有着相当清晰的认识，也可能打算引导自己的儿子朝这个方向前进。

在当时，低等级的贵族因为革命和战争技术的发展失去了重要性。康拉德·策尔蒂斯接连在两首颂歌中对印刷术和火药加以赞美，称它们为同样重要的发明，这一观点曾获得诸多共鸣。两个多世纪后，启蒙运动者格奥尔格·克里斯托弗·利希滕贝格（Georg Christoph Lichtenberg）用一句话瓦解了两者并驾齐驱的局面："比起弹丸中的铅，排字盒中的铅更多地改变了世界"，这让我们联想到了为儿子谋划未来的埃尔泽·维利希。

为了应对地位下降和随之而来的收入减少的现实，许多骑士和小贵族成为强盗骑士，但并非所有人都选择这种做法。他们当中的聪明人意识到，全面的教育可以为他们带来新的工作和收入，例如可以在正在形成的国家政权中成为法官，成为正逐渐转变为公务员的大臣。通过接受教育，亨内有可能成为神职人员、医学家或法官。结合古登堡之后的发展道路，至少可以大胆推测法学是当时的首选。在约翰内斯·古登堡的家族中和其个人少得可怜的记录中，完全看不见高雅的艺术爱好，可见的是精明冷静的商人头脑和经商方面的兴趣。就算家族中没有法官，起码有商人、城市贵族、议会成员和教会大臣，如果算上菲尔斯滕贝格家族，那么还有帝国大臣。

如果没有对拉丁语的全面掌握，古登堡不可能完成他的印刷作品。但在拉丁语的学习者中需要准确区分两种不同情况：或是从实用角度出发，学习这门中世纪的通用学术语言；或是出于对拉丁语文化、历史文明和哲学的人文主义热情进行学习。人文主义世界的拉丁语与教会、管理者和学者的通用语在语言使用的完美程度上并不相同。

从属于圣彼得教堂圣十字圣坛的拉丁语教会学校在埃尔特维勒有口皆碑[16]，其影响力超出了这座城市的边界。流亡的生活虽然至少没有导致亨内失学，却让他的童年和少年变得动荡不安。相比于哥哥和姐姐，他受到的影响更大，母爱也没能弥补这种不安定对他造成的影响。他性格中的不羁，以及他将阶层特权看得比家乡生活的观念可能由此而来。在美因茨和埃尔特维勒之间的往返让他无法在两个城市中的任何一个扎根，他很早就坚信，城市贵族只有在被所有人尊重的情况下才可以并且应该生活在美因茨。从孩童时期起，亨内就切身体会到的是，比起交出特权，更好的做法是进行抗议，同时声势浩大地搬出美因茨这座城市。

比起权利的减少，出走是更好的选择——这或许是他人生中最先学到的，也是影响最深远的重要一课。他在城市贵族的骄傲中成长，同时还有源自母亲——恩讷辛·菲尔斯滕贝格的女儿——的贵族的骄傲，他的血管中流着近乎传奇的城堡伯爵维利希的贵族血液，此外，他自然也有资格说自己在思想上受到了菲尔斯滕贝格家族的影响。

如果亨内·拉登与家人居住在美因茨时曾就读于圣维克多修道院学校，那么他在那里会遇见一个重要的人物，这个人要么激发了他上大学的想法，要么坚定了他对此的决定。1417年，就在弗里勒和埃尔泽·根斯弗莱施·拉登与他们的儿子一起对未来的人生道路进行思考时，医学家和教士阿姆普罗尼乌斯·拉廷·德·贝尔卡（Amplonius Rating de Berka）成为圣维克多修道院的主教。

当时阿姆普罗尼乌斯已经十分有名，他是科隆大主教的私人医生，虚荣自负，学识丰富，执行力强，还有不可估量的财富。他特别爱他的家庭，虽然这是他作为教士本不该拥有的，但丝毫不妨碍他在每一个可能的场合对自己的家庭大加赞美。他敬重妻子哈根的库尼贡德（Kunigunde von Haghen），称她为"famula"，意为女管家——尽管他的身份不允许他们缔结婚姻。他也十分疼爱自己的孩子，甚至在公共场合无比自信地表达对他们的骄傲之情，虽然他们其实是他罪孽的见证。这与文艺复兴时期教皇们的松懈无关，或者说完全不是文艺复兴带来的现象。因为此时"文艺复兴"尚未来到布拉格，在埃尔福特和美因茨同样不见踪迹。

阿姆普罗尼乌斯安排他的两个儿子阿姆普罗尼乌斯和狄奥尼修斯（Dionysius）到科隆上大学，为他们铺平了继续到埃尔福特大学深造的道路。这两个任性的男孩让埃尔福特大学头疼不已，但因为他们富裕的父亲曾为大学慷慨解囊，他们还是顺利毕业了。

阿姆普罗尼乌斯1365年前后出生于莱茵河左畔的莱茵贝格，因此也被称为德·贝尔卡，意为来自莱茵贝格。他先在苏斯特上学，后来到布拉格接受了高等教育，最后师从尼古拉斯·胡恩罗伊尔（Nikolaus Hunleue），在新成立的埃尔福特大学取得了医学专业的博士学位。他因此成为在这所年轻的大学中第一个以医学专业取得博士学位的人，同时在首批学生名册上位列第四。阿姆普罗尼乌斯在这座格拉河畔的城市开启了学术生涯并成为该校最早的硕士和博士之一，这可以解释为什么就算埃尔福特大学经历了起起落落，他仍始终对这所大学抱有感情。

1412年时他住在科隆，但决定在埃尔福特大学创建一处带有图书馆和宿舍的学院。为此他捐赠了一处价值2400古尔登[1]的房产。他原本计划在自己逝世后将635册藏书捐赠给大学，但是埃尔福特人以某种方式成功地说服他立即用这批珍藏来为埃尔福特大学增添光彩。为了妥善存放这批藏书，市议会买下了圣米迦勒教堂对面的"天堂之门"（Porta Coeli）宅院和隔壁的犹太教会堂旧址。

如果亨内确实是在1400年出生的，那么17岁的他已经在拉丁语学校上了10年学，正面临未来何去何从的选择。考虑到弗里勒和埃尔泽的家族与教会之间有着紧密的联系，可想而知的是，他们至少间接地认识这位新的教区主教。后者可能建议亨内的父母将这个机灵的男孩送往大学，而当时声誉最好的正是埃尔福特大学。埃尔福特也由美因茨大主教管辖，这为父母选择埃尔福特大学又增加了一个有力的理由。

然而，亨内曾就读于埃尔福特大学的唯一直接证据并非确凿无疑。1418年夏季学期学生花名册上登记有"Johannes de alta villa"，即"埃尔特维勒的约翰内斯"。一种虽然合理但常被反驳的推测是，纯粹的同名巧合愚弄我们至今，花名册上的也可能是来自埃尔特维勒的另一位约翰内斯。

虽然直接证据模糊，但仍存在一系列认为古登堡极有可能在埃尔福特上了大学的理由。第一，约翰内斯·古登堡在埃尔特维勒度过了童年中的大部分时光，在他的家庭不得不离开美因茨时，埃尔特维勒接纳了他们，这让

---

[1] 古尔登（gulden），德语国家或地区的一种货币计量单位。14世纪时期，莱茵兰诸侯们统一了仿造弗罗林金币的标准，统称"莱茵盾"，简称"盾"，其音译即为"古尔登"。——编者注

他与之产生了紧密联系。因此，在表述家乡时，他自然而然地选择了"Alta villa"（埃尔特维勒）这个说法。整个过程或许相当平淡。在亨内把注册费15格罗申[1]放到桌上后，办公人员询问了他的姓名。"约翰内斯。"他用标准的说法回答，而非口语中的昵称亨内。"来自哪里？"因为叫约翰内斯的人很多，办公人员继续问道。亨内用拉丁语回答："Alta villa。"

第二，对知识和对拉丁语的掌握是印刷书籍的前提，也是上大学的前提。早期的印刷师都是学者，他们掌握拉丁语，也上过大学。古登堡后来在美因茨的员工彼得·舍费尔也曾就读于埃尔福特大学，时间为1444—1448年。尽管是循环论证，但根据当时的情况显而易见的是，如果约翰内斯·古登堡完成了大学学业，就只可能是在隶属于美因茨选侯国的埃尔福特。

第三，阿姆普罗尼乌斯·德·贝尔卡与埃尔福特有着明确的关系（前文已经提过）。

第四，约翰内斯的两个堂哥鲁勒曼·拉登（Rulemann zur Laden）和弗里勒·拉登（Friele zur Laden）于1417年在埃尔福特注册入学，1418年时已是埃尔福特大学的学生。古登堡后来在美因茨的投资人康拉德·胡梅里（Konrad Humery）也在1421年注册入学。完全有可能的是，他们在孩童或者少年时期就已相识。

第五，正如在下文中还会提到的，阿姆普罗尼乌斯规定，在其学院只能教授现代路线（via moderna），而非古代路线（via antiqua）。现代路线是一条能直接通往活字印刷术发明，却被忽视至今的道路。这意味着，亨内·拉登完成学业的地方不可能是科隆或其他还在教授古代路线的大学，而只能是现代之路占据优势地位的埃尔福特或者布拉格大学。

根据上述理由，亨内·拉登可能带着父母的美好愿望和严厉告诫，在1418年离开了美因茨，但这次的目的地不是埃尔特维勒，而是10天路程之外

---

[1] 格罗申（groschen），一种中世纪德意志地区的通行货币，1格罗申约合12个芬尼。——编者注

的埃尔福特。他或是骑马，或是由父亲陪伴，或是按照现代路线的方式直接由他的堂哥们在新学期返校时带着他一起上路。[17]

虽然他因此离开了父母的身边，但他仍留在了母亲的世界中，至少是其设想和希望的世界中——她向来希望她的小亨内能成为一个有文化的人。

○与人文主义的相遇

第二章

书籍的世界

约翰内斯·古登堡的发明为新世界的诞生奠定了技术基础，这具体体现在印刷书籍和传单创造的新的信息沟通形式。在这之前，他必然要先接触书籍的世界，只有自己先接触了沟通发生地、沟通者和沟通媒介，才有可能认识到这种沟通形式也可以成为全新的、巨大的市场。大学集合了上述要素，那里有教授、学者、学生，还有图书馆。

与现在相比，当时的书籍更多的是纯粹的知识载体。大学学习让亨内认识蕴含在书籍中的世界。通过课本中丰富的插图和各种精美的手写字体，书籍带来的美学享受毋庸置疑。然而，大学学习的主要目的是掌握知识，字体的艺术性再强，也只是知识内涵奢侈的外在形式，就像精美的圣骨匣为了圣骨而存在，是圣骨赋予了圣骨匣真正的价值。我们不应局限于今天对于知识的理解，在当时，知识更多地被理解为可定性而非可量化的。

1418年初，亨内·拉登沿着古贸易干道王者之路（Via Regia）[1]，穿过布吕尔门（Brühler Tor）来到埃尔福特，此时的埃尔福特已不再像100年前时那样是德意志的第三大城市，但因为埃克哈特大师曾在这里的多明我会修道院为见习修士做著名的教诲演讲[1]，埃尔福特仍可跻身帝国大都市的行列。亨内不

---

[1] Via Regia是连接东西欧最古老的道路，总长约4500千米，西起西班牙圣地亚哥德康波斯特拉，东至乌克兰基辅，至今已有2000多年的历史。——译者注

会对这里感到陌生，因为与美因茨一样，埃尔福特的一切都充满商业气息。

亨内应该从父亲那里获得了充足的现金，以免因注册费、住宿费、书本费、服装费而捉襟见肘。由于亨内的堂兄弗里勒·拉登和鲁勒曼·拉登已经在埃尔福特开始学业，弗里勒·根斯弗莱施得以提前了解关于费用的信息。

克雷默桥（Krämerbrücke）西侧的广场因旁边的教堂而被当时的埃尔福特人称为"圣本笃旁"（bei St. Benedicti）。从这里出发，有一条通往阿姆普罗尼亚纳（Amploniana）——其所在的宅院当时被称为"天堂之门"（Zur Himmelspforte）——的长长的街道。如果美因茨圣维克多教堂的教区主教阿姆普罗尼乌斯·拉廷·德·贝尔卡真的向亨内推荐了埃尔福特大学，那么后者毫无疑问会选择在这位主教捐赠和管辖的阿姆普罗尼亚纳生活和学习。

阿姆普罗尼亚纳此时已发展成了一处集学生和教师宿舍、图书馆、练习室、教室、经营场所于一体的校园。除了一些必备的神学书籍，图书馆还藏有医学和哲学书籍，此外还有彼特拉克和薄伽丘的作品，包括彼特拉克的伦理学著作《幸运与不幸之药方》（*De remediis utriusque fortunae*）、《论僧侣的休闲》（*De otio religiosorum*）及其自传作品《孤独人生》（*De vitasolitaria*）。亨内还能读到乔瓦尼·薄伽丘的《论名人命运》（*De casibus virorum illustrium*），体会名人们曲折的人生，此外还有知名女性的传记合集《论名女人》（*De mulieribus claris*）。

图书馆中收录了众多当时常见的神学和哲学作品，例如彼得·伦巴德（Petrus Lombardus）的语录、埃吉狄乌斯·罗马努斯（Ägidius Romanus）的《定理》（*Theorema*）、波爱修斯（Boethius）的《哲学的慰藉》（*Consolatio philosophiae*）、亚里士多德的传世之作、米歇尔·斯科特斯（Michael Scotus）的《基督教信仰》（*De arte fidei catholicae*），此外还有诸多来自奥古斯丁（Augustinus）、圣维克托的雨果（Hugo von St. Viktor）、里拉的尼古拉（Nikolaus von Lyra）、坎特伯雷的安塞尔姆（Anselm von Canterbury）、尊者比德（Beda Venerabilis）、大阿尔伯特、托马斯·阿奎那

（Thomas von Aquin）、波纳文图拉（Bonaventura）、克莱尔沃的圣伯纳德（Bernhard von Clairvaux）、邓斯·司各脱（Duns Scotus）、让·热尔松（Jean Gerson）的作品，当然，这座图书馆中必不可少的还有唯名论者奥卡姆的威廉的大作[2]。这里仅举几例，实际馆藏远不止如此。

与所有大学新生一样，亨内首先要完成基础的博雅教育，取得"自由七艺大师"（magister in artibus）的头衔，然后才能开始真正的专业学习，即神学、医学或法学。

埃尔福特大学由不同学系组成，而非民族团[1]。在进入神学系、医学系或法学系进行专业学习之前，学生必须先在人文系完成基础课程，成为自由七艺大师。

自由七艺可进一步划分为三艺和四艺（quadrivium）。三艺中除文法和修辞外还包括辩证，即论证的方法。亚里士多德的《工具论》（Organon）是辩证的基础，它为辩证提供了科学的工具。

中世纪时，人们用"哲学家"称呼亚里士多德，视其为哲学上的权威。来自西班牙科尔多瓦的伊本·路西德（Ibn Ruschd）是亚里士多德哲学思想的研究大家，他的译介极大地推动了欧洲拉丁语世界对这位古希腊哲学家的认识。在拉丁语世界中，伊本·路西德也以其拉丁语化的名称"阿威罗伊"（Averroës）闻名，人们称他为"评论家"。

直到柏拉图思想复兴，人文主义和文艺复兴哲学才进入最重要的发展阶段，对此我们不进一步展开，但不容忽视的是以下事实：正是古登堡的印刷术让柏拉图作品的广泛传播成为可能，例如马尔西利奥·菲奇诺将柏拉图作品翻译成了拉丁语，威尼斯的阿尔杜斯·马努提乌斯（Aldus Manutius）以希腊语原文印刷出版了柏拉图作品。古登堡的创新是文艺复兴哲学、德意志人文主义以及宗教改革取得胜利的前提。

---

[1] 在布拉格大学等中世纪大学中，学生和教师来自欧洲不同的民族和地区，他们在大学中以地缘关系为纽带，组成带有自卫和互助性质的民族团。——译者注

可惜的是，我们无法查证亨内·拉登是否使用了阿姆普罗尼亚纳图书馆以及可能读了哪些书。或许不应对此产生过多幻想，因为学业本身——上课和练习——就已经占据许多时间，只有格外勤奋的学生才会在完成学习任务后继续在图书馆阅读。联系到亨内之后的人生道路，很难认为他对深入学习和对理论本身具有强烈的兴趣，与此相反，他之后展现出的是非常现实的头脑，正是这点带他走上了从商、建立企业的道路。

三艺之后要学习的是四艺，即算术、几何学、音乐和天文学。

只要对拉丁语有一定了解，基本上就满足了大学的入学条件。当时的孩子一般在十三四岁时注册入学，甚至还有12岁的大学生。如果亨内在17或18岁时到埃尔福特上大学，也在正常年龄范围之内。因为学生们中多数还都只是小男孩或者少年，有必要对他们的日常生活进行严格管理和持续监督，这项任务由居住在学院的教师负责。

虽然内部管理严格，但官方的纪律规范几乎无法在这里得到落实。作为大学生的亨内不归城市司法机关管辖，而是由大学司法机关管辖。这在中世纪是司空见惯的现象，当时对不同的人群设有不同的法庭：宗教界人士只能被宗教法庭传唤；与大学有关的人只能由大学法庭传唤；在美因茨，铸币会成员也有自己的法庭，就设立在铸币会楼里，由铸币会会长管辖，其他人没有权力对他们进行审判。

"脱落"（deposition）是埃尔福特大学新生开启大学生活的一种习俗。在这之前，亨内要向院长发誓，表示顺从。对于新生而言，"脱落"是一项花费不菲的仪式，同时也是怪异却又必不可少的娱乐项目。人们丢给亨内一件罩衫，为他戴上一张既像驴又像猪的面具。高年级学生辱骂他，然后像洗礼一般反复往他身上浇冷水。水洗净了罩衫，也使面具慢慢变软。在软化溶解的面具下，他渐渐露出自己的本来面目。在当时的学者眼中，没有上过大学的人只是动物。相反，只有那些学习了三艺和四艺，甚至读了博士的人才能称得上是人，才能称得上有文化。当时人们用非常严肃的态度对待这项习俗，其基础似乎源于对阿普列乌斯（Apuleius）的著名长篇小说《金驴记》（*Der goldene Esel*）流于表面的理解。在这个身体中甚至流动着贵族血液的城市贵族身上，除了城市贵族的骄傲，现在又加上了大学生的极度自信。

早上五点钟，亨内被叫醒。进行礼拜后，六点钟开始上课。他在十点钟吃第一餐。下午五点钟，晚餐摆上了食堂餐桌。两餐之间是他上讲座课的时间——教师不是自由地讲课，而是朗读书上的内容，这也解释了为什么在德语中"讲座课"（Vorlesung）这个词的本义是"朗读"。晚上八点钟，守卫锁上宿舍大门，但学生们知道哪里有通往夜生活的秘密通道，他们不仅知道，也亲身使用着这些通道。

对于亨内来说，找到进出校园的秘密通道完全可能比找到去图书馆的路更加容易。当时的埃尔福特并不是无趣的德意志小城市，而是一座大都市，就像一个世纪后的马丁·路德说的，整个城市是一个大酒店和大妓院。

当亨内·拉登在1418年初踏进这座属于美因茨选侯国的城市时，全新的篇章开始了，这不仅是他个人的新篇章，也是整个帝国甚至是整个西方基督教世界的新篇章。从1414年开始，基督教会在康斯坦茨召开大公会议[1]，希望以此结束欧洲教会大分裂。教会几年前在比萨的第一次尝试不仅没有成功，实际上反而扩大了问题，因为对于1409年在那里选举出来的教皇，罗马和阿维尼翁教廷都不满意。在那次教皇选举之后，"可耻的双教皇"变成了"可憎的三教皇"。与此同时，欧洲的世俗统治者们越来越清醒地意识到，教会权威的丧失也会动摇他们自己的权力。如果要避免自己被教会的失败波及，就必须结束这样的局面。

卢森堡的西吉斯蒙德自1411年起成为德意志的国王，他自认为是教会保护人并推行了多项倡议。强健的体魄让他得以多次考察整个欧洲，同各地当权者们共同商议，力求结束教会的分裂。在这场史无前例的危机中，人们想

---

[1] 亦称普世会议，世界性的基督教主教会议。——译者注

到的是使得早期基督教得以形成、相当于教会议会的大公会议。

大公会议成功的前提是，世俗领袖们和多数王侯支持这个大会并认可其产生的结果，国王的旅行外交对此产生了重要的影响。谈判过程并非一帆风顺，但最终不论是教士、主教、修会领导人，还是世俗王侯，都表示会将接下来的大公会议视为具有普遍代表意义的、普世的大公会议。一个棘手的问题是，只有教皇有权召集大公会议，但三个教皇——罗马的格里高利十二世、阿维尼翁的本笃十三世以及在比萨选出的约翰二十三世都不想冒被罢黜的风险。出于对自身利益的维护，他们通过拒绝行使召集权来阻止大公会议的召开。

西吉斯蒙德成功迫使约翰二十三世同意在康斯坦茨召开大公会议。1414年11月5日，大公会议开幕，在经历之前的不愉快之后，参会者重新坐在了一起，以求解决现存的问题。通过这次大公会议，基督的新代言人诞生了：无可挑剔的奥多·科隆纳（Oddo Colonna）。他来自历史悠久的罗马贵族家庭，拥有丰富的管理经验，谦逊和虔诚为他赢得了好感。从此刻开始，阿维尼翁作为教皇所在地的日子永远地结束了。奥多·科隆纳为自己选了"马丁五世"这个称号，原因或许不只是他在1417年11月11日圣马丁节这天当选，而也是希望以此与特别崇尚圣马丁的法国人达成和解。

这次会议不仅重新统一了基督教，而且规定教皇必须定期召开大公会议。相较于基督代言人，大公会议的重要性得到了极大的增强。大公会议本来还应该成为修正和制衡教皇君主式强权的力量，这一作用因教皇们的阻挠而无法实现，但他们最终也为此付出了宗教改革的代价。

选出新教皇的消息传到了美因茨和埃尔特维勒，人们得知现在只有一个教皇了，没有人会再因选错教皇、选择成为教会分立论者而无法得到救赎，此时包括亨内在内的所有人都松了一口气。对教会而言，最大的罪孽是攻击教会的统一性，是分裂教会，而最歹毒的罪人便是造成和推动教会分裂的人，即教会分立论者；追随教会分立论者的人，意味着在末日审判时会跟他落得一样的下场，要跟他遭受同样的惩罚。

康斯坦茨大公会议也推动了帝国的改革和帝国管理的现代化，这对约翰内斯·古登堡本身及其印刷术的发明具有无可比拟的意义。如果没有这次大公会议，古登堡是否还会发明活字印刷术？虽然从资料情况看，这是个纯推测性的问题，但考虑到当时的环境，可以做出"大概不会"的回答。西吉斯蒙德开始了帝国改革，之后腓特烈三世试图继续这项事业。在最开始时，这个大学生对此还一无所知，但几年后，他将对帝国改革进行认真的思考。

被合称为"胡斯战争"（Hussitenkriege）的一系列冲突很快发展成了严重的政治危机，亨内虽然远在埃尔福特，但也觉得这些冲突似乎近在眼前。1415年，传道士、布拉格大学教授扬·胡斯（Jan Hus）在康斯坦茨被处以火刑。一年后，布拉格的杰罗姆（Hieronymus von Prag）也被处以火刑，他是胡斯的好友，曾向胡斯介绍了约翰·威克里夫（John Wyclif）的思想。胡斯原本已经得到了国王关于其人身安全的承诺，却还是被判处火刑，这激起了拥护其宗教思想的捷克人的不满和反抗。埃尔福特神学家、奥斯定会成员约翰内斯·察哈里埃（Johannes Zachariae）在1415年康斯坦茨宗教会议上与扬·胡斯展开论战。据说他证明了胡斯是异端，国王西吉斯蒙德因此赐予他"胡斯之鞭"（Hussomastrix）的尊称。在亨内到达埃尔福特的同时，西吉斯蒙德意志王授予约翰内斯·察哈里埃黄金美德玫瑰勋章，以表彰其功绩。

身处埃尔福特的亨内·拉登在多个方面受到了布拉格系列事件的间接影响。埃尔福特大学的创始学者和最早的一批教授都来自布拉格。他们亲身经历了在那里发生的神学斗争。阿姆普罗尼乌斯·拉廷·德·贝尔卡本人也在布拉格上过大学。1418—1419年，亨内在埃尔福特大学就读时的校长是鲁道夫·迈斯特曼（Ludolph Meistermann），他曾就读于布拉格大学并在那里取得了博士学位。15世纪初，捷克人想加强自身在布拉格大学领导层的影响力，德意志人与捷克人之间的关系越发紧张，而这首先体现在关于约翰·威克里夫的学说的争论上。

　　在这场大学教授之间的斗争以及关于威克里夫学说的争论中，迈斯特曼扮演了德意志教授代言人的角色，但他最终在与兹诺伊莫的斯坦尼斯劳斯（Stanislaus von Znaim）和扬·胡斯的较量中败下阵来。大主教布拉格的斯宾科（Zbynko von Prag）一开始支持兹诺伊莫的斯坦尼斯劳斯和扬·胡斯，但不久后就转而采取行动反对约翰·威克里夫的支持者。在这些斗争中，迈斯特曼受到了严重的攻击和伤害。德意志的教授们和学生们最终在1409年离开了布拉格。他们中的许多人去往刚成立了新大学的莱比锡，但也有一些来到了埃尔福特。一年之后，鲁道夫·迈斯特曼逐渐康复，他与布拉格大学校友海因里希·盖斯马尔（Heinrich Geismar）一样选择来到埃尔福特大学，成为人文系中重要且具影响力的一员。这场斗争在布拉格大学激起了轩然大波，其特别之处在于混合了民族目标、宗教观点和哲学基础。第一点对于亨内·拉登来说无关紧要，因为埃尔福特与布拉格相距甚远；第二点最多对他稍有触及；但是第三点则对他产生了影响，这些哲学基础所塑造的认识方式和思考方式促使他做出了发明活字印刷术的决定，至少是潜在地影响了他。

　　想要探究最终使活字印刷术得以发明的基本思想是如何产生的，就应该了解当时的思想环境和大学课程内容。在对布拉格的威克里夫派之首兹诺伊莫的斯坦尼斯劳斯进行思想审判的文章中，在深入的神学讨论后，鲁道夫·迈斯特曼将话题引向了哲学基础。威克里夫派以唯实论为哲学基础，布拉格大学的德意志哲学家们则拒绝唯实论，称自己为唯名论者，他们排斥古代路线，追随现代路线。布拉格的德意志学者们将这种哲学带到了埃尔福特，旗帜鲜明地使唯名论成为埃尔福特大学的方法和世界观。

　　"布拉格人"阿姆普罗尼乌斯·拉廷·德·贝尔卡在"天堂之门"的规章中要求学生们使用唯名论的方法："我希望他们认真努力地阅读，并在阅读时采用以下方法：就像现代人常做的那样，首先分析文章，从中得出结论……"[3]"现代人"（moderni）指的是唯名论者，他们追随的是现代路线。毫无疑问，亨内·拉登在学习自由七艺时使用的是现代路线的方法。他的课程中也包括以奥卡姆的威廉的方法为基础的逻辑学，其方法被普遍认为是唯名论的。

从根本上说，唯实论和唯名论争论的问题在于，人类、动物、植物、行星或恒星等普遍的概念（共相，universalien）是否有实体存在，抑或它们只是方便人们讨论和认识的概括实体或个体的名称，像数学公式一样不具备实体存在。

唯实论者认为共相属于实体，而唯名论者则认为共相是符号。近一个世纪后，唯名论成为正统思想，发展开始僵化，当时在埃尔福特大学任教的哲学家约多库斯·特鲁夫特（Jodokus Trutfetter）对唯名论提出了清晰而权威的定义："共相是名称或者说法，但不是实体。"[4]这也正是亨内学到的内容。

阿姆普罗尼乌斯将唯实论者与胡斯派联系在一起的原因是，扬·胡斯、兹诺伊莫的斯坦尼斯劳斯和布拉格的杰罗姆追随威克里夫的唯实论，鲁道夫·迈斯特曼也在控诉书中指出了这点。[5]亨内·拉登也是这样被告知的，在他必须牢记的学院守则上清清楚楚地写着：

> 我也同样规定并命令，不准在课堂上公开或者私下里讨论拥护异教或胡斯派异端思想的材料，无论它是以直接还是间接的方式。[6]

在这个对异教徒和胡斯派思想提出警示并禁止教授相应内容的段落中，阿姆普罗尼乌斯还规定，为"真实存在的共相"辩护或者传播"关于真实事物多样性的观点"的学生将被当作异教徒开除，他坚决否定这两种思想。[7]对于唯名论者阿姆普罗尼乌斯·拉廷·德·贝尔卡而言，刚刚在康斯坦茨被处决的扬·胡斯和古代路线一样都是异端，在他看来，威克里夫和扬·胡斯的学说都以异端的唯名论为基础。古代路线直接通往地狱——亨内也是被这样教导的。

作为城市贵族家的儿子，亨内在成长过程中对城市贵族的政治和经济活动以及维护其地位的决心耳濡目染，很早就开始面对日常的、最真实的现实世界。对亨内而言，奥卡姆的威廉的方法易于接受，因为后者的哲学将现实写进了理论，让理论拥有扎实的基础，不再虚无缥缈；他的哲学不是用抽象化和不停地创造定义来逃避实体，而是回归到了生活之中。

人们甚至可以在古登堡的实践中——更确切地说是在其构想和发明工作中看到威廉的三大原理。首先，奥卡姆的威廉要求不要将解释复杂化，要去除一切不必要的东西。这就是"奥卡姆的剃刀"。如果要思考一篇文章最简单的形式是什么，那么文章就被拆分成了词语，最后成了字母。其次，这位哲学家强烈推荐人们探寻认识的本源，探寻是从哪里了解到的某事，也就是说，不放过任何细节，再次从源头开始检验一切；对于古登堡的创新来说尤为重要的是，发明家从源头开始进行新的思考和新的组合。最后，这位英格兰哲学家说：要保留组合，就要检验分离是否具有矛盾。

这三条原理都指向个体，只有个体是真实存在的。库尔特·弗拉施（Kurt Flasch）用下面这句话点明了威廉的哲学所产生的影响："世界在形而上学的光辉中所失去的，思想在激进性上、行动在自由度上弥补了回来。"[8]对于奥卡姆的威廉来说，存在的只有单独的个体，而非普遍的共性。对于亨内·拉登而言，当他思考如何通过印刷来准确无误、完全相同地复制出尽可能多的文本时，作为字母载体的单个活字就成为个体。奥卡姆的哲学"准确地指出了是什么开始在政治、社会和经济现实中被广泛采纳——个体的优先地位"[9]。

埃尔福特大学所教授的正是这样的哲学，它增强了这位城市贵族子弟在自我负责行为、自由运营企业方面的观念。无独有偶，自由企业主曼斯菲尔德矿主汉斯·路德（Hans Luder）之子马丁·路德也有类似的经历，后者在一个世纪之后发掘了信仰中的个体地位，从而引发了宗教改革。宗教改革在很大程度上要归功于古登堡的发明，因为印刷术的发明为公开发表言论提供了巨大的可能性。

　　威廉的哲学思想中还有一点对亨内·拉登产生了巨大的影响。在这位英格兰哲学家看来，普遍的概念并不存在于现实之中，而只是符号，它们表达某物，概括实体存在，代表它们所表达之物。这些符号可以通过声音或者文字体现。符号的文字形式显示出，符号也是由更小的单元个体所组成的物质组合。因此，印刷不是复制文本，而是复制组成文本的字母。"奥卡姆认为概念是符号，而不再像以前的抽象理论那样认为概念是图像。"[10]

　　图像的复制在古登堡之前就已存在，方法是在木板上雕刻、上色并印刷。就像可以在木板上雕刻图片一样，也可以在木板上雕刻整张书页，但这意味着，要印刷一本100页的书就要雕刻100块木板。但如果从图像中抽离出来，将文本视为由符号组成的、可以互不矛盾地进行拆解的单元，那么将符号拆解为字母就成为自然而然的一步。

　　在这样的思想环境中，亨内还接触到了另一个世界，一个在最开始时或许通过金钱将他与字母联系到了一起的世界。

在酒馆与缮写室之间

毫无疑问，亨内·拉登在大学期间使用的书籍是手抄书。虽然历史上也出现过印刷的木刻书，但由于迄今发现的最早的木刻书可追溯至15世纪中叶，这种印刷书籍很可能是通往现代书籍印刷术之路上一条奇特的岔路。木刻书得名于其制作方式：在木板上刻下整张书页，将纸张放在刻好的木板上，然后按压上色。这种方法的劣势或者说最不便之处在于，预先在木板上刻下一整面书页的过程十分耗时耗力，限制了书籍页数。此外，为了避免墨水渗透到纸张的另一面，只能单面印刷。

从根本上说，木刻书和木刻版画具有相同的制作和复制过程。木刻书中颇受欢迎的种类是用图画表现《圣经》选段的"穷人圣经"（biblia pauperum），图画让不识字的人也能了解相应的内容。

欧洲教会大分裂推动了基督教的虔敬转向，参加弥撒不再是虔敬的最主要体现，虔敬开始与在家庭等私人场合中进行的宗教活动联系在一起，变得更加个性化，在此背景下出现了穷人圣经市场，或者说宗教文学市场。

就算有教徒想加入集体，也不必依赖于教堂，而是可以参加平信徒组织，其中最有名、影响力最大的是14世纪末由格特·格罗特（Gert Groote）在荷兰创办的共同生活兄弟会（fratres vitae communis），简称兄弟会（fraterherren）。平信徒兄弟不对教会宣誓，也不处于教会的机构等级之中，他们在兄弟会之家共同生活，勤奋阅读《圣经》，努力过上一种让上帝满意的生活，复制图书成为他们的生活来源。

14世纪末，由于虔敬的这一转向，人们开始在家中进行祷告，由此也产生了对于宗教主题图像的需求。木刻圣像印刷市场因此出现了爆炸式发展，可以推测的是，圣像印刷品最后发展成了祷告用书，即穷人圣经。抛开装订不谈，两者采用的是相同的制作技术。15世纪初，占领印刷市场的是宗教主题图像，直到15世纪中叶，市场上才开始出现世俗主题的印刷品，例如死亡之舞、美德和不道德行为。[11]其中例外的只有地图和纸牌印刷品，它们在14世纪末就经历了惊人的发展。

新的虔敬让人们开始寻找自己接近上帝的个性化道路，它成为人们把握世界、积极自主生活的新形式。这一新发展也在市民和城市贵族中蔓延，因此就算没有明显证据，也可以断定亨内·拉登对此并不陌生，甚至自己就是新式虔敬中的一员——虽然他的城市贵族家庭可能不满足于圣像，而是一如既往地用家中的壁画进行祷告，更有可能的是除壁画之外还有一到两幅木板挂像。亨内作为商人的第一个大项目虽然不是印刷圣像，而是制作朝圣镜，但归根结底都是宗教用品。朝圣镜源于新的虔敬带来的需求：一方面，私人场合的祷告成为主流；另一方面，朝圣开始盛行。一般来说，多数人不像贵族或富裕商人一样到遥远的地方去朝圣，例如耶路撒冷、罗马或圣地亚哥，而是到德意志的亚琛或者维尔斯纳克。

就算亨内从大学图书馆或者阿姆普罗尼亚纳借了书，书写仍然是他学习生活中不可或缺的部分。当时常见的是，讲师上课向学生们口授自己，或者是某位不在场学者的成果，这被称为"呈演"（pronuntiatio）。此外，当时人们也用拉丁语"reportare"（报告）来指在课堂上根据老师口述进行记录的行为。

亨内可能在大学时代从事过抄书的工作。市场上对《多纳特》和维尔迪厄的亚历山大的教材存在很大的需求，但由于还没有简便的印刷复制方法，每一本都要靠抄写员手抄完成。因此早在12世纪，意大利的大学中就发展出了片段式的复制方法。大学将官方认可的书籍抄本交给书商，书商以20页为单元拆分抄本，出借给大学生，学生们要在借期结束前完成相应单元的复制本。这样一来，多个学生同时复制同一本书的不同片段，再将这些片段装订到一起后，一本新的复制本就诞生了。大学利用这种较为迅速的复制方法增加教材存量，亨内·拉登可能因此抄写复制了某些章节或片段。

同样可能的是，亨内曾受雇于某个缮写室。大学的寄宿生活与手工业学徒的生活一样，都要经历艰难的过程。俗话说，当人学徒，必然吃苦。就像熟练工粗暴地对待学徒，低年级学生也要面对高年级学生的种种刁难，要服务他们，为他们洗衣服，还会被索取钱财，而乞讨、卖唱和抄写都是赚钱的途径。

当时已经存在书籍这种形式，除了文本是抄写而非印刷而成，手抄书籍与后来的印刷书籍在排版和装订上都没有区别。如果将古登堡印刷的两栏式《四十二行圣经》与埃尔福特、埃尔特维勒或美因茨的修道院中使用的手抄《圣经》加以比较，可以看出，手抄《圣经》中常见的弥撒字体（missale）以极其艺术化的方式发展成了《古登堡圣经》中所使用的字模。字模脱胎于修道院缮写室的字母，形式上的美学追求驱动了这一艺术行为。因此显而易见的是，如果亨内·拉登自己制作了这些字模，他必然拥有出色的抄写经验和技能。由此产生的问题是，他从何处获得了这些技能？就算拉丁语学校的教育再好，也不足以让他完成这项工作，兴趣——甚至可以说是热情——以及练习必不可少。如果正确使用"奥卡姆的剃刀"，亨内在埃尔福特的那几年时光就进入了我们的视野。

缮写室在中世纪晚期发生了显著的变化。最开始时，抄写属于修道院的工作，僧侣的耐心和勤奋使古代文本得以复制并因此得以流传。这项传统源于维瓦利姆修道院：554年，70岁的富裕政治家卡西奥多（Cassiodor）回到家乡卡拉布里亚，在那里建立了维瓦利姆修道院，搜集知识和抄写手稿成为这座修道院的重要工作内容。早在529年前后，同样来自富裕家庭的努西亚的圣本笃（Benedikt von Nursia）就在那不勒斯附近的卡西诺山上成立了一个修会，在那里，劳动和学习是虔敬的生活方式中不可缺少的一部分。这个修会后来发展成为本笃会，为中世纪早期拉丁欧洲的教育做出了突出贡献。

随着越来越多的大学成功建立，市场上出现了对于书籍的巨大需求，彼特拉克和薄伽丘新兴的人文主义作品又进一步扩大了人们对书籍的需求。富裕起来的市民渴望阅读。于是，一方面产生了商业抄书坊；另一方面，大学发展出了自己用来复制书籍的组织形式，例如片段式复制法（Pecia system）[1]或者雇用缮写室，这些缮写室因此获得了特殊地位，其拥有者可以享受大学职工的特权。大学委托专门的公务人员负责手抄本的外借和复制，其中分为出借人（stationari）和代理人（librarii），正如在巴黎大学的校规中所见，他们只能在有限且明确的范围内从事经营活动，这也是首次有大学将相关内容写入校规中。[12]

在此背景下，起源于大学的现代书业在哥特巅峰时期开始兴起。必须强调的是，此时人们对于知识的强烈追求并非出于实用主义和功利主义，而完全是出于对知识和智慧的渴望，因为只有知识可以将人们带回黄金时代，带回古代。毫无疑问，对于许多人来说，知识之路也是通向上帝之路，这条路由书籍和写了字的纸张铺就。

修道院学校的时代即将过去，修会的学校或是发展成了大学，或是走向衰弱。新型高校培养出了越来越多的法学家、医学家、医生和哲学家，阅读是这些新型世俗知识分子深层需求中的一部分，同时，他们用信件来维持远距离的沟通。

---

[1] "pecia" 一词在拉丁文里的意思是"片段"。该方法具体指在中世纪时期随着大学的成立、发展和日益普及而引入的图书生产体系。被当作范例的手稿被拆分成多个片段，每个片段或部分由不同的抄写员复制。这种方法比让一个抄写员复制整个手稿要快得多。——编者注

此外，在关于书籍起源问题的讨论中，还有一个因属于经济史范畴而常被低估或者忽视的因素。随着贸易，特别是远途贸易繁荣发展和金融经济的形成，簿记和结算等书面记录变得必不可少。大型的贸易企业和银行需要办事处和办事员。账簿被装订存档，沟通也被记录在册。在法兰克福等地的经济博览会上，账簿成为贸易商品的固定组成部分，其生产和销售成为经济活动。值得注意的是，之后活字印刷术快速扎根的地方，都有大型贸易博览会或强大的商业。修道院缮写室与商业抄书坊的分离使手抄本的生产几乎具备了工业化的规模。在商业抄书坊中，书写员根据口授进行听写，这种工作方式提升了效率，但也造成了复制本质量的下降，与僧侣对着范本一页一页抄写而成的作品相比，听写得来的复制品中错误较多。

虽然手写复制的书籍生产方式尚可满足市场需求，但其生产能力的极限也显而易见，同时，由于生产成本高昂，书籍的售价居高不下。缮写室中发展出了分工式的生产方式。在制作书籍的过程中完成各个工作步骤的不是印刷师和排字师，而是抄写员、红字师（在书中用红色标出起首字母、标题和重点）和画师（负责书本的美术装饰）。分工式生产书籍和销售的整体网络已经存在，但技术问题尚待解决——手工抄写文本极其不便，必须改为机械复制的方式。

亨内·拉登很可能为了赚钱而在大学期间为商业缮写室抄书，因此亲身体验过这种书籍生产方式。城市贵族子弟的身份让他认识了文字沟通的必要性；拉丁语学校学生和大学生的身份让他接触到了书籍；而在缮写室中，他学习了生产书籍的技术步骤，特别是作为抄写员学习了如何与文字，或者更确切地说是不同字体打交道。

14世纪末，造纸术在欧洲取得了突破，这对书籍贸易的蓬勃发展具有重大意义。在这之前，人们在皮纸上书写，包括牛皮、绵羊皮和山羊皮，其中备受推崇的是小牛皮制成的皮纸（velin）。无数的动物为中世纪的书籍献出了生命。人们通常无法大量购得皮纸，这不仅是因为皮纸非常昂贵，更是因为难以在短时间内筹措到大批动物皮。与此相反，由汉麻、亚麻或者旧布制成的纸张可以大量生产。而莎草纸只适用于温暖，特别是干燥的国家。

最先发明纸张的是中国人，之后，穆斯林将纸张带到了欧洲，第一站是西班牙和西西里岛。1231年，出于对纸张持久性的怀疑，来自斯陶芬家族的皇帝腓特烈二世下令禁止皇帝文书处将文书写在纸张上，他规定用皮纸作为书写文书的载体。1150年前后，欧洲的第一个造纸作坊在西班牙的克萨蒂瓦建成。1154年，公证员乔瓦尼·斯克里巴（Giovanni Scriba）在热那亚使用了纸张，1223年起，威尼斯人也开始用纸张作为存档载体。安科纳省的法布里亚诺于1276年建成当地的第一个造纸作坊，它与之后诞生的不同造纸作坊一起成为该地区的名片。

意大利的造纸业蓬勃发展，不仅向欧洲，甚至也向东方供应纸张。纽伦堡的城市贵族乌尔曼·施特罗默（Ulman Stromer）意识到了纸张的市场潜力。当时纽伦堡与威尼斯、罗马、佛罗伦萨、帕多瓦、帕维亚和博洛尼亚几乎是共生关系，施特罗默因此得以从意大利请来专家，在1389年将纽伦堡的一座金属丝作坊改造成造纸作坊。但他没能成功为技术保密，1393年时，雷根斯堡就出现了他的竞争者。[13]

欧洲的纸张在持久性上胜过中国和阿拉伯的纸张，因为欧洲在造纸时使用的不是植物纤维制成的筛网，而是金属丝筛网。施特罗默不仅为缮写室和商业办事处生产纸张，也生产针、金属环、钉子等物的包装纸。当时纽伦堡在金属工业上享有盛名，产品从军事装备到金属丝和其他金属日用品一应俱全，这些金属制品不仅在国内销量良好，也销售到法国、波兰和俄国。在亨内·拉登眼中，纸张既是包装材料，也是商业记录的载体和书籍的材料，他对此已经司空见惯。

最晚在埃尔福特时，这位美因茨城市贵族子弟就已经接触到了发明印刷术的重要前提：第一，将纸张用作存储载体；第二，与字体和字母打交道；第三，在技术方面参与制作书籍；第四，了解分工式生产；第五，了解销售市场；第六，了解书籍贸易的组织结构；第七，掌握拉丁语；第八，通过学习奥卡姆的哲学和现代路线掌握了必要的思想前提。

亨内必然见过圣像木刻版画。最早的印刷机在此时已经开始进行工作。在宗教法庭档案中可见对美因茨印刷师的早期记录，例如1356年前后提到了"印刷师哈特维希"（drucker Hartwich），1409年提到了"印刷师小阿诺尔德"（Arnold den Jungen, Drucker）[14]。当时不只在纸张上印刷，也由"织物印刷师"（zeugdrucker）印刷织物。织物的生产与贸易在美因茨具有重要地位，织物印刷机因此在美因茨被广泛应用。图案印刷品（pilddruck）或者说图案织品（bildtücher）[15]通过印刷来模仿夹银线或夹金线的锦缎，从而使布料增值。早在14世纪末，意大利的琴尼诺·琴尼尼（Cennino Cennini）就在他的美术教材里描写了印刷布料的技术，即织物印刷术（zeugdruck）。[16]因此，亨内早在孩童时代就接触到了印刷师。

1376年前后，一股新的风潮在席卷意大利之后来到了阿尔卑斯山的另一侧——纸牌成为赌博游戏的新宠，开始动摇此前人们经常使用、常常承受恶名的骰子的地位。禁令成为纸牌游戏蓬勃发展的佐证，例如1379年在康斯坦茨和1381年在纽伦堡颁布的禁令。史料中对于最早一批职业纸牌画师的记录包括1392年在美因河畔（莱茵河的一条支流）的法兰克福和1414年在纽伦堡的记录。

在士兵和大学生中很快就出现了狂热的纸牌玩家。或在酒馆，或在宿舍，亨内可能也曾参与过基督徒本不应参加的纸牌赌博游戏，就算他不是赢家，但他可能因此接触到了通过木版印刷批量生产的纸牌。印刷的纸牌清楚地显示出，用同样的方法复制书籍已指日可待，只是木刻虽然适用于图片，却不适用于较长的文本。

我们不应该对亨内的大学生活进行过于丰富的想象，因为埃尔维特的约翰内斯是一个目标明确的大学生，他在两年后，即1420年，获得了学士学位，并以学士（baccalaureus）的身份离开了大学。对于不走学术道路，不想成为法学家、医学家或神学家的人来说，这个最低学位就已足够，他们可以凭借这个学位到商业办事处、王侯的管理机构或市政府工作，也可以到拉丁语学校教书。七成的大学生以学士的身份离开大学，亨内跟他们一样满足于学士学位。

就算约翰内斯·古登堡不曾在埃尔福特上大学，那么他上过大学、掌握拉丁语和图书复制的知识、在字体上具有专业技能仍然是必须成立的事实。否则就只能假设，他只是印刷术这一发明的出资人，在所有的领域都依靠雇用的专业人士。他在一项发明上全心投入了十几年，如果说这只是一个让他不断投入金钱、需要为此不断寻找专家的执念的话，那么我们看到的将是一个复杂的局面，这让我们迫切地再次将手伸向"奥卡姆的剃刀"。

美因茨的脱轨与混乱

亨内·拉登还在埃尔福特上大学时，国王西吉斯蒙德于1418年的一项决定使美因茨的经济形势急剧恶化，对他家的经济情况造成了直接的损害。这位来自卢森堡的国王重新振兴了位于法兰克福的帝国铸币厂，贵金属贸易和货币兑换业随之集中到了法兰克福，美因茨铸币会因此遭受重创。虽然在讷德林根和巴塞尔也有帝国铸币厂，但法兰克福的帝国铸币厂对美因茨作为贸易和经济中心的地位带来了格外严重的影响。一方面是因为法兰克福紧邻美因茨；另一方面，不可否认的事实是，展会使法兰克福成为繁华的贸易大都市。不仅如此，一系列严重的政治斗争让美因茨陷入动荡，城市负债也达到了惊人的数目。

这三种因素相互加强，加快了城市的衰败。负债使城市作为贸易地的吸引力下降，导致城市财政因为缺少收入而陷入灾难性的困境中，这反过来又进一步降低了这个地区的商业价值，形成了典型的恶性循环。整个城市都笼罩在绝望的气息之中。

与可以逃避债务的王侯们不同，自由市的居民们组成作为法人的合作社，这意味着每个市民都要以自己的财产为城市的债务担保。如果一个商人不得不用自己的商品偿还城市的对外债务，这足以让他陷入绝境。但在奥彭海姆或美因河畔的法兰克福做生意就能规避这一风险。为了帮助美因茨消除债务，大主教甚至在1422年10月出面提供经济支援。驱使他迈出这慷慨一步的并不是基督的慈悲心，而仅仅是维稳的必要性。城市贵族的特权和过度发售的年金导致城市负债累累，引发了城市内部的严重动荡，这是因为市议会一如既往地将债务社会化视为出路。他们计划让行会为混乱局势和个人敛财造成的恶果买单。此外，不论是在城市贵族还是在行会内部都存在着不同的立场，自身的经济利益强烈影响着每个人的政治观点。

亨内·拉登亲身经历了这一切。即使他认为行会的抱怨不成立，即使他从未想过放弃作为城市贵族的任何特权，但他也越来越清晰地意识到，美因茨当时的政治局势是多么的脆弱。这或许可以解释为什么美因茨的城市贵族们开始寻求购买其他城市的年金，尽管其他城市的年金远不如美因茨的条件优越，但这不失为一种聪明的预防措施，相当于我们今天所说的风险分散。在这样的背景下，亨内家也在斯特拉斯堡和法兰克福购买了终身年金。

作为重要的集散场所，贸易博览会对经济生活的节奏有着决定性影响，它成为支付、兑换货币、投保、贷款的场所，逐渐拥有了类似交易所的功能。正如庇护二世写给枢机主教卡瓦哈尔的信中所证实的，博览会之城法兰克福应该也是约翰内斯·古登堡首次对外介绍其发明的地方。

亨内踏上归途，等待他的是被内部斗争撕裂的、骚动不安的家乡。在莱茵河前，他望向对岸的美因茨，构成这座城市剪影的是数量众多的教堂尖塔、码头边的吊车，还有南边显眼的"德鲁苏斯石"（Drususstein）[1]，它提醒着美因茨人这座城市曾被罗马征服的历史。此时的他有何感想？哈特曼·舍德尔在描写一处虚构的城市风景时写道，"被德意志民族称为'日耳曼尼库斯的德鲁苏斯'""显然增加了"美因茨的"赞誉和名声"。[17]

是什么使亨内回到了家乡？是对家乡城市的感情吗？是对大学毕业的喜

---

[1] 德鲁苏斯（前38—前9），第一个率领罗马军队攻占日耳曼地区，并抵达威悉河与易北河的将军。在他去世后，部下为纪念他建造了"德鲁苏斯石"，原建筑高度超过20米。——译者注

悦吗？无论如何，父亲一年半前的离世给亨内的回乡蒙上了一层阴影。没有父子重逢的场面，父亲也不能赞许地拍拍他的肩膀，迎接他的是成为遗孀的母亲。这位自信的妇女没有再嫁，她似乎管理起了家庭事务。

亨内在什么时候得知了父亲去世的消息？消息传来时他是否正在考试期？在埃尔福特大学的学生名册中，1419—1420年冬季学期的一条记录是"Baccalarii prius intitulati addiderunt Conradus Swerym Ⅱ boh ... Johannes de Altavilla Ⅱ bohn et Ⅱ simpl"[18]。意思是，埃尔特维勒的约翰内斯，或者说亨内·拉登，缴付了毕业费，可以按规定授予学士学位。

遗憾的是，没有蛛丝马迹能显示出亨内与父亲是否关系亲近，父亲的逝世对他有多大的影响。但这应该加速了他对未来发展的规划，迫使他思考自己想在哪个领域从事什么样的工作。职业道路通常由家族长安排。一般而言无须对此多加思考，因为长子理应接手父亲的生意或手艺，相应地继承宅院或工场，其他的儿子则在父亲那里接受培训，然后开始学徒漫游（gesellenwanderung）[1]，父母也希望他们能与工匠的女儿结合，让儿子能拥有一个不论远近的工场。中世纪晚期的特征是人口的高流动性，特别是在军工、手工和贸易领域。

但对于逝者家属们来说，首先要处理的是存在争议的遗产继承问题。对古登堡研究来说，这一诉诸法庭的遗产争端是一笔财富，这是约翰内斯·古登堡首次明确地出现在文献资料当中：

> 1420年写成的一份文件涉及若干紧张关系和谬误，一方为弗里勒·拉登、其弟弟亨显和克劳斯·维茨图姆，另一方为帕策，即皮特·布拉斯霍夫（Peter Blashoff）的遗孀。[19]

---

[1] 中世纪欧洲，学徒结束学徒期后进行漫游，到别的地方实践所学的手艺。在某些行业中，学徒漫游是成为师傅的必要前提。——译者注

可惜的是，传世的只有一份总结式的抄录，原档已不复存在，无法得知诉讼的细节，否则诸多难题可能因此迎刃而解。但无论如何，从中可以清楚看到的是，父亲弗里勒第二段婚姻中的孩子小弗里勒、亨内（文书中所称的"亨显"）和代表埃尔泽的克劳斯·维茨图姆，与第一段婚姻中的已经孀居的女儿之间存在遗产继承纠纷。这份文件表明，亨内·拉登在1420年时身处美因茨，这与父亲的死亡日期和关于其在1418—1420年上大学的推测相符。我们不应该因为在文件中用指小形式[1]来称呼亨内就错误地认为他当时是个孩子，在名单中第二的排位和指小形式只是表明亨内是兄弟两人中比较年轻的那个，克劳斯·维茨图姆代表排在第三位的姐姐埃尔泽。在这场纠纷中，兄弟二人立场一致。

因为亨内不仅已经成年，而且也取得了学位，他不需要监护人，可以直接与他的兄长讨论自己的未来。根据当时的习俗，他也会与教父进行探讨，此外母亲自然也是他谈话的对象。可以想象的是，父亲与母亲一致做出了送亨内上大学的决定；同样可以想象的是，父亲还在世时，夫妇俩进行了积极的活动，为儿子铺垫通往法学家生涯的道路，如果儿子能成为法学家，整个家族都将因此受益。当时常见的做法是，长子弗里勒被指派接手父亲的生意，小儿子则在接受良好教育之后到王侯手下或者城市的管理机构工作。

这个家族也流淌着大主教大臣的血液，拥有服务教会领袖的特权，因此教会文书处应该向亨内敞开了大门。不仅如此，兼任帝国掌玺大臣的美因茨主教在那几年间试图扩大自己在帝国中的影响力，致力于与国王西吉斯蒙德一起进行帝国改革，这意味着他特别需要法学人才。

但亨内似乎对法学和管理兴趣寥寥。虽然他的学位符合要求，但他从未申请过任何相关职位。可以想象，父亲的去世对他来说意味着不必继续学

---

[1] "chen"是德语中的一种指小后缀，例如："Baum"的意思是树，而"Bäumchen"的意思是小树。亨显（Hennchen）即亨内（Henne）的指小形式，意为"小亨内"。——译者注

业，对他自己来说，学士学位就足够了。对亨内有着照顾义务的兄长或许对弟弟的这个决定并不满意，但尚在人世的母亲可能阻止了他提出反对意见。由于缺乏资料，这只能算是一个符合当时整体情况的推测。

亨内的家庭富足，而且通过年金保障了他的生计，因此，这个年轻人似乎在职业选择上拥有相当高的自由度，也有充足的时间来寻找自己的方向和进行尝试。由于城市贵族约翰内斯·古登堡之后的生活来源中有很大一部分是年金，择业和就业并没有给他造成压力，这样一来，他得以在不同的领域进行尝试。常见的一种推测是，由于母亲不是城市贵族，约翰内斯·古登堡被拒绝加入铸币会，这一拒绝让他觉得自己只是二等城市贵族，证明自己与其他城市贵族平等的决心激发了他创造伟业的斗志。但事实上，并没有充分的理由能够支持古登堡社会地位降级的观点。首先，我们对铸币会了解不足，无法确认入会限制是否严格落实、是否存在例外。其次，即使这一降级存在，也并不那么严重——他的哥哥弗里勒不仅是市议会成员，有一段时间甚至是四位市长之一。因此，不应过分解读古登堡对城市贵族身份的自傲，也不应将其过多地上升到心理层面，而是要将他的一些个性，例如骄傲或者顽固理解为一种沟通工具。城市贵族在公共场合以自傲这一形式宣扬自己的权利，通过这种方式，他们也维护了这些权利。屈从和谦逊对他们无益，只有落实自己的权利才能带来实际的好处，落实权利的前提便是在公共场合强硬地树立起自己的形象。从这个方面来说，约翰内斯·古登堡并非例外，他的行为与同阶层的其他人无异，完全符合他在中世纪晚期的地位。

当时有众多的宗教人士生活在美因茨，从大教堂教士会成员到教堂神父司铎，再到众多修道院的修士和修女，因此对亨内来说，可以考虑的还有在教会的职业道路。他与宗教有着紧密联系，不仅在圣维克多修道院学校上过学，后来也参与了圣维克多修道院的兄弟会。他有亲戚为教会工作，阿姆普罗尼乌斯·德·贝尔卡等诸多反例表明，选择这条道路并不意味着禁欲和告别身体享受。

回到美因茨后，古登堡可能在哥哥的安排下打理家族的货币生意，从他之后建立融资公司的行为中可以看出，他精通当时的融资经济。中世纪晚期是一个闪光的时代，除了艺术、文学、技术和科学领域，其他经济领域——从某种程度上的工场式生产到高度创新的金融和货币贸易——也都实现了惊人的成就。

在奥格斯堡、纽伦堡、巴塞尔或斯特拉斯堡这样的城市当中，成功的商人成为金融企业家。他们提供借款，创建融资公司，经营信贷和年金业务，也开始经营外汇和保险投机生意。只要人们不过于依赖年金，而且不像美因茨那样由同一批人发行和领取年金，那么对于城市来说，年金业务是可观的收入来源。

亨内·拉登从25岁左右开始自称亨内·古登堡，他至少领取三份年金，也可能更多。年金业源于人们未雨绸缪的需求：先进行投资，之后就能依靠利息生活。阿尔布雷希特·丢勒在16世纪初也从他的家乡纽伦堡领取年金，这样的操作在当时很是常见。年金之所以受到欢迎，是因为它与其他金融贸易不同，不会遭到教会的抵制。

作为年金发行方的城市不能回购年金，只有年金领取人才能转卖年金，后一种情况在当时相当普遍，人们通过这种方式规避中世纪时伴随各种贷款出现的受人唾弃的高额利息。年金因而成为无须顾忌道德问题的投机对象。中世纪时，高利贷者大概是最受鄙视的身份。除了道德原因，最重要的还是因为当时的世界观。如果有人提供借款并收取利息，那么按照我们今天的说法，是钱为他"工作"。但是中世纪时人们的看法与此不同：不是钱为他"工作"，而是时间本身在为他"工作"；时间过去得越久，高利贷者获利得越多，创造利益的是时间的变化，所以高利贷者是通过时间这一不属于他的事物获取利益。但时间归谁所有？谁因此受到了损害？答案简单得令人害怕：受到欺骗或者损害的是时间的主人——上帝，因为只有永恒者才可能掌控时间。利用时间来满足自身利益的人无异于对上帝进行偷窃。马丁·路德在一个世纪后写道："想通过出借来收回更好或更多的，就是公开的卑鄙的高利贷者。"[20]

此外，如果一个人自己不用做任何事就能变得更加富裕，那么这也违背了上帝设立的秩序。金钱可以是财富源泉的想法根本不会出现在人们的头脑中，因为跟生活中的其他方面一样，亚里士多德也决定了人们对金钱的看法。在亚里士多德看来，金钱不能带来收益和生产力，不能创造任何事物：

> 但就如前文所提，获利有两种方式：一种是商人的，一种是家主的。后者事属必要，值得赞扬，而前者基于交易，理应受到谴责，因为这不符合自然（作者强调），而是通过别人使自己致富。放贷者的方式是第三种方式，最让人憎恶，因为它从金钱本身中获利，而不是从金钱为之发明的事物中获利。金钱是为了交换而产生的，利息却使得钱通过自己增值。利息也在我们这里获得了"tokos"（幼崽）这个名称，因为子（tiktomenon）肖其亲，而利息是钱生的钱。因此这种获利方式最为违反自然规律。[21]

这是哲学史上首次出现"异化"的观念。金钱只应作为用于交换货物的等价物和支付手段。在亚里士多德看来，如果金钱不再被用作（支付）手段，而是成为目的，甚至是最终目的，那么这是违反自然规律的，这不仅是功能的异化，也是金钱的彻底堕落。亚里士多德充满厌恶地把不将金钱用于交换而是用于累积金钱的行为定义为"货殖术"："因为金钱就是销售的起点和终点。"[22]

但是时代发生了变化。13世纪时，一位名为彼得·约翰内斯·奥利维（Petrus Johannes Olivi）的方济各会神学家在不触及利息禁令的情况下区分了金钱与资本：

如果为了某种程度上可能的盈利（probabile lucrum），而将金钱或者财产投资到所有者的某个可靠的生意中，那么这些金钱或者物品所拥有的不仅是金钱或者物品的简单力量（simplex ratio），而且还拥有种子般的能够产生利润的力量（seminalis ratio lucrosi），这种力量我们通常称为资本（capitale）。因此，所有者得回的不仅是单一的价值（simplex valor），还有增加的价值（valor superadjunctus）。[23]

让方济各会神学家得出这一认识的并非《圣经》，而是对真实生活的观察。亨内·拉登曾在佛罗伦萨生活过一段时间，由于长途贸易的繁荣，佛罗伦萨成为贸易和金融大都市，银行业发展迅猛。[24]

在仍有现实意义的《富格尔家族时代》（Das Zeitalter der Fugger）一书中，理查德·艾伦伯格（Richard Ehrenberg）写道："有息借款在中世纪末的几百年里是日常的合法行为，尽管它被教会禁止并且被视为严重的罪孽。"[25]购买年金则是允许的，因为它不被视为信贷交易。[26]

亨内·拉登的出身让他有机会深入了解当时的金融交易。此外，古登堡宅院中还生活着铸币会成员克雷泽·赖泽（Cleese Reise）一家。在文书记录中可以看到，克雷泽·赖泽不仅是铸币会成员，还是铸币师傅。压铸硬币的前提是制造铸模以及压机或冲压机。年轻的亨内似乎对手工艺有兴趣，这让他有机会对一定程度上的工业化生产加以思考。他似乎被生产流程所吸引，研究起了批量制造硬币的技术。

鉴于他后来在斯特拉斯堡有偿授课，他自己必然在1421—1434年掌握了相应的知识和技能。我们对他这段时间中的活动了解甚少，他很有可能在美因茨从事过宝石抛光、硬币压制或织物印花方面的工作。

他当时有着什么样的想象、希望和计划，我们大概永远无法得知——他是否想成为铸币师傅、宝石抛光专家或者印刷技师？他是否曾在其他领域进行过尝试？他活动中的哪一项符合他的心意？由于他城市贵族的身份，美因茨这座城市中的所有大门都为他敞开，例如从他之后的葡萄酒消费情况中可以看出，他常去城市贵族的酒馆——除了玩乐聚会，城市贵族们也在那里相互交流，商谈政治和生意。行会成员无法进入动物园旁的城市贵族酒馆，但是他们在蒙姆巴泽利尔有自己的酒馆。[27]人以群分，至少1420年时是如此。

对于一个不厌恶玩乐的年轻城市贵族而言，向他敞开大门的不仅有酒馆和亚麻市场（Flachsmarkt）旁的赌场，还有严格按照社会地位划分的浴场。城市贵族在穆尔门（Mühltor）旁的浴场中享乐，而行会成员们则在猪粪堆后面的浴场消遣。浴场姑娘当时名声不佳，因为她们提供所有形式的服务，而且就像丢勒在一幅生动的素描中所描绘的，浴场姑娘常常除帽子之外一丝不挂。在中世纪晚期，人们完全不知道从16世纪时开始、在19世纪引发神经症的羞耻感为何物。大教堂教士会成员埃贝斯泰因伯爵将威斯巴登人在浴场享乐的场景绘制成壁画，画中的场景也可以套用到美因茨，如果在这样放浪而混乱的场景中见到约翰内斯·古登堡，大概也并非不合情理。

美因茨能给城市贵族带来的欢乐远不止于此。不容忽视的是数量繁多的教会节日和与此相伴的巡游、集市和处决，这导致中世纪晚期时一年中基本上有半年都在过节。在与美因茨类似的纽伦堡，几乎不到一个月就有一个使全城沸腾的节日游行——圣彼得御座（2月）、圣母领报（3月）、圣周五和复活节前夕（3月/4月）、圣马克日（4月）、基督圣体圣血节（5月/6月）、耶稣升天节前的祈祷日（5月）、圣彼得和圣保罗日（6月）、戴镣铐的圣彼得日（8月）、圣劳伦丘斯节（8月）、诸灵节（11月）、献圣母于圣殿日（11月）等。[28]

在节日巡游队伍中，古登堡所在的位置紧跟在神职人员之后，对古登堡来说，这既是享受也是义务，因为巡游队伍的顺序也体现了不同人群在城市中的等级地位。行会内部常常为哪个手工业应该位于哪个位置而产生争执，甚至升级为暴力冲突。在这样一个符号化和象征化的时代，荣誉、地位、财富和自我认识也都反映在巡游队伍的站位中：一个人展现出什么，那么他就是什么，外在就是存在，没有外在就没有存在。出于多种原因，巡游不再是简单的节日游行，而是戏剧表演和活人画表演（真人扮演静态画面）的场所，表演的主题主要出自《圣经》。

数波猛烈的瘟疫浪潮席卷了欧洲，它们动摇了人们的自我认识，释放出人们几乎歇斯底里的信仰，信徒中产生了忏悔者、鞭笞派[1]和朝圣者，巡游中也出现了死亡之舞的主题。对生命易逝的警告构成了巡游中既热闹又惊悚的部分，其形式会让今天的我们毛骨悚然。例如在巡游队伍经过墓地时，演员和音乐家扮作死神、尸体和骷髅在坟头上舞蹈，仿佛他们恰好在那里降临。他们边跳边唱着"quod fuimusestis quod sumusvos eritis"（我们的过去是你们的现在，我们的现在是你们的未来）。

当时流传甚广的一个传说是，三个荣耀体面的活人遇到了三个死去的国王，后者向前者诉说了自己的罪孽，并警告他们美好的事物终有尽头。在中世纪晚期又重新兴起的"memento mori"（勿忘你终有一死）可以回溯到罗马时代。在罗马帝国，当军队凯旋时，将军身后往往站着一个奴隶，他在路途中向将军耳语："记住，你必将死亡，记住，你是'会死的'人，看看周围，记住就算你也只是人。"（Memento moriendum esse, mementote hominem esse, respicepostte, hominem te esse memento.）对于古登堡来说，公众节庆活动构成了他生活的基准点。此外，酒馆中的盛宴也是生活中不可缺少的部分。而正是在酒馆中可能发生了一次对他影响深远的会面。

一位刚获得学位的教会法博士可能于1424年下半年时曾在美因茨逗留。1424年7月6日，库萨的尼古拉在帕多瓦大学获得了教会法博士学位，此前不久他曾到过罗马。1425年时他已经在特里尔为大主教服务。[29]但在1424年8月至12月，他可能为了一桩法律事务而在美因茨停留。[30]

---

[1] 苦行派别。该派教徒认为可以通过自我鞭笞赎罪。——译者注

一方面，古登堡与库萨的尼古拉之间有圣维克多修道院这层关系；另一方面，一位了解罗马的帕多瓦大学教会法博士可以毫不费力地接触到城市显贵家族。美因茨是一座相对较小的城市，城市贵族互相认识，这不仅是因为城市贵族家庭之间结成姻亲，也是因为城市贵族的人数并不多。

此外，1401年出生的库萨与古登堡年龄相仿，同为年轻人的他们也有可能是在酒馆相识的。他们甚至有可能在古登堡的家乡一起玩乐。先不论那个时代不太看重对圣职人员的禁欲要求，此时的库萨并不受相关限制，因为他到15世纪30年代才被授予圣职。

库萨的尼古拉从美因茨出发来到了特里尔，短暂停留后继续前往科隆，在那里的大学教授教会法。在科隆，他与哲学家海梅里库斯·德·坎波（Heymericus de Campo）结交。如果要把海梅里库斯看作人文主义者，肯定过于牵强，但他突出的新柏拉图主义倾向与人文主义有共通之处。结识海梅里库斯后，年轻的库萨在心中燃起了对于柏拉图和拉蒙·柳利（Raimundus Lullus）的兴趣，他从科隆来到巴黎，对柳利展开进一步研究。

与此同时，约翰内斯·古登堡见证着家乡中愈演愈烈的骚乱。1428年，行会不再对城市日趋崩溃的财政状况袖手旁观。在埃伯哈德·温德克（Eberhard Windecke）的带领下，行会成员组成了相当于行会领导机构的委员会，名为"十人议会"。温德克本身是一个富裕的商人，他与国王——后来成为皇帝的西吉斯蒙德——关系紧密，成为在全欧洲都颇具影响力的政治家。他为家乡中的政治关系写了一首纲领性诗作[31]。无独有偶，10年后他为帝国起草了一篇政治纲领性的文章《皇帝西吉斯蒙德之书》（*Das Buch von Kaiser Sigismund*）。[32]简而言之，美因茨城市贵族所面对的温德克是一个经验丰富且交际广泛的政治家。

与亨内和弗里勒在年少时经历过的大危机一样，包括他们兄弟俩在内的许多城市贵族再次离开了美因茨。十人议会做出决议，在未来10年中，城市财政的负责权归十人议会所有，同时他们还决定增加税收，要求离开美因茨的城市贵族为货物缴交税费。温德克公开表示，城市贵族应为美因茨破败的财政负责。

传统世家与行会议会之间的协商进展缓慢，似乎永远没有尽头。1428年12月22日，十人议会以作为领导机构的市议会过于庞大为由，要求城市贵族辞去他们在美因茨市议会的职务。城市贵族们拒绝了这个要求和行会的说辞。在城市贵族看来，行会成员也是议会的组成部分，他们同样要为城市的财政状况承担责任。

城市贵族在奥彭海姆的皇冠酒馆集会商议对策，参加的既有像约翰内斯和弗里勒这样的"出走者"，也有在美因茨留下来的"城中人"。"城中人"的代表是海因里希·雷布斯托克（Heinrich Rebstock）和鲁道夫·洪布雷希特（Rudolf zum Humbrecht），"城外人"的代表则是赫尔曼·菲尔斯滕贝格（Hermann Fürstenberg）和彼得·荣根。虽然他们都不想使城市贵族的权利受到影响，但是因为他们的坚定程度和极端程度完全对立，最终也没能得出统一的对策。

在这段时间中，1429年3月5日，弗里勒在斯特拉斯堡签收了一份26古尔登的年金。在他去世后，这份年金转移给了他的遗孀，而约翰内斯也有一份斯特拉斯堡的年金。有人由此得出了兄弟俩于1428—1430年生活在斯特拉斯堡的结论。[33]但事实上，在外流亡期间，兄弟俩更可能停留在奥芬堡，而比奥芬堡可能性更大的则是家族拥有房产的埃尔特维勒。

在美因河畔的法兰克福、沃尔姆斯、施佩耶尔、奥芬堡市议会及大主教的调解下，美因茨的这场纠纷终于在1430年告一段落，纠纷双方达成和解。弗里勒返回到美因茨的古登堡宅院，约翰内斯则拒绝做出让步。无须因兄弟俩的不同反应而认为他们发生了争执，因为两人的处境相当不同。作为一家之长，弗里勒背负的是接管家族生意的责任，亨内则可以无拘无束地闯荡天下。在重返美因茨之后，弗里勒甚至成为市议会成员和市长。

留在美因茨的和早一步回来的城市贵族在和解文书中成功争取到的条件

是，未参与协商和"不在城中"（nit inlendig sint）的"亨辛·古登堡"（Henchin zu Gutenberg）等城市贵族同样可以平安回乡，而不必遭受任何惩罚和制裁。但此时的约翰内斯·古登堡并不考虑回到这座越来越多地被行会控制的城市。他最起码拥有三份年金，一份斯特拉斯堡的和两份美因茨的。1430年，母亲埃尔泽代他与市议会进行协商，结果是美因茨的一份年金从13古尔登减少到6.5古尔登，为了确保约翰内斯·古登堡能获得年金，在更为强势的行会议会面前，母亲不得不做出让步。而此时的古登堡已经将他的脚步迈向了一个完全不同的方向。没有资料能为此提供线索，直到四年后的1434年，他才在斯特拉斯堡的文书中重新现身。1430—1434年他在何处，至今都是个谜，但或许我们能尝试稍微揭开这层神秘面纱。

漫游岁月

1430年时约翰内斯·古登堡已不在美因茨。他在1428年就离开了这座城市，我们有充分的理由相信他在此期间没有再回到美因茨。虽然他在1428年12月参加了美因茨城市贵族在奥芬堡的协商，但没有参加美因茨方济各会修道院在1429年1月的集会。古登堡可能在埃尔特维勒等待家乡政治局势稳定下来，但就像其他城市贵族一样，他不愿意接受大主教在旧议会与新议会、城市贵族与行会之间调解出的结果。

他是一个有年金收入的年轻人，没有成家，也不用承担家族生意的责任，因此完全可以摆出这样的姿态。对于一个踌躇满志的年轻人而言，小城埃尔特维勒几乎没有任何能让他提起兴趣的机会，不值得多加停留。

直到1434年的一份文书才又让我们看到了这位未来发明家的足迹。他最晚在这一年来到了斯特拉斯堡，也可能早在1429年3月时，他就陪哥哥来到了这里。如果约翰内斯·古登堡不是就此留在这座大都市，那么应该是在3月的这次停留中做出了决定，在不久之后又回到了这里。

当时的约翰内斯·古登堡正寻找着自己的人生定位和任务。如果他稍加节约，那么他的几份终身年金足够他养老生活的开销，但是他的进取精神、对事业的紧迫感、果敢和不可动摇的自信心推动着他前进。谦逊并不属于他，他无法在法学家身上看到自己的未来，毕德迈耶尔[1]式沉默的钻营者形象也不适用于他。

可以想象，古登堡或许当过商人，但他的特别之处在于对技术的兴趣。他注意到了市场的存在，而只有以低成本量产商品，同时保持商品质量稳定，才能征服这个市场并从中盈利。古登堡可能在美因茨或漫游途中学习了宝石抛光和金器加工技术。这段经历让他意识到，手工业在市场上存在天然的局限性，能确保市场地位的不是成为市场的供应商，而是成为市场的掌控者。

如果约翰内斯·古登堡在1430年初从埃尔特维勒出发，途经纽伦堡和巴塞尔来到斯特拉斯堡，那么纽伦堡的金属线作坊、造纸坊或者武器等金属制品作坊都是能让他学习到工业化生产方式的绝佳场所。他可能在法兰克福的贸易博览会上产生了前往纽伦堡的想法。此外，纽伦堡的金器业也享有盛誉。虽然在手工业上入了门，但他还是害怕自己会失去城市贵族的地位，不愿沦为不起眼的手工业者。他不可能在纽伦堡成为成功的商人、城市贵族或企业主，因为纽伦堡的城市贵族阶层远比美因茨的更加成功、更加活络，他们并不期待一个出走的美因茨人加入他们的行列。此外，由城市贵族控制的纽伦堡议会禁止了行会的存在，这里的手工业者因此比美因茨的更为失势。

1431年7月23日，大公会议在巴塞尔召开。尚在康斯坦茨时，参会者们就做出了今后必须定期召开大公会议的决议，以免再次出现教会分裂的情况。马丁五世在自己辞世前不久召开了大会，具体执行则完全留给了他不幸的继任者加布里埃尔·孔杜尔默（Gabriele Condulmer），后者虽是一个虔诚的僧侣，但作为威尼斯城市贵族家的公子，他从不肯做出任何让步。这次大公会议的失败开启了通往宗教改革的道路。

在成为教皇之后，加布里埃尔为自己取名为尤金四世（Eugen Ⅳ）。他

---

[1] 毕德迈耶尔（Biedermeier），原为19世纪中叶出现在慕尼黑《飞叶》（*Fliegende Blätter*）周刊里的虚构人物，体现了规矩老实、心胸狭窄的小市民形象。——译者注

力争加强教皇的君主式权力，相应地就要削弱大公会议的权力。由于众多参会者对此表示拒绝，出现了教皇特权与大公会议至上主义针锋相对的局面，最终，双方的争论充斥了整个大公会议。年轻的库萨的尼古拉和恩尼亚·西尔维奥·皮科洛米尼一开始都是大公会议至上的支持者，但之后都转而支持教皇。教皇之所以最终能够凌驾于大公会议之上，一个重要原因就是支持者站队的变化。但无论如何，最起码在1431年夏天，库萨和恩尼亚都还支持大公会议的优先性。

巴塞尔大公会议刚召开时丝毫没有康斯坦茨大公会议的影子。康斯坦茨大公会议的参会者和工作人员众多，为了接待参会来客，城市扩建了从旅店到妓院的各种设施；相比于此，到巴塞尔参会的只有少数高级神职人员和教士，就连大会主席——枢机主教塞萨里尼（Cesarini）都直到秋天才现身。由于参与者寥寥，尤金四世在中途解散了大会并试图将大会移到博洛尼亚召开。这是给已经奄奄一息的大公会议注入新生命的惊喜一步。一年半后，大公会议得以重新全力运转，巴塞尔因此成为欧洲教会的政治中心，大量人群涌向这个城市。最晚在1432年2月，库萨的尼古拉也作为特里尔枢机主教曼德谢德的乌尔里希（Ulrich von Manderscheid）的协商代表，以"领主库萨的尼古拉"（dominus Nycolaus de Cusa）的身份抵达巴塞尔。[34]

不难想到的是，如此规模的盛事也吸引了约翰内斯·古登堡的注意力，此时的巴塞尔汇聚了所有大人物，成为值得前往的目的地。如果古登堡1424年时在美因茨认识了库萨的尼古拉，他们有可能在此重逢。巴塞尔拥有"天堂行会"，成员主要为在当时还被归类为手工业者的艺术家。来自罗特韦尔、同样出生于1400年的康拉德·维茨（Konrad Witz）为巴塞尔的一座教堂完成了"救赎之镜圣坛"（Heilsspiegelaltar），其名称源自中世纪时一本广受喜爱的宗教读物《拯救人类的镜子》（Speculum humanae salvationis），这本以《圣经》人物故事为主要内容的书在当时已经被翻译成了德语。

此外，早在康斯坦茨时，大公会议就自然而然地成为人文主义者的聚集地，吸引了波焦·布拉乔利尼（Poggio Bracciolini）和莱昂纳多·布鲁尼（Leonardo Bruni）等人。巴塞尔大公会议召开时，还有盎博罗削·特拉韦萨里（Ambrogio Traversari）和乌戈利诺·皮萨尼（Ugolino Pisani）等人的加入，年轻一代中包括恩尼亚·西尔维奥·皮科洛米尼，也就是之后的庇护二世。他们以书写员、秘书或者高级参会者随员的身份来到巴塞尔。此时欧洲没有任何其他地方能像巴塞尔一样汇集如此之多的人文主义者。

如果这些人文主义者还不足以激发古登堡的兴趣，那么还有一种与他们紧密相关的设施能引起他的注意。人文主义者们涌入周围的修道院图书馆，寻找古代文本的手写原本或抄本。例如波焦就在一座德意志修道院里找到了卢克莱修的哲理长诗《物性论》（De rerum natura）的完整抄本。与寻书浪潮相伴而来的是，当地诞生了一批用来复制新发现文本的抄写工场，被称为"scoperti dei codici"。

在巴塞尔产生的正规抄本市场让古登堡看到了图书贸易的可能性。但他既没有钱，也没有与原稿供应商的关系，因此不会产生自己开设抄写工场的想法。但他在这里亲身感受到了市场正在扩张，可能因此意识到了，如果能更快、更廉价地生产图书，利润将会非常可观。然而，意大利人在当时被视为人文主义方面的大师，德意志人只能算作他们的学生。

越来越多的德意志年轻人到阿尔卑斯山另一侧的意大利学习，博洛尼亚、帕多瓦、帕维亚等拥有著名大学的城市成为他们的目的地。意大利人对人文学（studia humanitatis）高涨的热情也感染了这些德意志学生，他们将这种热情带回了德意志。

当时人们下定决心要拯救堕落的世界，驱除数百年来的黑暗，而革新世界和救赎世间罪孽的途径是重新发掘古代文化。想要进入古代，进入教育和文化的黄金时代进行探索，一方面要通过古老的拉丁语和希腊语，还有之后的希伯来语；另一方面还要通过文本，不光要找出这些文本，还要复制这些文本，使人们可以接触到这些文本。伴随人文主义者一起出现的还有一个以文本，或者说书籍为媒介的新的公众群体。如果约翰内斯·古登堡在这几年间到过巴塞尔，那么他就亲身体会到了这一变革以及由此产生的对书籍的需求。

历史中有迹可循的德意志首批人文主义者都是古登堡的同辈人，这点并非偶然。其中之一必然是库萨的尼古拉，他凭借1429年在科隆大教堂图书馆找到普劳图斯（Plautus）的12部喜剧而在人文主义者中声名鹊起。

在大约1430—1434年的漫游岁月中，约翰内斯·古登堡寻找着可以用来工业化生产的产品。他的头脑中产生了一个聪明的想法：通过发明——就像金属线作坊被改造成造纸作坊那样——比竞争者更低价地大批量生产有销售潜力的产品。只要他在巴塞尔城中漫步，用技术创新开启新生产形式的想法就会自然而然地浮现在眼前。在斯特拉斯堡，这样的感受会更加深刻。在那里，大教堂建设进展顺利，教堂建筑大师们发明了用来将建筑材料吊到空中的新型起重机和绞盘。史无前例的机械化热潮来临了，技术创新成为一项全新的、独特的艺术，其中，以新型武器和攻城器械为代表的军工业也发挥了重要的推动作用。

当约翰内斯·古登堡到达斯特拉斯堡时，他大概已经下定决心要通过发明对生产进行革新并以此致富，只是这个年轻人还不能确定自己应投身于哪个领域。带着对生产流程和机械解决方案的浓厚兴趣，他寻找着等待自己进一步钻研、能让自己名利双收的领域。因为对建筑业一无所知，他排除了自己在这条路发展的可能性。

他在美因茨痛苦却清晰地明白了家乡的未来不再属于城市贵族，单靠维护特权并不能保障自己的明天。他应该因此意识到了自己必须投身于新事业，但与此同时，新事业不应损害他作为城市贵族的尊严，他无论如何都不想将自己置于社会地位下降的风险之中，就算只是表面上的下降也无法接受。

1433年夏天，古登堡或许在斯特拉斯堡得到了母亲去世这一悲伤的消息。没有证据显示他为此回到了美因茨，葬礼可能在他获得消息之前就已经举行了。但另一方面，同样没有资料可以排除他因此返回美因茨的可能性，他也有可能在母亲去世不久前就得到了消息。

无论如何，母亲的逝世切断了他与美因茨最后的联系。孩子们和谐地分割了母亲的遗产，每个人都得到了最适合自己的部分：姐姐获得了古登堡宅院；哥哥获得了埃尔特维勒的房产，他与他的家庭从这时起搬到了埃尔特维勒，认命地离开了美因茨；约翰内斯·古登堡则获得了斯特拉斯堡的一份终身年金。特别是因为他当时计划留在这座繁荣的大都市，这份遗产恰到好处。斯特拉斯堡对他来说意味着自由以及商人和企业主生涯的开端。对他来说，这正是一座适宜的城市。

○企业主的追求

第三章

在斯特拉斯堡的流亡生活

古登堡一定还有些许才出火坑、又入地狱的感觉。因为此时在斯特拉斯堡，城市贵族与行会之间的冲突正变得越发尖锐，甚至升级成了战争，一些城市贵族因此离开了这座城市。但约翰内斯·根斯弗莱施·古登堡——这是斯特拉斯堡的文书中称呼他的方式——应该不会觉得自己受到波及。由于他既不是斯特拉斯堡的城市贵族，也没有在这座阿尔萨斯大都市中享受任何形式的特权，这些斗争并不涉及他本人。相反，这座城市中的情况甚至有利于他这个外来者。

1420年的《誓约书》（Schwörerbrief）中写明，由14位城市贵族和28位行会成员共同组成议会。在经历了漫长的甚至上升成为战争的冲突后，斯特拉斯堡主教在1422年的《施佩耶尔协约》（Speyrer Rachtung）中承认了斯特拉斯堡作为自由市的地位。与美因茨不同的是，行会以及由行会主导的议会得到了大教堂教士会的支持。

在冲突中，城市贵族通常站在主教这边，而主教也支持城市贵族，两者一荣俱荣，一损俱损。在达赫施泰因战争[1]中，城市贵族进行了最后一次挣

---

[1] 达赫施泰因战争（Dachsteiner Krieg，1419—1422），源于斯特拉斯堡行会与城市贵族之间的政治利益冲突，其得名于城市贵族作为据点的达赫施泰因城堡。城市贵族在战争中处于劣势，地位严重下降，例如在市议会的席位由28个下降到14个。——译者注

扎，试图挽回失权的局面，但以失败告终；1428—1429年，主教与市议会之间的最后一波军事冲突以教会的失败结束。1430年，主教和市议会缔结了友好协定，终结了他们之间的冲突。在约翰内斯·古登堡离开家乡的那一年，斯特拉斯堡的政治和经济关系以有利于行会的方式尘埃落定。或是自愿，或是为形势所迫，许多城市贵族开始经营某种行当，由此成为行会成员。

与美因茨不同，斯特拉斯堡市议会进行了艰难的财政整顿。15世纪20年代时与权力斗争同时发生的是，斯特拉斯堡市议会将贷款利息转化为了终身年金。这解释了弗里勒和古登堡兄弟在1429年3月来到斯特拉斯堡的原因。父亲弗里勒的金融业务遍布多地，在美因河畔的法兰克福等城市都提供贷款，斯特拉斯堡可能也是其中之一。因此完全有可能的是，在继承人小弗里勒和约翰内斯·古登堡兄弟的同意下，父亲老弗里勒提供给斯特拉斯堡的贷款被转换为一份或两份终身年金，兄弟俩此次在斯特拉斯堡可能得到了终身年金的第一次支付。这一转换为离开美因茨的约翰内斯提供了一个安全的港湾——当时的美因茨市议会将不愿回乡的城市贵族视为敌人，古登堡无法想象这样的市议会愿意继续向自己支付年金。

此外，斯特拉斯堡也受益于其位于莱茵河畔的有利位置：人们通过莱茵河大量运输谷物、织物和葡萄酒。这座城市连接了意大利北部和弗兰德这两个发达的经济中心，相当于经济网络的中心连接点。1388年，斯特拉斯堡人在莱茵河上建起一座大桥，在此后的200年中，它一直是莱茵河上最靠北的大桥。

不仅如此，行会成员中诞生了强大的、以生产和盈利为导向的市民阶层，主要是商人和手工业师傅。与美因茨的城市贵族不同，他们不依靠金融生意、特权和年金生活。

在这方面有趣的还有：早在1362年，斯特拉斯堡市议会就禁止了城市贵族经营行当，除非他们依靠财产生活。[1]受此影响的主要有金匠、剪毛匠、盔甲师、锡器师和皮纸匠。这项禁令使越来越多的城市贵族不得不加入行会，无疑极大地增强了行会的力量。到15世纪时，能在斯特拉斯堡的行政委员会中任职的只有行会成员。

这座城市拥有大量修道院和教堂，众多手工业者、艺术家以及大教堂建造行会的师傅和学徒，此外还有开放且充满好奇心的市民阶层，在与意大利北部各个中心城市持续不断的交流中，市民阶层中形成了文化上的追求，这些因素使城市变得富裕且活跃。斯特拉斯堡成为玻璃彩绘的一大中心。不仅如此，斯特拉斯堡的人文主义蓬勃发展，与巴塞尔和纽伦堡的人文主义关系紧密。埃克哈特大师等重要哲学家，卡特莱（Kathrei）等勇敢且激进的贝居安修会修女，约翰内斯·陶勒（Johannes Tauler）和卢尔曼·麦斯温（Rulman Merswin）等神秘主义者都曾在这里活动。后来的一些人文主义者可能不仅在此工作，还使用了古登堡的发明，例如凯瑟斯伯格的约翰·盖勒（Johann Geiler von Kaysersberg）、古登堡的第一位传记作家雅各布·温菲灵（Jakob Wimpfeling），以及彼得·肖特（Peter Schott）、塞巴斯蒂安·布兰特（Sebastian Brant）等。斯特拉斯堡也是美因茨以外最早拥有印刷工场的城市之一，创建者为约翰内斯·曼特林（Johannes Mentelin）。

到达斯特拉斯堡后，古登堡首先要寻找住处，他很快就在圣阿博加斯特（St. Arbogast）区有所收获。这个区虽然位于城外，但紧邻7世纪传奇主教阿博加斯特所建的同名修道院。在那些并非世代居住于斯特拉斯堡、没能继承大教堂周围的房屋和工场的手工业者当中，圣阿博加斯特区颇受欢迎。古登堡由仆人洛伦茨·拜尔德克（Lorenz Beildeck）及其妻子照料生活，后者负责家务。从这点上说，他虽在流亡之中，过的仍是不失体面的生活。

可惜的是，我们无法更详细地了解他母亲的遗产具体如何分配给三个孩子，但是除了斯特拉斯堡的年金，约翰内斯还有美因茨的年金。此时的美因茨拒绝向这个出逃者支付年金。当美因茨市议会书记员沃尔施达特的尼古劳斯（Nikolaus von Wörrstadt）到访斯特拉斯堡时，古登堡不假思索地利用了这个有利时机，以拖欠债务的罪名使他被拘捕。因为美因茨的每个市民都要对城市的债务负责，被拖欠年金的古登堡完全有权利以这种方式迫使城市进行支付，他选择的是一种相当激烈的方式，这也使他的新家乡陷入外交纠葛之中。

看到这个在城中当差的可恨敌人被关进牢房，古登堡应该乐在其中。在他看来，沃尔施达特的尼古劳斯不就是一个奸诈的妒忌者和诽谤者，一个通过诈骗上位的穷光蛋吗？国王西吉斯蒙德甚至在1425年6月4日准许尼古劳斯使用他的徽章。1428年，沃尔施达特的尼古劳斯与埃伯哈德·温德克——一个因觉得自己的权益受到同阶层其他人损害而站在行会这边的城市贵族——一起，伙同亨内·克瑙夫（Henne Knauf）和约尔格·格吕尔（Jorge Gruel）挑唆行会，导致行会暴动，最终使得约翰内斯·古登堡和其他城市贵族不得不离开自己的家乡。

古登堡心满意足地看着尼古劳斯被捕。他之所以选择用这种司法上最艰难的方式来获取年金，很大程度上就是为了此刻的快感。美因茨当政者想尽快结束这桩丑闻，因此向古登堡承诺从现在起按时为他发放年金，斯特拉斯堡市也想尽快结束古登堡对美因茨尴尬却不违法的羞辱，因而担保美因茨将信守承诺，同时暗示古登堡，如果不想因自己的行为遭受损失，最好见好就收。

出逃的美因茨人古登堡现在确实可以展现出他慷慨大方的一面，因为他已经得到了他想要的按时支付年金的保证，也看到了一个可恨敌人的颜面尽失。

1434年3月14日，古登堡为斯特拉斯堡市政府的文书做证：在沃尔施达特的尼古劳斯宣誓清偿美因茨拖欠古登堡的终身年金和利息共计310古尔登，以及今后按时支付终身年金后，这位美因茨市议会书记员被释放出狱；这也是第一份证明古登堡在斯特拉斯堡停留的文书。沃尔施达特的尼古劳斯离开了负债人监狱，美因茨市从现在起按时支付古登堡的年金，因为美因茨不想再冒自己的市民被拘留的风险。

仅在两个月之后，即同年的5月30日，美因茨出具了另一份关于年金的文书。美因茨市同意将哥哥弗里勒的终身年金转移给约翰内斯，但是金额从14古尔登减少到12古尔登，这可能是因为人们认为弟弟领取年金的时间将比哥哥更长，也可能只是约翰内斯在可接受范围内妥协的结果。显然，美因茨之前也同样阻止了这份年金的转换和支付，因为弗里勒也离开了这座城市，现在更多地居住在附近的埃尔特维勒，而埃尔特维勒应该也是转移这份年金的原因。

古登堡的姐姐埃尔泽和姐夫克劳斯·菲茨图姆获得了古登堡宅院，哥哥弗里勒想要独占埃尔特维勒的房产，相应地用这份终身年金来为弟弟做补偿。此外，古登堡还有从父亲前妻的兄弟约翰·雷海迈尔（Johann Leheymer）那里继承来的10古尔登的终身年金。这样一来，约翰内斯·古登堡至少享有五份年金：斯特拉斯堡一份，弗里勒一份，父亲前妻的兄弟一份，法兰克福一份，还有一份来自身份不明的得尔肯海姆的卡特琳娜（Katherine von Delkenheim）。作为出逃者的古登堡无法亲自到美因茨领取年金——他曾将在美因茨有权有势的书记员弄进监狱，出现在其权力范围内显然不是明智的选择，因此由姐夫克劳斯·菲茨图姆代古登堡处理美因茨的年金事宜。

一开始，新住地的官僚不把古登堡划分为城市贵族，而是后城市贵族（nachconstofler），即不是斯特拉斯堡人的城市贵族。这一归类符合他的自我认识，也符合这座城市的规定，因为此时他的生活来源还是年金，而非手工业。年金让他过上了舒适愉悦的生活：不会挨饿，住在租来的房子里，有仆人可以使唤，同时他依旧享受着夜晚的狂欢社交活动。根据他1439年缴纳的葡萄酒税金额可以推算出，当年他的地下室里存放了1924升的葡萄酒，相当于每天可用5.3升。不过，当时的人们在经济条件允许的情况下都会把葡萄酒掺到饮用水中，以此为饮用水消毒。

尽管如此，当时应该也存在饮酒的喜好，喝纯葡萄酒的意大利人往往瞧不起北边喝掺水酒的"野蛮人"。

可惜的是，我们无法得知约翰内斯·古登堡在什么时候、以何种方式结识了恩尼琳·伊瑟林·托勒（Ennelin zu der Iserin Thüre），她来自阿尔萨斯的一个城市贵族家庭，该家庭自1418年起不再有男性继承人。无论如何，家世良好、正处壮年的34岁左右的古登堡与恩尼琳开始了一段关系，这段关系发展到了让后者的母亲——寡妇埃勒维贝尔·伊瑟林·托勒

（Ellewibel zur Iserin Thüre）认为两人应该结婚的程度。这些信息体现在了后来关于婚约的诉讼中。

如果查看当时关于婚约的众多诉讼记录，就会发现中世纪晚期人们在性行为方面并不那么拘谨。不论是女人还是男人，都可以在亲密接触后认为双方在事实上存在婚约。在一次引起轰动的诉讼中，纽伦堡城市贵族西吉斯蒙德·施特罗默（Sigismund Stromer）对彼得·伊姆霍夫（Peter Imhoff）的外甥女芭芭拉·罗斐尔霍尔茨（Barbara Löffelholz）提出控告，原因是她不想遵守自己在共度的几晚中承诺的婚约。爱侣这几晚的表现是否让她彻底失望，或者她是否因为属意约翰·皮克海默（Johann Pirckheimer）而不愿兑现诺言，我们已无从考证，但无论如何，当时人们对待婚约的态度是十分认真的，婚约被视为有约束力的允诺。因此，不遵守婚约的行为经常被诉诸法庭，特别是宗教法庭。

涉及古登堡的婚约诉讼原始档案未能传世，我们要感谢生活在17世纪末、18世纪初的斯特拉斯堡档案管理员雅各布·文克尔（Jakob Wencker），他的摘录提供了相关信息，其中可以看到，1436年时"恩尼琳·伊瑟林·托勒"对"美因茨的汉斯·根斯弗莱施，人称古登堡"（Hannsse Gensefleisch von Mentze, den man nennet Gutenberg）提出控告，原因是他不想遵守向前者承诺的婚约——就像可以猜到的，双方曾有一段美好而热烈的关系，但古登堡并不想迎娶这位年轻的小姐。

他们可能是在大教堂附近结识了对方，考虑到古登堡与城市贵族圈的交际，他们也可能是通过介绍认识的。恩尼琳的母亲带着善意看待这段关系的开始，正因如此，她后来深感失望，行为也越发激进，最终采取了法律手段，想以此强迫这个骄傲的城市贵族与女儿结婚。但是约翰内斯不想置身于这对母女的双重管束下，相反，他想要的是为所欲为的自由。除了他并不排斥的享乐之外，此时吸引他注意力的还有头脑中越发清晰的革命性的创业想法，这是他无论如何都想要实现的。

但在这之前，他必须解决婚约诉讼带来的麻烦。鞋匠克劳斯·肖特（Claus Schott）或许因为劳务费成为寡妇的证人，他的说法让约翰内斯·古登堡如此反感，以至于辱骂肖特是个靠欺诈艰难度日的可怜的穷光蛋。肖特因此向议会控告古登堡，议会将这项控告移交给了同时也处理他婚约诉讼的宗教法庭。婚约诉讼的处理时间漫长，因此，为了节约费用和时间，各方达成一致，请城市仲裁员处理肖特对古登堡的控告。仲裁员判定，古登堡须向肖特支付15莱茵古尔登，在宗教法庭对婚约做出判决后生效。

当时的古登堡显然可以负担得起这笔费用，在宗教法庭做出不认可婚约的判决后，他爽快地向鞋匠支付了15古尔登。他至少在婚约诉讼上取得了胜利，成功地挣脱了这个孀妇用法律编织的牢笼，依旧是一个自由自在、无拘无束的男人。约翰内斯·古登堡永远都不会受到婚姻约束，永远都不会困在一个女人身上。他为自由、为享乐，特别是为他的事业而活。而恰在诉讼进行的那几天，他开始落实几个月来积极设计的第一个大项目。

秘密作品

初到斯特拉斯堡时，古登堡一方面适应着新生活，一方面想方设法保障自己的收入，后者体现在例如沃尔施达特的尼古劳斯事件中。这个美因茨行会头目当时的目的地是巴塞尔，他完全没有预料到在斯特拉斯堡的停留会给自己惹来这样的麻烦。毫无疑问，古登堡与他的相遇并非偶然。古登堡很可能从家乡获得了他的旅行信息，相应地在斯特拉斯堡做好准备，让他一到这座城市就被关进监狱。

让人好奇的是，是谁用什么途径向他透露了相关消息。古登堡顺利实施的计划说明了他仍与家乡保持着联系，了解家乡最新的政治和经济形势。提供帮助的当然可能是哥哥弗里勒，但更可能是代古登堡领取美因茨年金的姐夫克劳斯·菲茨图姆，他或是将年金汇到斯特拉斯堡，或是安排古登堡到法兰克福领取——自1420年起，博览会之城法兰克福作为金融中心的地位越来越稳固。后一种操作的前提是古登堡需要前往法兰克福，但这也并非不合常理。

根据斯特拉斯堡一份控告古登堡的诉讼记录，古登堡在初到斯特拉斯堡的几年中曾经教授过石头"抛光"。由于他与金匠之间有着业务上的往来，后人总是很快就认定他教授的是贵重宝石和半宝石的抛光。经过打磨或抛光的石头销量可观，可以用于制作项链、冠冕、胸针、戒指和手镯，也可以用来装饰华服，此外还可以镶嵌在贵重餐具、奖杯、灯具上等。尤其重要的是，红宝石、黄晶、蓝铜矿等通过抛光获得光泽，它们因此与教徒有了共通之处——只有信仰才能完成对虔诚的教徒的打磨。这一形象易懂的类比在当时深入人心。就像阳光照在石头上，让这本无生命之物释放出光芒，从而获得了生命，"神性的流光"——就像马格德堡的梅西蒂尔特（Mechthild von Magdeburg）所写的——唤醒了人们，让人们拥有了真正的生命。

比约翰内斯·古登堡早100年生活在斯特拉斯堡的埃克哈特大师曾做了一个令人难忘的比喻：

> 我放一盆水，在水里放进一面镜子，然后将其放到太阳底下……镜子对太阳光的反射，乃是太阳里面的太阳，然而镜子毕竟还是镜子。对于上帝，也然如此。上帝连同他的本性，连同他的存在和神性一起居于灵魂之中，然而，他毕竟不是灵魂。灵魂的反射，乃是上帝里面的上帝，但灵魂总还是灵魂。[2]

要出色地完成抛光，首先要具备对岩石、矿物及其晶体特性的准确认识，其次要掌握相应的技巧，此外还需要练习，需要有灵巧的双手。抛光通常由粗到细进行，分为多个步骤。除了知识和经验，耐心也必不可少。

在后人总结出的古登堡的性格特征中，缺少了一项恰好能将他与这项工作联系到一起的品质。人们过于将注意力集中在他高傲、倔强、强硬，有时自私趋利的"容克贵族"的性格上，并为此强行将这个城市贵族上升到容克贵族阶层。人们经常错误地使用今天的标准来评判古登堡的性格，全然不顾他所处的是与今天截然不同的时代，当时的思想环境与今天完全不同。人们在当时遵循的是独特的、迥异于现今的价值标准。

对于约翰内斯·古登堡而言，太阳围着地球转而不是地球围着太阳转——这就是当时的认知。当时人们还认为，地狱分为九层，有罪之人在其中遭受残酷的折磨。在那时，伊曼努尔·康德（Immanuel Kant）在《纯粹理性批判》（*Kritik der reinen Vernunft*）[3]第二版序言中所说的哥白尼革命[4]——无论是世界观的哥白尼革命，还是思想的哥白尼革命——都还没有到来。个体的概念还没有被发掘，主体被置于客体之下，被客体掌控。上帝是大客体，是唯一的决策者和行为者，掌握着生命的方方面面，掌握着地球上的一切主体。矛盾的是，想要在这样的世界中坚持自己的想法，需要的是屈从的反面，需要的是用毫无顾忌的强硬态度和坚持到底的决心来贯彻自己的利益，这种坚持有时会变得极其残暴。约翰内斯·古登堡正是其所在阶层的典型代表。

基本上只有涉及金钱和法律纠纷的资料流传了下来，出于这个原因，我们对这位发明家的了解十分有限。除了这些资料，一个与同时代人在生活上无异，仅因在生命的最后阶段发明了一种改变世界的方法而出名的人，还有什么应该传世的呢？能为此提供帮助的做法是扩大搜寻范围，阅读其他关于法庭诉讼、遗产纠纷、终身年金规定和其他支付情况的资料。然后就会发现，古登堡可不算特别爱惹是生非的人。他在斯特拉斯堡的两个法律纠纷对象之一，地方长官约尔格·特里岑（Jörg Dritzehn），即安德烈亚斯·特里岑（Andreas Dritzehn）的兄弟，之前至少打过六场大官司，其中一次是关于其妻子的遗产。

约翰内斯·古登堡身上常被忽视的一点是，他一定是一个在手工上具有天赋且非常耐心，肯在工作上钻研的人，因为抛光石头最需要的就是耐心。石头是无法被胁迫的，如果不想前功尽弃，就只能通过坚持不懈的打磨征服它。喜爱这类需要耐心的、几乎是艺术般的手工的人，既适合打磨石头，也适合复制书籍，而后者可能正是他在埃尔福特做过的工作。

原材料具有不同的硬度和特质，打磨者需要凭借对矿石的了解选择恰当的打磨方法，避免损伤原材料；黑云母或者白云母这样的软质材料比红宝石或石英这样的硬质材料更难打磨。但红宝石对抛光有很高的要求，抛光的好坏决定了红宝石的光泽。

如果当时有人愿意花钱向约翰内斯·古登堡学习这门手艺，那么古登堡应该已经展现出了自己的过人之处，换而言之，他似乎掌握了独特的抛光技术。虽然都是先磨平石头表面，然后由粗到细地使用不同的抛光工具，但具体使用什么材料和工具来打磨和抛光，是各个师傅自己的秘密。打磨抛光师必须辨认出待处理的是何种矿物，然后相应地决定使用何种抛光和打磨的技术来打造出独一无二的成品。修改几乎是不可能的，一个错误的决定就会毁了这块材料。

哲学家库萨的尼古拉那些年身处巴塞尔，他的一篇可能发表于1458年的文章将古登堡的抛光课程指向了另一个方向。在此我们至少要指出这种可能性，因为库萨的尼古拉可能与约翰内斯·古登堡接触过，两人甚至可能在15世纪30年代时在斯特拉斯堡见面。如果库萨的尼古拉从巴塞尔出发前往科布伦茨、特里尔、圣戈阿尔，那么他必然会经过斯特拉斯堡。如果这个哲学家和人文主义者在20年代就认识了古登堡，那么在30年代初的旅途中对他进行短暂拜访也再平常不过，更何况古登堡与圣托马斯修道院以及新圣彼得教堂之间有联系，后者的教长安东尼乌斯·海尔曼（Antonius Heilmann）就住在圣阿博加斯特修道院附近。

在库萨的尼古拉看来，绿柱石是"一种闪亮的、白色的、透明的石头"，它被"赋予既凹又凸的形状"，成为理智的工具和同义词，因为"透过它看向另一边，就触及了先前看不见的东西。如果使符合理智的、同时具有最大和最小的形状的绿柱石适合理智的双眼，一切事物不可分割的本源通过它的传播介质被触及"[5]，毫无疑问，使绿柱石适合眼睛指的是打磨或抛光。

从绿柱石（beryll）中也衍生出了德语中的"眼镜"（brille）一词。当时许多学者、法官、公证员、书记员和抄写员用打磨过的绿柱石或者说眼镜来拯救他们越发衰弱的视力。因此，石头的抛光不一定指宝石，也可能是眼镜镜片，这在当时古登堡熟悉的领域中也有市场。无论如何，他所抛光的石头——不论是红宝石还是眼镜镜片——的质量之高，足以使人们不惜费用地找他拜师学艺。

安德烈亚斯·特里岑绝不是古登堡唯一的学生，但是他是一个因勤奋、守口如瓶、忠诚和具有充足的入股资金而引起老师注意的学生，古登堡因此决定让他参与自己的新事业中。

因为古登堡只进行授课，自己并不经营手工业，所以他仍属于后城市贵族。即使安德烈亚斯·特里岑为上课支付费用，这仍然不算一个行当。在斯特拉斯堡，如果古登堡开始经营手工业并因此拥有年金之外的生活来源，那么他就会被强制加入行会；另一种可能是，由于他不具有这座城市的公民权，因此不会成为正式的行会成员，但会被视为行会成员，他之后开始生产商品时即是如此。

在社交方面，古登堡在城市贵族和小贵族的圈子里活动，他也与神职人员来往，特别是圣托马斯修道院的神职人员，也就是说，他所处的是中层到上层的社交圈，其中也包括一个地方长官和一个银行家。这也可以解释他为什么不自己进行生产，而是教授课程。

在晚宴、狂欢、恋爱、教授抛光课程的不停交替中，他的脑海中逐渐形成了一个全新项目[6]的轮廓，这项新事业在概念、融资和执行上都是大胆独特的，在思想上也是一大突破。无论是他自己到维尔斯纳克、亚琛、科隆朝圣过，还是在社交时听到别人讲述的朝圣故事——他可能从新圣彼得教堂的教长安东尼乌斯·海尔曼那里听到了这样的故事，并且在听的过程中看到了朝圣徽章（pilgerzeichen）——正在寻找创业领域的古登堡感受到了市场对朝圣徽章的大量需求。

在中世纪晚期的宗教虔敬中，转移的思想占据了主导地位，人们相信，圣人或圣物救赎的神圣力量会转移到与之接触过的人或物上。提供接触圣物的机会成为教会可观的收入来源。教会因此垄断了朝圣徽章的生产和销售。朝圣者可以在朝圣地购得相应的徽章并佩戴在衣服上。在圣物展出期间，朝圣者可以在固定的开放时间中用徽章触碰圣物，这样一来，救赎和驱除灾难的力量就会转移到徽章上，永远保佑佩戴者免受疾病和邪恶力量的侵扰——两者在当时看来基本是一回事。

人们将朝圣徽章放进坟墓里、悬挂在圣坛上、埋进田地里、放在蜂箱中，以此保护他们免受干旱、虫害、草害、疾病伤害。信徒对护身符——或者愿意的话也可以称之为魔力徽章——的渴求，证明了异教在基督教信仰中依然强势并在民间医学和迷信行为中大量存在。朝圣徽章发展成了崇拜物。

在中世纪盛期，德意志范围内最重要的朝圣地是古老而神圣的亚琛。查理大帝（Karl der Große）在这里加冕也埋葬在这里，古老的皇帝行宫所在地成为德意志的圣地。此外，亚琛还因四件织品圣物而闻名：玛利亚的长衣、基督的襁褓、基督被钉在十字架上时的缠腰布，以及施洗者圣约翰被斩首后包裹其头颅的布。对于中世纪的人们来说，这几件圣物具有崇高的救赎力量。它们被保存在玛利亚圣物箱中，1250年起借由每七年一次的大朝圣公开展出。此外，人们认为在亚琛大朝圣期间发放的赎罪券具有非凡功效。帝国圣地成为德意志最重要的基督教朝圣地。

前往亚琛朝圣的另一个理由是，第二重要的朝圣地科隆紧邻亚琛。自从皇帝腓特烈一世（Friedrich Ⅰ）将原本存放在米兰的三王圣龛转交给科隆大主教达瑟尔的莱纳尔特（Rainald von Dassel），以及圣乌苏拉（Ursula）和1.1万名处女的遗骨被发现（人们发现了一处古罗马墓地）后，科隆便笼罩在重要圣物的光辉之中。

在大朝圣期间，来自整个欧洲的朝圣者蜂拥而至，到亚琛瞻仰四大圣物并用在亚琛购得的徽章触碰圣物，确切地说，朝圣者主要来自德意志、波兰、匈牙利、斯洛文尼亚、克罗地亚以及法国东部的勃艮第和弗兰德。据估计，有2万人前往这座古老的加冕之城朝圣，他们在城中的街道和广场以及城外的田野中过夜。只有匈牙利人携带帐篷，他们将帐篷搭建在城市附近的田野和森林里。

神职人员很快就意识到，不断地触碰会损坏圣物，因此他们决定，朝圣者只能从远处观看珍贵的四大圣物。亚琛大教堂为此在西塔楼与八角形主堂之间建起了一座桥。在圣物展出期间，教士在这座桥上展示圣物。

这项规定导致朝圣者们不再有机会用朝圣徽章触碰圣物，也就不能够通过这种方式获得救赎的力量并将它带回家去。然而，有需求的地方就会有办法——朝圣徽章变得更长、更大，中间部分镶嵌有一面圆形的凸面镜，用来储存圣物散发出的圣光，人们认为这同样能够提供救赎和保佑。

镜子具有神奇的力量，它能集中现实的各个角度，并以此创造出自己的现实。它既可以捕捉救赎的神圣力量，也可以捕捉人的灵魂。朝圣者们涌向圣物，将面包或镜子举到高处收集神圣的力量，既是在此刻，也是永久的收藏。他们用这种方式将这救赎的、驱除灾难的能量带回家，保护家庭和财产免遭瘟疫、火灾、歉收、失窃等种种不幸，神圣的能量将驱除撒旦为了折磨和毁灭人类而以可怕的勤奋不断创造出的恶魔。

这种狂热的民间虔敬形式引起了一些神学家的不满，他们批评这是迷信。但批评者只是少数，原因是，通过销售朝圣徽章和在大朝圣期间大量销售据说具有特别功效的赎罪券，教会获得了非常可观的收入。

神学家亚沃尔的大尼古拉斯（Nicolaus Magni de Jawor）在1405年的论文《关于迷信》（De superstitionibus）中批判了“在亚琛展出圣物时举起镜子和面包的行为”[7]。但在朝圣者高涨的迷信热情和叮当作响的投币声中，批评的声音显得十分微弱。

朝圣徽章或者说朝圣镜只能在朝圣地购得。它们受到了朝圣者的强烈追捧，甚至出现了脱销的现象。亚琛的神职人员因此不得不在严格规定的时间中有限地放松了垄断，开始允许其他的生产者——无论他们从何而来、家乡何在——在每七年一次的大朝圣期间售卖朝圣镜，具体的时间范围是从复活节开始到10月1日圣雷米日（St.-Remigius-Tag）结束。1426年，亚琛市政府建起了32座长6英尺（约1.8米）的斜顶木质售货亭，以便朝圣者直接购买相关生产者的商品。[8]

约翰内斯·古登堡坚定地认识到，朝圣镜的市场正在扩大，具有巨大的销售空间。他听说了朝圣镜供不应求的情况，意识到比其他人更便宜的生产方式将为他带来市场机遇。当然，没有人可以绝对肯定地预测供需是否平衡。此外，考虑到生产、运输、关税等各种费用，只有达到一定的销售数量才值得做这笔生意，而销售数量取决于古登堡能将多少朝圣镜投入市场。一个不小的困难在于，在售出商品之前，所有的开支都是在垫付资金。

古登堡充满信心地面对所有问题，他具有清晰的视野和独特的解决方案，坚定且果断。他首先想到的是，可以用机械方法进行量产，加上分工式的生产方式，必然可以降低生产成本。在纽伦堡或是别的地方，与金匠的往来让他熟悉了浇铸和压制方法，也在一定程度上认识了金属薄片。

无论是生产刀、戟、头盔、铠甲等兵器，还是桌上喷泉，或是盘子、高脚杯、宴会桌的装饰器皿等豪华餐具，都会用到金属薄片。古登堡从中得出的结论是，通过将金属薄片放在两个模具（阴模和阳模）中进行压制就可以加工出朝圣镜。虽然压制后还需要进行手工加工，但压制法仍然可以极大地提升生产数量。压制后要手工挫去在压制过程中产生的多余的边缘和锐利的棱角，还要将镜子放进开口中，利用压制产生的保持夹加以紧固。镜子的直径为30毫米，凸型的表面使它能照出尽可能大的范围，以此尽可能多地吸收圣光。

库尔特·柯斯特（Kurt Köster）认为这些镜子由金属制成，理由是直到50多年后才有在朝圣徽章中使用玻璃镜子的情况。但没有人知道事实究竟如何，因为古登堡的朝圣镜无一存世。[9]因此也有人猜测，镜子其实是书籍，例如当时极受欢迎的宗教读物《救赎人类之镜》。但这样的解读过于从结果出发往前推论。基于约翰内斯·古登堡发明了活字印刷术这一事实，人们有时会将文献资料中的所有信息都置于这一视角下进行解读，这无异于循环论证，或者说最起码与目的论方法没有区别。

在对生产方式有了清晰的构想之后，古登堡面临的是前期投入的问题。

他需要钱和帮手来实现自己的设想。金匠汉斯·丁内（Hanns Dünne）成为他的员工，帮助他制造阴模、阳模和寻找合适的合金。他们或许选择了常见的铅锌合金，甚至可能在此时就已经添加了用于增加硬度、对之后生产活字具有重要意义的锑。勤奋且富有的市民安德烈亚斯·特里岑曾跟随古登堡学习宝石抛光，现在也参与到这个项目之中。古登堡与新圣彼得教堂教长安东尼乌斯·海尔曼往来密切，当海尔曼从古登堡口中听到这一计划时，他迫切地请求古登堡让自己的兄弟安德烈亚斯·海尔曼（Andreas Heilmann）加入生产团队分一杯羹。古登堡不能，也可能是不想拒绝朋友的请求，安德烈亚斯·海尔曼因此得以加入古登堡与特里岑的团队。古登堡应该从未对这个决定感到后悔。

由于这个项目要到在亚琛成功售出镜子时才能获得收益，他们必须提前筹措资金。古登堡为此建立了一个融资公司，相当于他自己、安德烈亚斯·海尔曼和安德烈亚斯·特里岑为实现这项事业而各自根据能力出资设立基金。资金中的一大部分来自利希特瑙的地方长官汉斯·里弗（Hanns Riffe），他是一位富裕的城市公务员，似乎也是古登堡的好友之一，但他是单纯的出资人，并不参与计划的执行。至于银行家塞京根的弗里德尔（Friedel von Seckingen）是否参与了这个项目，至今没有定论。

在之后的诉讼记录中可以看到，当时有个叫黑塞（Hesse）的中间人正寻找投资机会。从相应的段落中可以推测出，黑塞投资不同形式的生意，然后向想参股的商人出售自己的投资份额并以此获利，类似单人投资公司，在当时被称为"中间人"（Unterkäufer）[10]。

住在克雷默巷（Krämergasse）的车工康拉德·萨斯帕赫（Konrad Saspach）制作了压床，金匠汉斯·丁内与古登堡一起制作了阴阳模具。古登堡组织众人分工生产朝圣镜，不论是设计分工生产的技术方案，还是鼓动他人参与项目投资，古登堡似乎都具有天赋和敏锐性。他表现得把握十足，投资人和合伙人对他的能力和领导深信不疑，事实也证明了他们确实没有看错古登堡。

　　古登堡的聪明之处还在于他从一开始就采取了保密措施，避免因想法被窃取而导致竞争对手出现的情况，风险不止如此——如果竞争对手有实力投入更多资金，就可能在生产上胜过古登堡，因为投资的增加意味着生产时间的缩短。尽管想法独到，但在缺乏资金的情况下，古登堡设想的分工式，或者说工业式生产是一项真正的实验性工作，一开始只能在手工生产方式的基础上实现。为稳妥起见，最好只与认识并信任的人一起开始这个项目，人数宜少不宜多。此外，古登堡让他们共同承担风险，每个参与者——最起码海尔曼和特里岑——都既分担生产成本也共享销售盈利。这样一来，对项目保密与他们自身的切实利益紧密地联系到了一起。大家应该都保守了秘密，这样的保密也为他们带来了好处。

　　1439年的复活节与圣雷米日之间是亚琛大朝圣的时间。对古登堡而言，一切都按计划顺利进行，在与金匠汉斯·丁内的合作过程中，他产生了另一个想法。但他守口如瓶，连他最信任的合伙人安德烈亚斯·海尔曼和安德烈亚斯·特里岑都对此一无所知。古登堡可能计划用亚琛朝圣镜项目的盈利为新项目提供资金。他知道，至少在亚琛还要再等七年才能再次销售朝圣镜。因此，提前开始一个新项目是明智且符合逻辑的决定。机械式或者工业式的压印方法必然引起了他的兴趣，他最晚自1436年起开始进行压印试验。他凭借精准的直觉寻找着市场的缺口，制造朝圣镜的想法让他进入了其中之一。

　　没有人知道，古登堡是否从1434—1436年的某一天起开始设计一个以朝圣镜为起点、以更为复杂的冲头为终点的计划，此时的他还在试验康拉德·萨斯帕赫的压床。不论朝圣镜是否被计划用来为冲头提供资金，不论该计划最开始时是否只是初具轮廓，这个计划都是天才式的。古登堡发掘了以机械为基础的分工式（压制）生产方式的潜力，证明了这种生产方式不仅可行，而且能够取得巨大的成功。

　　带领古登堡走向活字印刷术的不是书籍本身，而是他对机械的兴趣和设计分工流程的能力，此外还有将机械工具——压床用于工业化复制生产的独到见解。

然而，正当古登堡忙于与金匠汉斯·丁内和车工康拉德·萨斯帕赫一起进行试验和生产时，一个出乎意料的事件让整个计划面临危机。

1438年的某一天，古登堡的同伴们意识到他们算错了一年：亚琛大朝圣的时间不是1439年，而是1440年，销售商品的年份亦然。虽然晚一年也可以同样成功地将朝圣镜销售给民众，但这意味着收益将推迟一年入账。这种情况让人不知所措，海尔曼和特里岑完全有可能因此变得不安。古登堡凭借可靠的直觉扭转了局面——在同伴们保证绝对保密后，他心软地向他们透露了新计划。该计划正在准备阶段，现在他想要提前进行。这个想法立马振奋了他的两个同伴。很快，两人不仅愿意与他一起合作，也愿意一起筹集新项目所需的资金。

他们签署了为期五年、到1443年结束的股东协议。所有股东共出资750古尔登。其中，安德烈亚斯·海尔曼和安德烈亚斯·特里岑的出资总额应该共计250古尔登，古登堡和汉斯·里弗则各出资250古尔登。塞京根的弗里德尔也以某种方式参与了投资。值得注意的是，该项目的投入资本与之后约翰内斯·福斯特（Johannes Fust）为美因茨的活字印刷项目《四十二行圣经》提供的第一笔贷款800古尔登金额相近。

就这样，一项新的事业开始了，它以充满神秘感的名称"冒险与艺术"（aventur und kunst）载入史册，直到今天都为学者所津津乐道。我们之后将会看到这个密符般的名字有何意味。

所有参与者都没有泄露合作的内容。约翰内斯·古登堡和安德烈亚斯·海尔曼称之为"冒险与艺术"，安德烈亚斯·特里岑仅称之为"作品"（werk）。三人有可能搭伙生活，最起码两位安德烈亚斯经常在约翰内斯那里吃吃喝喝，按照当时的说法，他们过上了学生宿舍的生活。三个人似乎进行了紧密合作。得益于之后的诉讼，关于这个项目我们至少知道，安德烈亚斯·特里岑一直努力筹钱以支付自己的入股资金。而安德烈亚斯·海尔曼似乎可以仰仗兄弟安东尼乌斯的帮助；作为古登堡的密友，安东尼乌斯成功地使他加入团队，同时安东尼乌斯也坚信古登堡将取得成功。

朝圣镜和与生产朝圣镜相关的物品都被存放在古登堡位于圣阿博加斯特的住所里，安德烈亚斯·特里岑的住处则成了新项目的生产工场。即使古登堡为此要与不好的预感进行斗争，他也不可能让自己失去对公司资本存量——朝圣镜的控制。或许在新项目进行的同时他们也还继续生产着朝圣镜，这就能解释工作后经常一起进行晚餐的行为和宿舍这种生活形式。

在工作顺利展的过程中，安德烈亚斯·特里岑在1438年圣诞节的第二天因瘟疫去世。古登堡没有看错这个忠诚的同伴，安德烈亚斯·特里岑直到生命的尽头都没有对外泄露这个项目，在临死之时还在担忧他贪婪的兄弟约尔格会对公司造成威胁。他知道古登堡将要面临来自兄弟们的攻击，这是他后悔参加这个项目的唯一原因。

安德烈亚斯·特里岑有两个兄弟，约尔格·特里岑似乎是两个人中的主心骨，在约翰内斯·古登堡拒绝约尔格加入公司和了解了计划内容的要求后，兄弟俩提起诉讼，要求偿付他们死去的兄弟在公司的股份。古登堡成功地用股东合同反驳了这个要求。股东合同中明确规定，公司没有义务让离世股东的继承人加入公司，而是只要在合同期满后向其偿还100古尔登，死者剩余的股份由公司持有。这一聪明的预防措施确保了公司能顺利运营下去。

根据诉讼文件可以猜测出，安德烈亚斯·特里岑是个相对温和、容易迁就的人，他与一位名为阿格涅斯·斯托瑟（Agnes Stösser）的女子有不太紧密的伴侣关系。贪婪的约尔格·特里岑后来将她诉上法庭，声称安德烈亚斯·特里岑的住所中丢了钱。但因为在控告古登堡的诉讼中，证人们一致表示安德烈亚斯·特里岑为了筹措入股资金甚至不得不抵押一枚戒指，这个指控显得相对可疑。令人疑惑的是：安德烈亚斯·特里岑究竟过着什么样的生活？他显然与阿格涅斯·斯托瑟尚未结婚。安德烈亚斯·海尔曼似乎有时也跟他住在一起。

在诉讼争端告一段落后，古登堡全身心地投入到了新项目之中。但他遭遇了一个重大挫折——当仆人洛伦茨·拜尔德克受他之命前往特里岑家，准备销毁放置在那里的压机时，压机已经不翼而飞。出于对整个计划的考虑，病榻中的安德烈亚斯·特里岑还请求车工萨斯帕赫务必在自己离世后拆卸压机。这一切都显示出安德烈亚斯·特里岑有多么不信任自己的两个兄弟约尔格和克劳斯（Claus）。他的预防措施没能成功。就像在兄弟俩1446年进行的诉讼中所记载的，约尔格·特里岑获得了压机，克劳斯·特里岑则抢走了书籍。由于洛伦茨·拜尔德克至少还取走了印模，约尔格·特里岑抢到的压机没有用武之地，此外，他的想象力也不足以让他进一步设想压机的用途。或许他只是希望用霸占压机来威胁古登堡，迫使古登堡让自己加入公司或给自己一笔钱。在这样的窘境之中，约翰内斯·古登堡不假思索地邀请约尔格·特里岑到他位于圣阿博加斯特的家中谈判。通过巧妙的提问，古登堡发现对方对压机的用途一无所知，因此断然拒绝了他的要求。1439年12月12日，在他忠诚的同伴去世几乎一年之后，法庭判决对古登堡的所有指控都不成立，安德烈亚斯·特里岑的兄弟们在法庭上一败涂地。

在接下来的一年，古登堡和海尔曼中断了他们的工作，带着朝圣镜踏上了前往亚琛的路途。

冒险与艺术

古登堡在1440年的亚琛之行共有三点理由：第一，公司生产了朝圣镜，因为这不是容易变质的商品，将销售延后一年没有大碍，唯一的麻烦是收益延迟一年入账；第二，在股东之间以及股东与投资人之间不存在任何矛盾，相反，他们在诉讼中展现出了模范性的团结精神，为了应对收益延迟的问题，他们甚至成立了一个新的联合企业；第三，1441年时，古登堡的财务状况好到了能够为一笔大额贷款做担保人的地步，这是1440年朝圣镜得以销售、项目成功结束运营的结果。1438—1443年他们为新项目投入了大量资金，因此应该可以排除镜子没有销售出去并造成严重损失的可能性。

约翰内斯·古登堡和安德烈亚斯·海尔曼与他们雇用的工人一起先沿莱茵河走水路，将朝圣镜运输到科隆，然后从科隆乘牛车前往亚琛。在科隆到亚琛的这段路途中，他们必须格外谨慎和耐心，因为大街小巷挤满了朝圣者。朝圣的高潮在7月。如果约翰内斯·古登堡提前动身，例如在复活节出发，就可以避开最拥挤的场面。如果他像朝圣者菲利普·德·维尼厄勒（Philippe de Vigneulles）那样在晚间抵达亚琛，这座城市展现给他的将是独一无二的景致：火炬和蜡烛汇集成一片不可思议的光海，让人觉得这座城市正在燃烧。亚琛确实在燃烧，它被宗教情感和虔敬的激情点燃，这种激情甚至会让我们觉得不像基督教。通过熟人在亚琛的关系，古登堡提前安排了住宿和存放货物的地点，为此提供帮助的可能是圣彼得教堂的安东尼乌斯·海尔曼，圣托马斯修道院的朋友，或者圣阿博加斯特的本笃会修士。整座城市变得人山人海，即使愿意付出大价钱也不一定能找到一个条件一般的落脚之处。可以考虑的是附近的农民家或修道院。由于世俗捐赠的修道院教堂（stiftskirchen）中的教士是世俗教士[1]，缺少与各修会的联系，因此较有可能提供帮助的是本笃会或多明我会修士，多明我会在圣托马斯修道院附近拥有修道院，并在埃克哈特大师驻留期间对其大加扩建。当然也可能是古登堡在美因茨的亲戚、朋友或熟人帮忙介绍和联系的落脚点。与其他人一样，约翰内斯·古登堡在大教堂附近墓地上的售货亭出售镜子，这些售货亭由克劳斯·哥德尔麦西勒（Claus Gordelmeychler）和亚琛的约翰（Johann von Aachen）以300亚琛马克[2]的酬劳雇用六个工匠建成。[11]

总的来说，仍然有些神秘的是，古登堡和他的股东们应该算错了时间。1426年1月24日的关于委托建造售货亭的文书清晰地指向1426年的大朝圣，其中写明"为即将到来的朝圣（vur dese nexst heildomsfahrt）（而建）"[12]。也就是说，下一次大朝圣的时间是1433年，再下一次是1440年。古登堡自然不知道这份文书的存在，但是大朝圣是尽人皆知的。似乎有人跟他说了错误的年份，导致他在记忆中混淆了1433年和1432年。这就已经足以解释这个错误——中世纪晚期时人们不太讲究日期的准确性，救赎比自然科学上的准确更为重要。

在开始售卖自己的商品之前，古登堡会在清晨聆听一场弥撒并献上祭品，以求生意成功。教堂在一大早就已水泄不通。为了收集信众的祭品和奉献的金钱，教堂工作人员甚至要将口袋固定在长杆上，举到教堂大厅中。来自法国梅斯的旅客菲利普·德·维尼厄勒贴切地描写道，如果有人手中的金

---

[1] 不居住在修道院中的教士。——译者注

[2] 马克（mark），一种古代欧洲的货币计量单位。1马克最初相当于8金衡盎司（249克）纯白银，随着时间演变，马克的重量在不同地区有不同的标准。——编者注

子掉到了地上，他也不可能弯下腰捡回金子。[13]人们排着长队忏悔并得到饶恕。要穿过人海走到圣坛边上，几乎是件不可能的事。

在成功销售镜子之后，但也可能在这之前，约翰内斯·古登堡和安德烈亚斯·海尔曼必然也参与了盛大的圣物展，以求将救赎带回家去。踩踏事故在当时并不少见，古登堡可能冒着被挤死的风险出现在人海当中。或者他也可以通过支付一笔可观的费用获得看台上、阳台上、屋顶上、窗户边的一个位置。在古登堡来到亚琛的这一年，黄油和鸡肉市场上的一座房子和一个看台因为超负荷而倒塌。七人因此丧生，超过百人受了重伤。

他是否见到了西方最伟大的、最虔诚的公爵，中世纪最后的伟大骑士之一的"好人"菲利普（Philipp der Gute），大概将永远是个历史之谜。在1440年，"好人"菲利普也为大朝圣来到了亚琛。他使自己的国家——勃艮第和弗兰德，也包括卢森堡、布拉班特和埃诺——成为欧洲经济上最为成功、艺术上起到模范作用的地区。在他的统治时期，爱克兄弟（Eycks）、罗吉尔·凡·德·维登（Rogier van der Weyden）、迪里克·鲍茨（Dierick Bouts）、罗杰·康平（Roger Campin）和彼德鲁斯·克里斯蒂（Petrus Christus）创作出了令人难忘的艺术作品。同样杰出的还有金匠、艺术工匠和编织工人。公爵的身边少不了随从人员，同时也为已经达到2万人的朝圣队伍加上了想一睹这位传奇公爵真容的好事者。如果说有人能真实体现中世纪晚期的光辉和矛盾，那么肯定是这位瓦卢瓦王朝的勃艮第公爵。

可以想象，约翰内斯·古登堡怀着既感动又惊奇的心情参加了圣物展，同时试图用自己的镜子捕捉救赎的力量和好运。圣物展示以高级教士的布道开始，他要求在场的人为教皇、教会、皇帝、王侯和封建领主进行祷告，祈祷他们能维护国家和平、保护所有人。他在说完祷告词之后退场，燃烧的烛台和火炬被拿上前来。穿着讲究的教士们手持十字架、圣水和饰有金银的香炉，成对在圣物旁列队行进。其中，两位穿着华丽的高级教士肩担一根形似长矛的细杆，细杆上是被金线丝绸掩盖的玛利亚的长衣。在走到进行过布道的地方后，他们将丝绸移开，展出圣母的衣物，朝圣者们在圣物前下跪、脱帽、双手合十祈祷。之后，在众人的注视下，这两位高级教士"以最大的谦恭"将这件折叠着的衣物打开，铺在另一块金布上。人群中产生震动。号角鸣响，数千人用尽全力祈祷：上主，求你垂怜！（Kyrie eleison!）[14]维尼厄勒深受震撼，他写道："大概没有人的头发不在脑袋上竖起，没有人不热泪盈眶。此时正是中午，非常炎热，许多人都在天上看到了一颗星星。"[15]约翰内斯也是吗？人们热情高涨，约翰内斯与他们一起用《主祷文》和《圣母颂》祷告。

在人群安静下来之后，高级教士重新将圣衣叠好，向下一个进行展示的地方行进。这两位教士按预定路线庄严地在各个讲道和集体赦罪的地点展示圣物，路线也延伸到教堂的另一侧。在他们收起圣衣离开后，信徒中开始了非常严肃的讨论：这件棕色的、仿佛"烟熏"过的衣服非常长，袖子又短又宽，有人因此猜测圣母将其作为罩衫或者外套穿在外层。在当时，人们的信仰并不是象征性和引申义的，而是具体的、本义的。约翰内斯·古登堡的信仰也是如此。

奇迹和魔法因而在当时成为现实而日常的现象。一块圣饼既可以在火中燃烧，也可以抵御火焰，即使教堂本身和它周围所有的一切都被烧成灰烬，圣饼也可以突然开始流血，因为它是基督肉体的化身。

伟大的神学家亨利·德·吕巴克（Henri de Lubac）将这种第一重的[1]、人人可及的理解描绘如下：

> 文字描述实际的情形（Littera gesta docet）。文字既不是抽象的教义，也不是神话的集合。上帝的启示具有历史含义，基督教完全以上帝的启示为本。上帝介入了人类历史；《圣经》……首先并主

---

[1] "四重释经法"是中世纪解读《圣经》的主流方式，即认为《圣经》有四重含义：字面意义、托寓意义、道德意义、神秘意义。——译者注

要关注的是上帝如何介入人类历史。[16]

其他圣物也被以同样的方式展出，包括施洗者圣约翰被斩首后包裹其头颅的带有血迹的亚麻布，以及耶稣在苦路上的缠腰布。每次展出时，人群中都呼声不停，重复的还有《垂怜经》、祷词、发颤的声音，只不过一次比一次更为猛烈。

在圣物展示结束后，人群散去，"不仅在教堂中，在城门前和街道上都出现了叫人害怕的拥挤。"[17]古登堡与来自梅斯的虔诚的屠夫维尼厄勒所经历的应该别无二致，他应该也利用了这个让人不适又危险的机会，在大教堂中参观了位于祭坛之后的查理大帝的石棺。

他可能也去了科尼利厄斯大教堂，毫无疑问也到科隆瞻仰了三王以及乌苏拉与1.1万位处女的遗骨。

对于想瞻仰圣物的人来说，在科隆还有玛利亚的头发、圣彼得的朝圣者手杖、圣西蒙的一只手臂、圣雷米的一只手臂、"带有一些血和肉的"圣劳伦丘斯的肩膀、[18]圣克里斯托弗的一边肩膀、圣安娜的一只手指、一个无辜的孩子的一条腿、大阿尔伯特完整的尸体。

1440年，约翰内斯·古登堡带着装满金钱、救赎和保佑的行囊回到了斯特拉斯堡，开始了他的秘密事业。既然没有任何相关消息流出，完全可以认为古登堡在斯特拉斯堡时还没有着手印刷术，而是从一个先行项目开始[19]。

汉斯·丁内曾在诉讼中供述自己应古登堡的请求与其进行压印试验。古登堡与安德烈亚斯·海尔曼以及没过多久就去世了的安德烈亚斯·特里岑所创立的新事业被他们称为"冒险与艺术"，内容被称为"作品"。"艺术"的含义不难理解，因为德语的"kunst"或者拉丁语的"ars"在中世纪晚期指的是对能力具有高要求的手工行业，即我们今天说的手工艺。阿尔布雷希特·丢勒在一代人的时间后写道，懂得从自然中汲取艺术的人，就拥有了艺术。艺术要求熟练，要有专业的能力和知识，此时的古登堡已经踏上了这条路。"aventur"这个概念可以大致翻译为现代德语中的"abenteuer"（冒险），这似乎让人有理由猜测这个项目隐藏着惊天秘密。但事实上，让这些股东守口如瓶的并非任何指向暗黑秘密或宗教狂热的神秘学的或形而上学的内容，而只是所有手工师傅都小心保守的工艺秘密。"aventur"这个概念源于表示"开始大胆行为"的法语词。在"aventur"方面，我们知道的只有古登堡开始了一次大胆行为，开启了一项前途不明的事业。古登堡此时是否已经开始进行印刷术方面的工作？

安德烈亚斯·特里岑的遗物中包括珍贵的古抄本，基于这一事实，有人推测这项充满神秘的事业涉及印刷术的发明。当然还可以列出别的理由——斯特拉斯堡的多个修道院都拥有大型的链条图书馆，也就是把书籍用链条固定在阅读架上以防被盗的图书馆，包括方济各会修道院图书馆。不止如此，方济各会与多明我会、奥古斯丁修会等一样也在当地开展通识教育。此外，斯特拉斯堡的造纸工坊在1408年开始投入生产，诸多迹象指向了书籍。因此可以说他们在1438年已经开始了印刷术的发明工作吗？

诉讼证词中的另一个细节提供了进一步帮助。在得知特里岑逝世时，古登堡很可能因为压机和印模还在特里岑家而咒骂了一番。他立即派仆人洛伦茨·拜尔德克出发取回印模，叮嘱他在压机上松开两颗螺丝，这样压机就会成为无法使用的四个单独的部分。古登堡立即熔化了仆人取回的印模，然而压机已经落入约尔格·特里岑之手。松开两颗螺丝使得四个部件不能组装到一起具体意味着什么？

要正确理解古登堡，理解他到底"发明"了什么，就必须意识到，他真正的创新点在于他创造了一种以分工式生产流程将多个新型器械连接到一起的技术方法[20]。

在生产朝圣镜时，古登堡成功运用压机将金属薄片压制成了需要的形状。在纽伦堡，僧侣及书籍装订师康拉德·福斯特（Konrad Forster）自15世纪30年代起就开始将冲模压印运用到书籍装订中。印模是冲头的一种，其顶部（也称为"眼部"）雕刻有镜像的字母、数字或花纹，以便在印制后得到正确的图像。

到了15世纪30年代末，斯特拉斯堡的装订师们也开始使用这项技术。特里岑本身收集书籍，教师安东尼乌斯·海尔曼对古抄本也不陌生，古登堡应该也在缮写室中积累了相关经验，而且就像前文已经提到的，他可能取道纽伦堡来到巴塞尔，在纽伦堡时与福斯特有过接触。他也可能是在巴塞尔接触到了这一技术。与之前的康斯坦茨一样，巴塞尔也因为大公会议成为全国乃至全欧洲最重要的手抄本和古手稿集散地。库萨的尼古拉不仅重视书籍，也积极推动修道院图书馆的发展。他在1437年动身前往君士坦丁堡，邀请东正教的希腊人参加联合大公会议，试图以此结束东西教会之间的分裂。在这座古老的帝国都城，他花费大量时间到各个修道院图书馆查阅柏拉图和其他古代哲学家及诗人此前不为人知的手稿。

古登堡意识到市场上存在对字母印模的需求，他开始思考如何不再靠手工单件制作印模，而是使用压机批量生产。由于金匠、铸币师、兵器锻造工、锡匠和图章制造工都会用到冲头，或许此时出现在他脑海中的不止书籍装订。先将目光投向书籍制造业自然是正确的选择，这个行业正处于繁荣发展之中。无论如何，只要掌握技术和工艺流程，就可以批量生产任何印模。只要拥有冲头，要制造多少复制品都不成问题。

可以用葡萄酒压榨机来想象古登堡的压机。压机转轴下端连接木制压模，冲头通过固定装置安装进木制压模中。在转轴的下方，用螺丝锁紧在支架上的两个金属角件夹紧毛坯件。当向下转动转轴时，冲头在毛坯件上压制出字母。当然，毛坯件的表面必须软于冲头的顶端。

早在制作朝圣镜时，约翰内斯·古登堡就请来了金匠汉斯·丁内，金匠当时的任务包括：第一，为镜子的主题图案和纹饰制作阴模和阳模；第二，为压制金属薄片提供帮助；第三，对压制好的镜子进行恰当的处理，例如挫平边缘和毛刺。但他们并不局限于朝圣镜的制作，同时也构思着未来的计划。要生产冲头，雕刻师必不可少。在这项新事业中，没有人比汉斯·丁内更适合担当这个角色，雕刻是这个金匠所掌握的技能之一。机械复制的方法节省了生产时间，古登堡因此能够以远低于其他人的成本生产印模。但从机械生产印模到发明活字印刷还有漫漫长路。与用于书籍装订的印模相比，活字需要具备更高的精度，生产过程中必须准确无误地浇铸，保证复制出的字模大小完全一致，最后还要以某种方式将它们可变化地固定排列。

我们再次面临古登堡究竟如何一步步实现印刷术的问题。他的思路以工艺为导向。如果当时可以通过机械复制来生产印模并将它们一个个地印在书籍的皮质封面上，从而得到一个单词或词组，一个标题或名字，那么为什么不能用某种方式拼出一个词组，然后一次性压印整个词组？虽然当时没有人知道具体应该如何实现，但这无论如何都是一个诱人的想法。看起来似乎存在这样的可能性：将单个字母以可拆分的方式拼成文本，在印刷后将文本重新拆分成单个字母，根据需要再组合成新的文本。

就像在复制朝圣镜和在复制印模时所展现的，古登堡将技术工艺问题视为解决难题的关键。古登堡的天才之处体现在他将机械与方法、技术与工艺相结合进行思考，对此起到决定性作用的是他作为自由职业者征服市场、取得成功的紧迫感。

葡萄酒税记录清单中的细节提供了关于古登堡的重要信息。初到斯特拉斯堡时，古登堡被归为后城市贵族，自1436年起，他的名字不再出现在那里，而是出现在"个体户"（die mit niemand dienen）这一类别中。这意味着他被视为行会成员，但因为他不是斯特拉斯堡市民，他不具备真正的行会成员的身份。约翰内斯·古登堡从未想过成为斯特拉斯堡市民，他一直没有放弃美因茨的市民权。在他心中，他仍是美因茨的城市贵族。最起码他保留着随时返回美因茨的可能性。只要想到家族在美因茨所拥有的一切，想到自己在那里拥有的特权，就算不考虑家乡情，他也有充分的理由做出这一决定。就像从一开始就在股东合同中写明的那样，他在1443年停止了生产和经营，从那时起我们又可以在后城市贵族这个类别中看到他的名字。

不断被后人忽视的一点是，当时已经存在木刻印刷技术——人们将纸张、皮纸或织物放在木刻版上，然后用手均匀按压。但从批量生产朝圣镜的经验中，古登堡已经认识到了不要再用手工，而是要用器械来进行工作。他还没有具体的技术方案，但他知道肯定有办法将整个文本印刷到纸张上，既不是一个一个字母地印刷，也不是用手将纸张按压到木刻版上。从将金属薄片压制成朝圣镜和通过压制复制印模的经验中，他想到了可以将纸张像金属薄片一样置于压机之下，用单个印模组合而成的文本取代冲头，一页页地进行印刷。技术上的挑战是巨大的——他可能在一开始时低估了这一挑战，经历了种种失败，但因为清晰地看到了前景，他以非凡的耐心和毅力——这些都是他之前已表现出的品质——逐一解决了难题，最终完成了一系列发明。

有个问题是，古登堡为什么不延长1443年到期的股东合同？这个问题没有确切的答案，因为没有确凿的证据显示这项事业是否成功。不论如何，1441年时他的财务状况良好，最起码还可以为向圣托马斯修道院贷款的骑士扈从约翰内斯·卡勒（Johannes Karle）进行担保。担保并非没有风险。如果卡勒不能还款，约翰内斯·古登堡就要自掏腰包，甚至可能因拖欠债务的罪名坐牢。所幸的是，约翰内斯·卡勒准时偿还了债务。

一年之后，需要资金的古登堡也向圣托马斯修道院借款并用自己在美因茨的年金提供担保，具体地说是用他从父亲前妻的兄弟约翰·雷海迈尔那里继承来的那份年金。对在财务方面并不大胆的圣托马斯修道院来说，古登堡必定是个信用良好的人，对于他的担保人——斯特拉斯堡市民马丁·布雷希特尔（Martin Brechter）来说亦是如此。

约翰内斯·古登堡可能是通过安德烈亚斯·海尔曼结识的布雷希特尔，因为后两者都是织物行会成员。古登堡也有可能是布雷希特尔的邻居，资料显示，古登堡此时属于圣托马斯修道院教区。结束亚琛的生意后，他可能在1440年末或1441年初搬到了城里，朝圣镜生意的成功让他能够负担得起城里的生活。

古登堡似乎独自钻研新点子，因此没有动用公司资金。另一种可能性是，复制印模没有取得经济上的成功。无论如何，在股东合同到期之后，没有股东或投资者起诉要求维护自己的权利，因此可以推测，团队以和平的方式解散。约翰内斯·古登堡自1442年起开始了一个新项目，为此他需要一笔启动资金。

然而，此时的斯特拉斯堡正处于狂风巨浪之中。在英法百年战争中，来自奥尔良的圣女贞德于1431年5月30日被英国人在鲁昂的集市广场上处以火刑。正是在这场战争中，法国国王的近亲阿马尼亚克伯爵伯纳德七世（Graf Bernhard Ⅶ von Armagnac）招募了一支由法国人、苏格兰人、伦巴第人、西班牙人和布列塔尼人组成的雇佣兵军队。这些雇佣兵随后在奥尔良人和勃艮第人之间的法国内战中扮演了重要角色。战争结束后，失业的雇佣兵成为武装的抢劫团体，在法国为非作歹。因为佩戴白色的臂带，人们也称他们为"带子兵团"（Les Bandes）。

法国国王安排了一支军队来恢复国家秩序。至于阿马尼亚克的雇佣兵究竟是被逼到了洛林和阿尔萨斯，还是国王腓特烈三世为了战胜瑞士邦联将他们带到这里，至今仍有争议。但腓特烈三世当时因此受到了人们的指责，导致他的声誉下降。

在1438年和1439年之间的冬天，阿马尼亚克雇佣兵第一次劫掠阿尔萨斯和斯特拉斯堡周边地区。斯特拉斯堡大主教、斯特拉斯堡市政府、阿尔萨斯各帝国城市政府、利希滕贝格和拉波尔特施泰因（Rappoltstein）家族、阿尔萨斯骑士以及代表普法尔茨帝国长官和选帝侯的奈佩格的莱因哈特（Reinhart von Neipperg）组成了联盟，但还没等到他们开始联合抗敌，这些雇佣兵就离开了这里。好景不长，1444年时他们卷土重来，在松德高和阿尔萨斯烧杀抢掠。这些雇佣兵被描述为一群半裸的、禽兽般的野蛮人。

斯特拉斯堡进行了顽强的抵抗。来自周边——也包括1444年秋天被劫掠的圣阿博加斯特——的3000多人躲进了城市。所有拿得动武器的居民都被召集入伍。他们在每一个可能的时间和地点毫不留情地攻击这些"贫穷的傻子"（"阿马尼亚克人"在德语中的谐音），成为这些残暴的雇佣兵所畏惧的对象。

在记录有全体斯特拉斯堡居民的保卫战清单中也出现了约翰内斯·古登堡的名字，他被要求承担半匹马的费用。从这一不多的金额中可以看出，他的经济情况变差了。此外，他也与安德烈亚斯·海尔曼和康拉德·萨斯帕赫一起出现在了1444年1月22日的城市征兵名单中。战斗报告多次提及安德烈亚斯·海尔曼的战功，马丁·布雷希特尔亦然，但并不包括约翰内斯·古登堡。此外值得注意的还有：1444年春天，康拉德·萨斯帕赫离开了他的家乡，放弃了这座城市的公民权。他可能在1451年夏天重返家乡并重获公民权。

1444年3月12日，"汉斯·古登堡"（Hanns Guttenberg）在斯特拉斯堡最后一次缴纳葡萄酒税，这也成为他在斯特拉斯堡的最后一次文书记录。直到四年之后他才又重新出现在文书资料中，确切地说是1448年10月17日美因茨的文书中。

不难想象，流亡中的古登堡在斯特拉斯堡找到了栖身之所，但这不是他的家乡，他在这里既没有家庭也没有亲戚，因此不想为了这座城市遭受生命或健康的威胁。股东合同到期了，他已经开始了新事业。但他在这里有两个不容忽视的敌人，即他曾经的合伙人安德烈亚斯·特里岑的两兄弟——克劳斯·特里岑和约尔格·特里岑。后来的战事报告证明，这对贪婪的兄弟作战勇猛，对待他们不能掉以轻心。

至于古登堡在新项目中最紧密的合作伙伴，木匠康拉德·萨斯帕赫，记录显示他在1444年3月离开了斯特拉斯堡，共离开了七年。在他离开的同月，约翰内斯·古登堡最后一次在斯特拉斯堡缴交葡萄酒税。[21]古登堡的姐姐埃尔泽可能也在这一年去世，她的丈夫克劳斯·菲茨图姆一向忠实可靠地处理古登堡在美因茨的事务，正独自生活在古登堡宅院。

当时没有人知道，与阿马尼亚克雇佣兵的战争结果将会如何，人们能否成功保卫城市，是否会暴发瘟疫或饥荒。鉴于当时的形势，康拉德·萨斯帕赫和约翰内斯·古登堡可能一致决定到更安全的美因茨继续他们的工作。因为古登堡拥有古登堡宅院的一部分，回到美因茨意味着他能够在大院的侧翼安顿下来，还能将员工萨斯帕赫一起接进来。他可能请菲茨图姆打探回乡之路是否会遭到阻碍，毕竟自己曾将美因茨的议会书记员送进斯特拉斯堡的监狱。但这已经是无人再提的陈年旧事。古登堡返回美因茨的道路畅通无阻。

○媒体时代的诞生

第四章

企业主的回归

虽然出现动乱，但1444年还称不上世界史的关键年份。在遥远的保加利亚，十字军东征结束了，这次东征是为了抵御控制了越来越多基督教地区的奥斯曼土耳其。为了自己的名声，年轻气盛的波兰国王瓦迪斯瓦夫三世（Wladislaw Ⅲ）带领军队过早地出击，打乱了战役部署。即使他的军队中有骁勇善战的约翰·匈雅提（Johann Hunyadi），也无法挽回惨败的结局。年轻的波兰国王为自己的蛮勇付出了生命的代价。教皇使节、来自罗马贵族家庭的枢机主教朱利安·塞萨里尼（Giuliano Cesarini）也在这场灾难中丧生。匈雅提死里逃生，在接下来的几十年中英勇地抗击土耳其人。

在保加利亚瓦尔纳的这次失败理应为君士坦丁堡敲响警钟，唤醒分裂成两派的基督徒，然而事实并非如此。1438—1439年召开的联合大公会议先是在费拉拉进行，但很快就迁往佛罗伦萨，参会者为面饼，特别是为"和子说"（flioque）争论不休，争论的问题在我们今天看来几乎无法理解：圣餐面饼应不应该经过发酵？圣灵是来自圣父和圣子，还是只来自圣父？虽然东西方两个基督教会在大公会议上签署了正式协议，但由于西方教会的理念占据主导地位，这一协议在君士坦丁堡遭到了抵制，东正教的绝大多数主教发出口号，说比起教皇的三重冕，上帝更喜爱人们在苏丹的头巾下生活。

几年后的1453年，君士坦丁堡在奥斯曼军队的进攻下沦陷，与其说是穆罕默德太过强大，不如说东正教大部分教士缺乏抵抗才是最主要的原因。似乎连在此侨居的外国商人都比希腊本地人更坚定地保卫这个古老的首都，这些外来居民包括加泰罗尼亚人、威尼斯人、锡耶纳人、热那亚人、那不勒斯人，还有一些在此流亡、支持穆罕默德的对手奥斯曼王子的土耳其人。最高领导层实施的是失职的安抚政策，其中的主角之一、东罗马帝国的最后一任掌玺大臣卢卡斯·诺塔拉斯（Loukas Notaras）最终为此付出了生命的代价——自己的和儿子们的。而其实让瓦迪斯瓦夫三世丧生的瓦尔纳的那场灾难发生时，明智者就应该从中看到不祥之兆。

此时的阿尔萨斯正处于和阿马尼亚克雇佣兵的战争之中。重要的人文主义者莱昂纳多·布鲁尼在佛罗伦萨逝世，弗兰德斯大画家康平在图尔奈去世。同年，以人文主义者身份而闻名的鲁道夫·阿格里科拉（Rudolf Agricola）在格罗宁根附近出生，设计了圣彼得大教堂的伟大建筑师多纳托·布拉曼特（Donato Bramante）在费尔米尼亚诺边境出生。

瓦尔纳、斯特拉斯堡、佛罗伦萨、格罗宁根、图尔奈和费尔米尼亚诺在1444年成为欧洲史的重要坐标，作为大主教兼神圣罗马帝国掌玺大臣埃尔巴赫的迪特里希·申克（Dietrich Schenk von Erbach）所管辖的城市，美因茨也获得了重要意义。整个国家在这段时间似乎面临失控。作为卢森堡的西吉斯蒙德的继任者，哈布斯堡的腓特烈三世在1444年时已经当了四年国王，他是最后一个由教皇在罗马加冕的神圣罗马帝国皇帝，加冕时间为1452年。巴塞尔大公会议在与佛罗伦萨大公会议的竞争中继续召开，隔空对教皇发难，埃尔巴赫的迪特里希·申克带领帝国度过了教皇与巴塞尔大公会议之间的争端。直到恩尼亚·西尔维奥·皮科洛米尼和库萨的尼古拉等知识分子不再支持大公会议并转而支持教皇开始，巴塞尔大公会议的能量越来越弱，获得的支持也越来越少。

在1444年，为了逃避战争和充满危险的兵役，约翰内斯·古登堡从斯特拉斯堡回到美因茨。虽然1447年8月10日在法兰克福的一场诉讼中出现了"美因茨的亨内·根斯弗莱施"这个名字，但无法肯定古登堡在回乡途中是否曾在法兰克福停留。出庭的并非他本人，而是由汉斯·拜尔（Hanns Beyer）——一位来自法兰克福的剃须师、理发师和外伤治疗师——代表他出庭[1]，替他上诉要求没收亨内·泰德林根（Henne zu Tedlingen）的所有利息权利。[2]如果这里的亨内·根斯弗莱施不是古登堡在瑟尔根洛的一个同名亲戚，那么这一法律争端可能缘于古登堡之前在法兰克福的一次停留，时间很可能是1444年或1445年。这场官司最起码可以证明，他的金融业务开展到了法兰克福。一些人认为，在美因茨动荡的1444年，古登堡在邻近的法兰克福为结束流亡返回家乡做最后的准备。

与此相关的一个重要信息是，古登堡按时为他在斯特拉斯堡圣托马斯修道院的借款缴交利息，是个守信的借债人。如果他在1447年上诉要求没收亨内·泰德林根的利息和土地利费收入，那么背景只能是被告在古登堡那里有尚未偿还的贷款债务，具体来说是三年前古登堡在美因茨停留时就应结清的债务。参照中世纪晚期金融业的一般流程，追讨欠款的起诉需要接近三年的时间。

这一记录再次表明，约翰内斯·古登堡返回家乡时经济状况良好，但因为他即将在美因茨全力开展活字印刷术项目，每一古尔登都不可放过。发明活字印刷术的想法占据了他的头脑，在他眼中，家乡能为他实现这个所需时间和风险都无法预估的项目提供安全感。

虽然返乡的时间点对像古登堡这样离开了美因茨的城市贵族而言尤为不利，但好在他一向避免政治活动。此外，他在由行会统治的斯特拉斯堡生活了近10年，那段时光应该教会了他，行会的统治不意味着衰弱，而是可以让人们过上还不错的生活。

乍看之下，他的回归令人费解，因为美因茨的城市贵族在这一年丧失了他们最后的特权。通过姐姐和代他处理与市政府之间经济事务的姐夫，他对城中局势了如指掌。即使是城市贵族阶层最狂热的拥护者也一定意识到了，美因茨不能继续这样下去。对于此时的新困境，比起传统城市贵族世家，

1430年调停争端时在议会上位的，以埃伯哈德·温德克和沃尔施达特的尼古劳斯为首的行会或许应承担更大的责任。由行会控制的议会没有改善局面，因为这些新的议会成员脱离了将他们送向这个位置的行会成员们，成为某种意义上的新城市贵族。

早在1437年，美因茨市就已资不抵债，1444年时仍存在同样的问题。议会制作的资产负债表显示，美因茨的债务已经达到37万古尔登这一可怕的数目。当时用100古尔登就可以买到一处像古登堡宅院这样的房产，这笔债务相当于在最好位置上购置3700处类似房产的总金额，美因茨甚至没有这么多这样的宅院。而在城市周边，一处宅院的价格是8～10古尔登。

在这样的背景下，行会中形成了既反对城市贵族，也反对统治议会的行会代表的力量，为首的是商人之子、法学博士康拉德·胡梅里。

尚不清楚古登堡与胡梅里之间的私人交往从何开始，但是对于这位大约同龄、来自富裕商人家庭的法学家——再怎么说父母不仅供他在埃尔福特和科隆上大学，也供他到著名的博洛尼亚大学读博士——约翰内斯·古登堡应该早有耳闻。

在15世纪中叶前后，已经有相当数量的德意志学生在意大利北部的名校就读，但是在15世纪上半叶时，跨越阿尔卑斯山求学的大学生数量还相当有限。换而言之，彼得·胡梅里和特鲁德·胡梅里（Trude Humery）让他们的儿子接受了昂贵的高端教育。在博洛尼亚，康拉德·胡梅里自然也接触到了意大利的人文主义。至于他是否属于德意志早期人文主义者中的一员，专业学者对此仍有争论，但他对古登堡的影响不容低估。他们的人生道路甚至多次发生交集。

胡梅里和古登堡都于1400年前后在美因茨出生，是同龄人。胡梅里的父亲是享有良好社会地位的富裕商人，而古登堡的母亲也来自具有一定地位的商人家庭。考虑到美因茨的城市规模，古登堡家族和胡梅里家族理当互相认识。约翰内斯和康拉德可能上的是同一所学校。在埃尔福特，他们可能正好错过彼此：古登堡在1420年离开埃尔福特大学，而根据学生名册，胡梅里在1421年开始在埃尔福特大学的学业。但也无法完全排除他在1420年就已经来到埃尔福特的可能性。

从这里开始，两人的人生道路分为两个方向。1421—1423年，胡梅里在科隆学习自由七艺。如果他不是在1421年以前就来到了埃尔福特，那么他在这座格拉河畔的城市就只停留了一个学期。他在1427年前往博洛尼亚，1432年在那里获得了教堂法的博士学位。当康拉德·胡梅里回到美因茨并以法学家的身份从事市政工作时，古登堡早已离开美因茨，居住在斯特拉斯堡。

或许是为了表示抗议，胡梅里在1443年离开美因茨市议会。他不仅是教士、法学家和政治家，也是个不折不扣的享乐主义者——他也以这样的形象出现在一首出自城市贵族圈的讽刺诗中。为了反对市议会，胡梅里在离开市议会的同年建立了具有政治野心和政变意图的狂欢酒社。他的城市贵族敌人在一首押韵的讽刺诗中形容这个酒社是"由花天酒地、胡吃海塞的男孩们组成的社团"（bruderschaft von leckerechtigen und vireßigen knaben）。对于康拉德·胡梅里，城市贵族毫不留情地写道：

> 胡梅里博士人称大啤酒杯，
> 比起不好的菜他更爱美味，
> 他永远都想撑满自己的胃，
> 就算吃饱也把手伸向菜品，
> 然后用他自己的方式摆平。
>
> （Doctor Humery ist genant Zimernkrose,
> Ißet gut spise gerner das die bose,
> Sin eßen wert doch korzefrist,
> Balde ist er sadt und ilet zu der spise

Und recht es dan in manche wise.）[3]

城市贵族们批评他只想着大吃大喝，说他生命的全部意义只在于胡吃海塞，然后再用某些方式将食物排出身体。用来比喻他的"zimernkrose"可能是"大量酒杯"或者"大啤酒杯"。

难以判断的是这个酒社和政治联盟在何处开始和结束。在当时的城市中，酒社也是政治联盟，成员也在酒馆中做生意，讨论经济和政治话题，必要时商讨如何介入政治以实现自身诉求。酒馆社交为来自政治对手的攻击和嘲讽提供了充足的素材。因此，这样的一首讽刺诗出自城市贵族之手不足为奇，两者的斗争体现在各个层面，这首诗贴切地反映出了他们斗争的方式。恰恰在像美因茨这样的作为市民誓约团体的城市，自身权利要求的合法化是政治工具之一。其中的一项重要前提是行为人的名望，因为城市应由最好的、最有智慧的人来统治。城市内部斗争在本质上总是围绕能使集体走向繁荣的成功统治展开，只有最好的、最有智慧的人才能实现这样的成功统治。

无论如何，康拉德·胡梅里、亨内·克瑙夫、海关书记员康拉德·贝赫勒（Konrad Becherer）、算术师赫尔曼·阿普特克（Hermann Aptheker）以及赫尔曼·温德克（Hermann Windecke）——此时已经过世的埃伯哈德·温德克的兄弟——与他们的支持者一起对议会提出的资产负债表进行抗议并最终推翻了议会。[4]

正好在约翰内斯·古登堡返回家乡时，最后一批城市贵族被逐出议会，由20个人组成的，以康拉德·胡梅里为议长和总书记的新议会接过了权力。新议会反对城市贵族特权，但与此同时，行会内部也存在争端，局面因此变得有些混乱。行会绝不是成分单一的社会群体，个人利益时常成为内部斗争的主题。由于当时的公职工作没有报酬，有条件从事公职工作的少有手工业者，绝大多数都是能从工作中抽身的富裕的大商人。他们的生活来源和经济需求的某些方面向城市贵族靠拢，逐渐疏远了手工业者。成功统治的核心在于平衡集体中不同市民阶层的利益。

约翰内斯·古登堡在十几年前因为拒绝对行会妥协而离开了这座城市，如果他现在返回这座已被行会掌控的城市，那么显而易见，斯特拉斯堡的经历让他不再畏惧行会的统治。其中的一个重要因素是，在斯特拉斯堡进行统治的行会在权力斗争结束后努力融合城市贵族，希望能从他们的生活方式以及在战争和外交领域的知识中获益。至少在斯特拉斯堡，由行会统治的市政府接纳了城市贵族的生活方式。

此外，古登堡的兴趣完全不在政治，此时的他全心投入用印刷书籍征服书籍市场的经济行为中，对在自己家——古登堡宅院——与自己人一起工作的愿景应该也激励了已经成长为男人的古登堡。此外，对于康拉德·胡梅里等起义主角的了解可能也起到了关键作用。如果他此前与胡梅里没有接触过，那么应该在回美因茨之后不久就发生了接触。

以胡梅里为首的团体也推翻了议会中的行会圈子，其中也包括曾被古登堡在斯特拉斯堡送进监狱的书记员沃尔施达特的尼古劳斯，他们反对的是当时的整个市议会。

至少可以肯定的是，当约翰内斯·古登堡和康拉德·萨斯帕赫抵达美因茨时，他们的头脑中充满了计划与希望。古登堡拥有的是一个能为他带来财富的计划，他也期待着在家乡庆祝自己的胜利。如果说他以流亡者的身份离开了这座城市，如果说与他同阶层的人——包括他自己——失去了声誉和地位，那么此刻的他渴望能在这里占据一个新的位置。约翰内斯·古登堡似乎已经将城市贵族的自我认识完全内化，理解了强调特权——而城市贵族拥有特权的唯一理由来自历史——并不能巩固自己的地位。在斯特拉斯堡，如果城市贵族开始经营某种行当，依靠年金以外的收入生活，就会被归类为行会成员。古登堡对此有着亲身体会：一开始时他被视为外来城市贵族（后城市贵族），开始生产朝圣镜后，他被归类为外来行会居民。古登堡下定决心，用分工式的工场取代由伙计和学徒组成的作坊进行大规模生产。他要用批量生产的方式来征服市场，以此获得新的名声和地位。回归的古登堡并不是一个失败者，而是一个征服者，他渴望实现自己的蓝图。城市贵族之子亨内·拉登作为企业家约翰内斯·古登堡，或者作为文书中所称的"亨·根斯弗莱施，人称古登堡"（Henn Gensfleisch, den man nennet Gudenbergk），重新回到了美因茨。

与仇敌结盟？

　　回到家乡后，古登堡与萨斯帕赫一起继续进行印刷术的发明工作。无从得知的是，他在斯特拉斯堡时将这项工作推进到了什么地步，在他进入家乡城门时想法又有多成熟。他可能乘船回来，这是斯特拉斯堡与美因茨之间最舒适的交通方式，如若不然，那么就像前文猜测的那样，他在法兰克福停留了一段时间，为结束流亡返回家乡进行必要的协商和准备。他的归来意味着与敌人们达成一致，甚至结成联盟，意味着接受了行会的统治。打动他的是更宏大的、让他甘愿在政治上忍气吞声的目标。在没有减少自己的阶层自信的同时，他接受了世界在不停发展的现实，而且行会此时也得到了一些受过高等教育的人的支持，例如来自富裕商人阶层的康拉德·胡梅里。

　　古登堡完全无须担心美因茨的情况与他的设想不同，因为作为替代方案，他可以住到相当于第二故乡的主教官邸所在地埃尔特维勒，他的兄长居住在那里，家族在那里拥有一处房产。古登堡寻找着一个他既不用租也不用买的地方，一个让他能作为美因茨名门望族后代获取融资机会的地方。他已经用尽所有在斯特拉斯堡融资的可能性，至少在向圣托马斯修道院贷款之后，几乎不可能从那里得到第二笔贷款。

　　虽然此时他还无法预计项目在多久之后才能取得突破，但他清楚地知道，自己还有一段相当长的路要走，到以机械方式批量生产书籍这一步还需要投资，特别是外部资金。除了家乡还有哪里能为他提供进行大额贷款的机会？家族的声望和众多的旁支亲戚能为此发挥重要作用。

正如种种迹象所显示的，在斯特拉斯堡的最后一个融资项目"冒险与艺术"中，古登堡已经开始生产印模形式的单个字模，或许是在这座阿尔萨斯大都市，或许是在回到家乡之后，古登堡发明了手铸工具。

活字印刷术发明的复杂性同时体现在两个方面：工艺设计和机械构造，或者说器械构造，这两个方面互为条件。因此，必须将古登堡的工作视为辩证的过程——一方面源于另一方面，反之亦然。

因此，在重构活字印刷术发明过程时必须注意的是，古登堡在这个过程的一开始绝不可能对成品有所预见。如果从建成的印刷工场、从结果出发进行研究，就犯了方法上的错误。与此相反，必须尝试理解古登堡自己的道路，要将其视为开放的过程，必要时进行大胆的假设。

如果古登堡在斯特拉斯堡的最后一项事业——神秘的"冒险与艺术"——是生产书籍装订师制作封面时使用的印模，那么有充分的理由认为手铸工具在古登堡发明印刷术之初就已经存在。手铸工具只是印刷术中众多重要的创新发明之一，这些发明为解决具体问题而诞生，以运用技术手段机械化批量复制书籍为最终目标。[5]

如果认可以上论点，那么手铸工具的发明在事实上开辟了通往活字印刷术的道路。但在发明手铸工具之前，约翰内斯·古登堡首先要面对的是制造单个活字的问题。生产单个活字，把它们拼成单词、句子、栏、页进行印刷，研究已经充分地展现了这一想法与生产书籍封面印模之间具有多么紧密的联系。[6]

正如前文所见，在斯特拉斯堡机械化量产书籍封面印模时，古登堡可能也产生了生产用于印刷文本的单个活字的想法。就像抄写员一个字母接着一个字母地进行抄写，然后组成一行、一栏、一页，一个个活字也可以根据需求被组合成词语和句子，组装到可拆卸的框架中，之后再重新拆分组合。

如果不是在纽伦堡，约翰内斯·古登堡最晚在斯特拉斯堡时与书籍装订师的工作产生了紧密联系。在返回家乡时，他接触到了印刷技术领域的另一项轰动性发展：铜版雕刻术。虽然无法考证这一艺术领域的发展是否仅局限于美因茨，还是也存在于其他城市，但这对我们无足轻重。对古登堡的发明起到决定性推动作用的是，在规模不大的美因茨中，有个无法查清姓名的"纸牌大师"正使用铜版雕刻术进行工作。虽然铜版雕刻术是凹版印刷，与凸版的书籍印刷相反，但不应因此错误地推测这两种印刷方法在15世纪中叶就已经像后来一样泾渭分明，这无异于为寻找解决方案而完全以功利主义的视角检测所有观点和技术方法。

这位纸牌大师与古登堡有着类似的目标，即低成本地进行量产。两人都试图通过批量化生产大众产品来征服市场，同时也都认为这将带来利润。但在他们眼中，批量生产不意味着放弃产品质量，相反，他们认为在市场上取得成功的基本前提是复制出高质量的产品，或者说复制出与原件一样出色的艺术作品。他们从一开始就想在质量上胜过那些在市场上随处可见的单品或者手工制作的复制品。

纸牌游戏在德意志的流行必然导致高性价比生产方式的产生；纸牌也在一些人那里成为奢侈品，因此必然会出现更加高级精美的制作方式。与木刻相比，铜版雕刻有两个优点：第一，因为铜版较为坚硬，可以印刷的份数更多；第二，木刻版线条过细时很容易在印刷中折断，铜版则几乎无须考虑线条的最小宽度，因而可以实现更精细的线条。

约翰内斯·古登堡兴致盎然地关注着纸牌大师的工作，这让他看到了在印刷复制过程中将文字与图片相结合的可能性。重要的是，古登堡的目标不是改变书籍本身的形式，而只是改变书籍的生产方式。他在书籍的选择上十分保守，被他纳入考虑范围的都是市场上主流的书籍类型，包括教科书、指南、日历这样的实用性书籍，还有完全相反的精装书籍。

但在古登堡幻想将书籍生产行业的所有职业——抄书员、红字师、画师、装订师——集中到印刷工场并以此进行批量生产之前，他必须先解决根本问题，即如何低成本且大量地在纸张或皮纸上进行印刷。古登堡面临四个基本难关，每一个都指向具体的细节问题：

1. 低成本地生产昂贵的活字；

2. 将活字组成页面，即排字；

3. 印刷，而且应该实现双面印刷；

4. 发明适合用于印刷的油墨。

一旦产生将单个活字组装成单词、句子、栏、页的想法，自然就会产生如何在技术上实现这个想法的问题。考虑到康拉德·萨斯帕赫的车工身份，他应该不只参与了印刷机的设计，而是至少还在实际操作上协助古登堡设计了排字架、排字盘、压模等。发明特殊工具对实现构想必不可少，排字就是一个生动的例子。若要将单个活字排成单词和句子，就需要一个能将这些活字非永久地组装到一起的特殊装置，在印刷完这一页面之后——无论印了多少次——还要将这个页面重新拆解成单个活字，以便继续用于其他页面的排版。简而言之，为了解决排字的问题，约翰内斯·古登堡必须完成一系列技术创新，而进行创新的前提是他对具体的排字工艺有所设想。

在排字之前还必须解决的一个基本问题——大批量、低成本地生产高质量的活字。古登堡很有可能在斯特拉斯堡大批量地生产了以单个字模为形式的用于装订图书的印模，但他认为当时的制造方法仍太过烦琐——先要将铸造好的毛坯固定到模具中，然后用硬质的阴模在毛坯眼（毛坯上的一层软质金属）上压制出一个字母。如果说制造阴模是无法省略的工作步骤，那么更有意义也更高效的做法是将毛坯与字模的制作步骤合二为一。古登堡为此使用的是浇铸的方法，这也能最大程度减少挫平毛刺等后续工作。

为了使每一行字母都在印刷中保持整齐，不出现"七上八下"的情况，每个活字都必须大小相同。如果想模仿手写或者手抄书籍的排版效果，排版者就必须在技术上实现与技术娴熟的抄写员相同的精确度。此外，为了保证各行长度一致，抄写员会在字母宽度和字母间距上进行微调，这是活字排版不能实现的。首先要解决的是第一个问题，即所有活字大小都应相同，第二个问题我们稍后再谈。

萨斯帕赫和古登堡有可能在美因茨产生了在活字制作中使用木框架的想法，具体地说是将木框架与浇铸所需部件——模腔和阴模——配合使用。模腔加上木制外表后可以保护铸造工的手不被烧伤。古登堡将一件方形的阴模放入两件式的模腔当中，通过开口注入金属，待冷却后将两件式的模腔分开，取出金属活字。需要什么字母，就相应地更换阴模。这样一来，只需提前为字母表中的每一个字母制作一个阴模，就可以生产任意数量的大小一致的活字。

手铸工具的发明为快速高效地量产活字提供了简单得令人惊讶的解决方案。在书籍装订师那里，昂贵的印模被视为工场的基石。在之后的印刷工场中，虽然活字的制作成本降低了，但是所需的件数比书籍装订师多得多，因此成套的活字同样成为印刷工场运营的基础。

当时专门为某个印刷本生产字模套组的情况并不罕见。由于进行的是整页排版，在一行、一栏或一页中，同一个字母可能多次出现，因此每一个字母都需要大小写版的多个活字。以古登堡的主要作品——被称为"B42"的《四十二行圣经》——为例，在印刷中共需要290种字符，其中包括47种大写字母，小写字母和标点符号共计243种，这意味着要生产290个阴模。排版一页需要约2600个活字。每一个排字师需要三页的活字量，包括正在排版的一页，正在印刷的一页，以及刚从印刷机上拿下来的一页，这意味着古登堡要有7800个活字的储备。

假设在古登堡的印刷工场中共有六个排字师同时为《四十二行圣经》工作，那么一共需要4.68万个活字。[7]在生产印模时积累的铸造经验帮助他找到了理想的合金，成分为铅、锌和帮助铸件快速硬化的锑。手铸工具的发明为他的商业计划打好了基础，让他可以方便迅速地生产活字。

书籍装订师康拉德·福斯特只有45个装饰印模，字母印模则有53个，包括两套小写的不完整的字母表和大写字母C、N和M[8]，当时他已经算得上是装备丰富的书籍装订师了。福斯特是一个印模一个印模地手动在书籍的皮质封面进行压印，因此对他来说，原则上每个字母只需要一个印模。拥有两套印模的原因是美学上的需求，他在1433—1438年使用第一套，1438年起使用第二套，也就是当古登堡在斯特拉斯堡开始对机械复制印模进行试验的那段时间。

古登堡面临的另一个挑战是印刷机的构造问题。在此之前，所有形式的印刷都是将纸张或皮纸放在印刷模板上进行按压。回顾古登堡用于生产朝圣镜和书籍封面印模的压机，它们采取的都是与冲压机相同的操作方法，即通过垂直活动的压机手柄将压模从上往下压到待压制的材料上——朝圣镜生产中的金属薄片，或印模生产中的毛坯件。印刷书页不能考虑这种方法，否则会导致印刷油墨从模板上滴落；单是这个原因就足以否定这种方法。古登堡可能从卡牌师傅，或者说铜版雕刻师那里吸取了基本原理——利用辊子将湿纸压到印刷模板上，他与车工萨斯帕赫一起将这一基本原理转化为高效迅速的印刷装置。萨斯帕赫有制作木压机的经验，他为印刷机使用了葡萄酒压榨机的形式，后者的中心部件是用于压榨葡萄汁的类似台虎钳的装置。实践证明，这是个既简便又实用的想法。

古登堡将排字师排好的印刷模板固定在印刷机的下平板上，用皮墨球为印刷模板印上颜色。皮墨球由柔软的皮料制成，中间填充有马毛。紧接着，他在印刷模板上放上一张湿润的纸张。与葡萄酒压榨机的由上往下操作的手杆不同的是，印刷机利用水平操作的印刷手柄使所谓的压板（类似大压模，其下方固定有一块平整的金属板）下压。在印刷机手柄和转轴的配合中，压板精确而均匀地向下方的印刷模板施加压力。

为了使印刷版面干净整洁，需要用大小相同的活字进行整齐的排版，印刷模板上覆盖有准确包围版面的框架。该框架通过小钩子固定纸张，使纸张可以一直被固定在同一个位置上。尤其是在同一张纸上进行二次印刷，即反面印刷时，纸张保持原位具有重要意义。稍等片刻后，印刷师扳动印刷手柄，压板随之上升。他取出纸张，像晾衣服一样将纸张挂在一根绳子上晾干，然后再次为印刷模板涂上油墨，将纸张放到印刷模板上，开始进行下一次印刷。

迄今无法回答的问题是，古登堡最早的印刷机是否具备能使下平板滑出的滑床，帮助印刷师更快更方便地更换印刷模板或者纸张。与手铸工具一样，古登堡的印刷机也没有流传下来，所有的描述都是重构性的。虽然这些描述很有可能在很大程度上符合真实情况，但无论如何都只是推测。

此外，古登堡还需要发明适合用来印刷的油墨以及用于排版、印刷、干燥的小工具，同时也要思考如何高效组织分工流程。古登堡集工艺学家、技术专家、发明家、投资人的身份于一身。

不论是发明手铸工具还是印刷机，都需要漫长的试验过程。即使古登堡在生产用于图书装订的印模时使用了单个的活字印模，在生产朝圣镜时使用了压制技术，他仍需要对不同的工艺方法进行尝试，发明一系列新工具。古登堡取得成功的原因在于：如果无法实现某些技术的前提条件，那么他就设计新的生产流程；如果有些技术方案过于耗费时间或材料，从而对高效、大批量生产造成障碍，那么他就果断地弃之不用。这清晰地体现在从冲压批量生产印模到运用手铸工具这一进步之中。冲压出的印模必须经过进一步处理，例如挫平压制产生的毛边和毛刺。此外，冲压也不能生产出一模一样的活字，而这恰是整洁的排版所要求的。

在找寻的过程中，对古登堡而言必然存在一个原点，一个榜样，否则这一切都不可能实现。古登堡的目标不在于重新发明书籍或者改变社交方式，大概也没有帮助人文主义实现突破这样高尚伟大的想法，他关注的只有书籍本身，他关注的是书籍的各种文学形式和构造方式。通过观察，他对世俗抄书坊中抄书员的工作以及工场中画师、红字师和装订师的工作有了一定了解。针对现实，他为自己提出了将这些手工作业机械化、实现现代化批量生产的任务。

古登堡在这方面与他所处的时代步调一致。当古登堡在斯特拉斯堡为生产亚琛朝圣镜建立融资公司并对机械制造字母印模进行试验时，菲利波·布鲁内莱斯基（Filippo Brunelleschi）在佛罗伦萨建成了圣母百花大教堂的穹顶。实现这一宏伟建筑计划的前提是使用一系列建筑力学发明，从滑轮、滑车到新式起重机的各种新器械使高空作业成为可能。然而当时并非只有在遥远的佛罗伦萨才能接触到技术创新。

约翰内斯·古登堡从纽伦堡人那里得知，鲁道夫·施泰因涅（Rudolf Steiner）——其父先后在米兰和斯特拉斯堡出任施特罗默（Stromer）商行经理——和手工大师斯特凡·格维希特马赫（Stefan Gwichtmacher）历经15年，通过不懈的努力发明了金属丝拉丝机。古登堡甚至可能亲眼看到了这一发明。除此之外，纽伦堡还诞生了其他惊人的发明创造，例如安装在佩格尼茨河许特岛上的巨型车床，它可以工业化地生产炮筒、泵筒、管道等。凭借这些新发明，纽伦堡人成功占领并控制了金属市场。从某种程度上说，他们也创造了金属市场。

纽伦堡各种金属制品的基础在于工艺学和力学的结合与相互促进。这些金属制品有军事装备，包括铠甲、头盔、炮、各种砍刺武器，此外还有在矿井水利工程中使用的泵，用途是将水泵出，避免矿井巷道积水。不容小觑的还有各种"纽伦堡的小玩意儿"：数不胜数的针、钉子、捕鼠器、鸟笼和金属丝。它们不仅在国内销售火爆，同时也销往整个欧洲。可以说，纽伦堡商人和手工艺大师携手推动了新产业的诞生，这也正是作为发明家、投资人、经营者的古登堡在工业化复制书籍这一领域所追寻的。他立足于书籍市场的特性，并不以改变市场为目标，而是致力于通过自己的产品征服市场。

对古登堡而言，他生产的书籍必须比以往的书籍更美观、更便宜，此外别无他求。他并不追求创造出与手写书籍不同的页面设计，只想使自己的作品具有完美且稳定的质量。

对活字印刷术产生影响的还有另一个重要因素，古登堡对此应该并不陌生。随着帝国法制化程度的提高，形成了细分的专门化的行政管理制度，其中格外重要的是，规章和法律不能在复制过程中出现错误。在一项法令的60份手抄复制品中因为抄写错误导致版本不同，这种危险完全有可能发生。印刷则可以彻底避免这种错误。

早在皇帝西吉斯蒙德统治时期，帝国就已经开始大力推进改革，试图通过法律规定实现高效管理，结束公共事务中时常出现的无政府状态。其中，康斯坦茨和巴塞尔大公会议也潜移默化地发挥了作用，其行政管理工作成为范本。吕贝克主教约翰内斯·谢勒（Johannes Scheele）与西吉斯蒙德皇帝一起制订了改革计划。在皇帝逝世后不久，另一项为公众而作的帝国改革计划以德语写成，标题为《皇帝西吉斯蒙德改革》（*Reformation Kaiser Sigismunds*）。这篇改革文章内容丰富，包含所有的社会阶层和政治、经济领域，对当时的社会——特别是教会和教皇——提出了严厉批判。该文发表于巴塞尔大公会议期间，此时距离宗教改革还有80年之久，从中可以看出宗教改革经历了多么漫长的序曲。这显示出教会的问题存在已久，但是被一再拖延。

《皇帝西吉斯蒙德改革》将公民自由视为不可剥夺的权利，认为这一权利应在书籍中以书面形式固定下来，让每个公民都能接触得到。[9]文末提到了对"祭司王"（Priesterkönig）的愿景：他会到来，让帝国焕发新的光芒，他的名字是腓特烈[10]。这一愿景也能在历史上找到根据。就像人们认为腓特烈大帝巴巴罗萨将重返帝国，带领帝国走出低谷，在文章提出的愿景中，这个任务被交给了西吉斯蒙德的继任者——国王腓特烈三世。在表亲阿尔布雷希特二世[1]的短暂的间奏曲后，1440年2月，腓特烈三世在法兰克福被选为德意志国王。值得注意的是，改革文章在法庭工作[11]和帝国城市委任公证人[12]方面提到的不仅有法典，还有表格。改革的目标在于实现法制化，规范法律流程，

---

[1] 西吉斯蒙德的女婿，1438年3月18日即位，1439年10月27日，在反抗奥斯曼土耳其人入侵的战争中，死于匈牙利。——译者注

建立行政管理机构，需要的正是适合用来准确无误地复制文章、法律、判决文书、所有类型的公告、公证书、表格等文件的方法。印刷被赋予了新的任务，这是约翰内斯·古登堡此前完全没有预料到的。但是作为公民，特别是美因茨的公民，他此时处处都能感受到这一任务。美因茨大主教自1440年起担任帝国掌玺大臣，他致力于提高文书处效率并扩大其规模，以此加强文书处在帝国发展中的作用和自己的权力。当主教埃尔巴赫的迪特里希·申克不断扩张其文书处，其中越来越多的书记员开始处理帝国事务时，美因茨自然也被牵涉其中。

即使专注于发明印刷术，这个美因茨公民既没有错过帝国的改革行动，也没有错过由此产生的对印刷品的需求。但是他的创新面临着严重的障碍，特别是巨额成本这一难题。他不知道自己是否能实现目标，或者这个工作是否会摧毁他。但他并没有放弃——这简直是个奇迹。

突　破

在设计一种全新的生产方式时，如果决定性的技术方案还有待发明，需要为此投入大量时间和材料，那么除了对成功的坚定信念，最大的挑战就是资金，像古登堡这样支出如此可观的材料费和人工费，情况尤为如此。前文已经提到，在合伙人特里岑去世后，他的兄弟在斯特拉斯堡对古登堡提起诉讼。其中，根据金匠汉斯·丁内1439年在法庭上的自述，他三年前因压印工作从约翰内斯·古登堡那里获得了100古尔登。这不是一笔小数目，在当时足以购置一处美因茨市区的宅院，相当于今天的2.4万欧元。[13]

如果古登堡在1444年11月22日时已身处美因茨，那么他很有可能仔细聆听了库萨的尼古拉的布道。库萨的话击中了他的内心，让他觉得自己充满风险的事业得到了认可和鼓励：

> 因为葡萄农相信葡萄藤三年内能结果，他现在开始种植葡萄，他的信念让他采取行动。如果没有信念，我们就不能从葡萄藤，从果树，从其他树和植物那里得到果实。[14]

像葡萄农一样，约翰内斯·古登堡也为尚不确定的未来进行投资。他不缺乏对工作将取得成功的信念，当然也不缺乏自信。他开始做自己能做的事，其他的就留给上帝——因为人类违抗其决定的所有愿望、计划和行为都必将沦为耻辱。

寻找解决方案所需的时间越长，他越要多加注意，以免耗尽资金。矛盾的是，离目标越近，完全破产的风险也就越大。

康拉德·萨斯帕赫必然是免费地住在美因茨的古登堡宅院里，此外古登堡还要向他提供伙食和支付报酬，一连几年都是如此。这位车工和印刷机制造工不是古登堡唯一的员工。但我们既不知道海因里希·科菲尔（Heinrich Keffer）和贝托尔特·鲁佩尔（Berthold Ruppel）什么时候加入古登堡的团队中，也不知道斯特拉斯堡的金字书写员（scriba aurarius）和画师约翰内斯·曼特林是否自1448年起就为这个项目工作[15]，或者古登堡与哪些美因茨金匠进行了合作。雕刻字模的工作是由这些金匠完成的，还是古登堡为这项工作聘请了刻章工、雕刻工或铸币工，或者是由斯特拉斯堡的金字书写员负责雕刻字模？从古登堡在斯特拉斯堡的工作方式中可以清晰地看到他的风格。他不是那种在阁楼里冥想、回避所有人而独自进行发明的孤独天才。相反，他热衷于创建团队，召集不同的人一起开始新项目，而他永远都是团队中的推动者。他拥有说服和振奋他人的天赋，知道怎么获得他们的好感，让他们在工作中为共同的目标所鼓舞，也知道怎么给他们充分的安全感和可信任感。

将古登堡的员工——特别是早期在斯特拉斯堡的员工——贬低成头脑简单的人，绝对是缺乏考虑的行为。安德烈亚斯·特里岑受过良好的教育，更不用说要求让自己的兄弟加入团队的安东尼乌斯·海尔曼。虽然古登堡的项目听上去很大胆，但那个时代并不缺乏大胆的行为。他的项目准备周全，他的计划没有任何一样沦为空头支票——朝圣镜成功生产，活字印刷术也成功发明。其构思的清晰性让人备受振奋，古登堡甚至可以为其计划提供无懈可击的预算。

常有员工或合伙人搬来与古登堡同住，这或许也是源自大学时代的戒不掉、他也没想戒掉的坏习惯。不论如何，同吃同住的行为让人想起了他在埃尔福特两年的大学寄宿时光。

　　毫无疑问，古登堡喜爱社交，同样毫无疑问的是，他热爱"座谈"，通俗地说就是豪饮的酒宴。婚姻和家庭不能引起他的兴趣。他对世界毁灭和世界末日毫不怀疑。他认为自己所在的阶层在美因茨的衰弱已是板上钉钉，他也适应着这个不可改变的事实。古登堡没有迷失在怀旧和感伤之中，而是计划通过一项令人震惊的发明获得财富和永生。所以他并不介意与城市的新主人们——康拉德·胡梅里的圈子——来往，大概也加入了他们的酒社。

　　1431年圣三一主日这天，古登堡再熟悉不过的库萨的尼古拉在特里尔布道。库萨在布道中对比了对上帝和对葡萄酒的认识：

　　　　有时候人们像理解葡萄酒一样地理解上帝：人们通过听、看和尝认识他。你们从布道者那里通过听了解他，神学家在阅读时透过看了解他，善良、有爱之人品尝他。

　　美因茨的市民们在小酒馆、高级浴场或是自家的会客厅中见面，他们的身上集合了大学高等教育、好奇心、对生活的享受、坚定不移的意志和对自我的坚持等特征。正是因为人们确信生命终有尽头、出生即带有罪孽，享受并掌控生命的意愿与忏悔行为看似水火不容，但忏悔和自我放纵却在人们身上交替上演。清洁自我、穿上新人的需求间或驱使着老亚当做出改变[1]，但这是他无法长久坚持的。

　　在后来的人文主义协会中，人们在酒酣耳热之时自由地谈论知识和文化，有时也说粗俗的笑话。酒社或许就是人文主义协会某种意义上的前身。约翰内斯·古登堡保留了许多在大学时期养成的生活习惯，而康拉德·胡梅里也

---

[1]　"老亚当"即有罪的、被驱逐出伊甸园的亚当，也称"旧人"，被认为是属肉体的、心性败坏的；与之相对的"新人"是照着神的形象造的，是圣洁的。《圣经》中有"脱下旧人，穿上新人"的说法。——译者注

在博洛尼亚熟悉了意大利人对人文主义的强烈追求。

如果将彼特拉克开始产生影响的14世纪上半叶视为意大利人文主义发端的时间，那么此时人文主义已经在阿尔卑斯山南侧发展了将近一个世纪，罗马教廷的教士和从意大利各个大学学成归来的德意志学生也逐渐将这一精神和文化的新态度及理解世界的新方式介绍到了阿尔卑斯山北侧。人文主义常被忽略的一个方面在于，其创造的社交网络对学界和个人职业前途影响显著，同时也起到了抵御外部竞争和攻击的作用。各种社交形式主要服务于人们缔结社交联盟的需求。如果没有这些联盟，中世纪的人们就无法在社会上立足，他们总是在社会团体或组织——行会、各种形式的联合会、平信徒兄弟会或领主关系——中找寻最根本的支撑力量。

不论是市政厅中的酒馆，还是浴场，都成为人们寻欢作乐的场所。后人常常忽略的是，当时人们并非仅仅为享乐而享乐，而是也以此展现自己的地位和树立自己的形象。中世纪是一个高度标志化的时代，中世纪晚期虽然在细节上有所不同，但总体上并非例外。人们不只在生活，也在对外展示自己的生活，以此表述自己的权利。展示或者说树立标志构成了社交中的重要行为。

这样的标志化鲜明地体现在了葡萄酒税中。约翰内斯·古登堡在斯特拉斯堡时曾不顾麻烦，在同一天内两次来到市政府缴纳葡萄酒税，原因是他一开始时因低估了税费没带够钱。早期的传记作家因此激动地得出结论，说古登堡是一个一丝不苟甚至过分较真的人，但事实上，他这样做的原因是葡萄酒税的金额能公开体现他的社会地位。税费定义了一个人在社会中的地位及其活动的社交空间。

在古登堡离开斯特拉斯堡后不久，这座帝国城市的议会开始允许私人户的户主——"不论是先生、贵族、工匠或者是女士"（es syherre, iuncherr, meister oder frowe）——在缴纳一笔葡萄酒总税后，向"穷人"（arme lüte）沽卖葡萄酒，议会不再向后者另收"税费"（ungeld）[16]。没有能力缴纳葡萄酒税意味着被轻视。所以如果连葡萄酒税的计算都成为衡量社会地位的一项标准，那么就更不用说在公众场合的饮酒行为和与之相关的习俗了。

　　古登堡过的不是禁欲的生活，但发明工作不光消耗时间和精力，还有资金。考虑到自己在家乡的地位和家族关系，他认为在这里更容易找到资金来源。斯特拉斯堡在这个方面似乎不能提供更多的帮助。仿佛为了证明这点似的，对这个发明家重返美因茨后的第一次文书记录（1448年10月17日）涉及的正是借款，内容是他的表亲阿诺尔特·格尔图斯（Arnolt Gelthus）为他介绍和担保一笔150古尔登的借款，金额大概相当于一个半的城市宅院或3.3万欧元。在为古登堡进行担保这件事上，阿诺尔特·格尔图斯似乎毫无顾虑，因为他知道古登堡在生活支出上有终身年金作为保障，这笔借款将投入项目中去，古登堡也说服了格尔图斯相信这个项目将取得成功。如果认为一个有经验的商人轻信于人——就像有些人对特里岑和海尔曼做的那样——无异于杞人忧天。在这个阶段，古登堡就算还不能停下休息，至少可以稍微松一口气。他的辛勤工作到达了可以吸引投资的阶段。

　　此时的他已经可以拿出自己新工艺的第一批成果，所有重要的发明也都已经投入使用：用于浇铸活字的手铸工具；用清漆、灯灰和蛋清调配的印刷油墨，它可以均匀涂抹、快速干燥，而且不会穿透双面印刷的页面；还有印刷机和排版工具。当然，他的发明尚未全面完成，仍存在不足之处，但已足以进行初步的印刷。

　　没有一份印刷试验品得以留存，也没有任何关于试验失败或者取得突破性进展的记录。没有人知道古登堡首先印刷的是哪个文本或哪本书，或许这是永远都解不开的谜团。尽管如此，我们还是可以根据时间顺序理想化地推测出以下过程：1444年或1445年，古登堡带着初步的构思回到美因茨。他着手进行印刷试验，经历了失望和惨痛的失败——页面被印刷机扯坏，纸张被配错的墨水玷污，活字因线条太窄而折断，活字从排好的印刷模板上脱落——但也陆续取得了成果，在一到两年后，他的发明达到了可以印刷小书的水平。

　　此时印刷的文本不应太长，它不仅要用来吸引新的资金，还应该是受民众欢迎、便于售卖的作品。首批试印的小书因此集高度的象征意义和实用价值于一体。在试验性地印刷一些单张并取得令人满意的结果后，古登堡开始第一次印刷整本书籍。这位发明家必须在印刷对象的选择上深思熟虑，因为他不仅要以此进入一个迄今为止只有手抄书籍的市场，而且要赚到钱并获取新的贷款，从而改进发明和扩大印刷工场。他一直都清楚地知道发明还有不足之处，也知道现阶段存在人力和机械所造成的产量限制。

　　古登堡需要一本广受欢迎的书籍。它既要符合受过教育的教士和城市贵族的口味，也应受到商人和手工师傅的喜爱。该书所用的语言不能是拉丁语，否则会直接将一个庞大的潜在购买群体拒之门外，例如市民阶层中不懂拉丁语的商人和手工业者。不可低估的读者群体还包括妇女，像是贵族、城市贵族、商人和手工业者的妻子，此外还有修女和在俗修女，后两者本身也通过复制文章获取收入。

　　许多贵族和市民阶层的女性虽然具备读写能力，但使用的语言并非拉丁语。撇开以抄写为职业的女性不谈，书写、阅读和计算是辅助丈夫经商所必备的能力。如果丈夫早逝，妻子可以凭借这些能力继续经营公司，将公司掌握在家族之手，直到儿子达到一定年龄并拥有足以接手公司的知识和能力。

　　许多城市贵族和上层市民将女儿送进城市修道院，纽伦堡的圣凯瑟琳修道院在这方面颇有名气。其中的代表性人物有人文主义者维利巴尔德·皮克海默（Willibald Pirckheimer）的姐妹，按照维利巴尔德自己的说法，他所有的姐妹都加入了修道院。她们有时两两地加入修道院，例如芭芭拉（Barbara）、沃尔布加（Walburga）、卡特琳娜（Katharina）、克拉拉（Klara）、萨比娜（Sabina）和欧费米娅（Eufemia）。芭芭拉，即后来的卡里塔斯（Caritas），是德意志最著名也最重要的女人文主义者之一。不仅是姐妹们，维利巴尔德的五个女儿中最起码有三个也加入了修道院。由于一部分家庭成员生活在修道院，家庭生活中出现了奇特的现象：卡里塔斯与比她小14岁的妹妹在后者加入圣卡瑟琳修道院时才第一次相见。加入修道院后，她们花费很多时间在学习和绘画上，有时也复制文章，卡里塔斯也与西克斯图斯·图赫尔（Sixtus Tucher）等人文主义者通信交流。维利巴尔德·皮克海默在寄往修道院给卡里塔斯的信中说，他与这位"同父同母的亲姐妹"之间的联系不仅来自"自然和血缘"，而且也"因为你在从事你的终身职业的同时沉醉于学习，对美好的科学有着特殊的渴求"[17]。卡里塔斯与其他修女的不同之处在于，她学过拉丁语，能用拉丁语通信。

修女修道院图书馆的德语藏书量比修士修道院的多[18]。但丁在《新生》（Vita nova）中就已经写道："第一个开始以口语做押韵诗的人，大概是因为想让一个不容易理解拉丁语诗句的女性理解自己所说的话。"[19]

如果想要在书籍市场上拥有理想的表现，古登堡就绝不应忽视女孩和妇女这一重要的读者群体。另外，他的首本印刷书籍内容不应过于简单，也不应只迎合特殊的兴趣。同时满足这些要求的德语书籍屈指可数。如果不考虑德语的英雄文学作品和特普尔的约翰内斯（Johannes von Tepl）的《来自波希米亚的农民》（Ackermann aus Böhmen），有一本书就自然而然地成为最重要的考虑对象。酒馆中的政治讨论让古登堡对这本书格外熟悉。

不止有约翰内斯·古登堡相信末日和末日审判即将来临。菲奥雷的约阿希姆（Joachim von Fiore）描写的关于第三帝国和最后的帝国的历史哲学愿景和宗教推想[1]传播广泛，蒙提尔昂代尔的阿多索（Adso von Montier-en-Der）笔下关于敌基督[2]的想象后来也广为流传。因此不足为奇的是，14世纪时诞生的德语对韵诗《西比拉预言》（Sibyllenweissagung）[20]在15世纪初影响力大为增加，这本书的手抄本几乎都诞生于这个时间。此外，该书在15和16世纪共

[1] 菲奥雷的约阿希姆（约1130—1202），中世纪的历史神学家。根据他对《圣经》的解读，历史分为三个时代，分别由圣父、圣子和圣灵统治。最后一个时代即上帝拯救世界后的完美的第三帝国。——译者注
[2] 蒙提尔昂代尔的阿多索（910/915—992），中世纪的神学家。敌基督（Antichrist）即假冒基督者。——译者注

有34个印刷版本，[21]每个版本的印量都达到了500～1000本，甚至更多。无论如何，目前找到的手抄本和印刷本的数量已经足以证明《西比拉预言》在中世纪晚期和近代早期时传播广泛，深受欢迎。从这方面看，它是值得被印刷的文本。这部德语分节诗作源于早期的宫廷诗，最早可以回溯到"美男子"腓特烈与巴伐利亚人路易的德意志王位之争时期[1]。14世纪下半叶，在查理四世生命的最后几年，《西比拉预言》在图林根或南德地区诞生。这部能满足不同阅读需求的作品在15世纪时受到了广泛的喜爱。

《西比拉预言》围绕一系列关于末世论的重要主题展开，最开始的内容自然是天意与上帝万能，紧接着是上帝创造万物、天使堕落、亚当和夏娃被驱逐出伊甸园，以及当时深入人心的原罪观念。在当时，越是虔诚的基督徒越是不敢参与圣餐仪式，他们认为自己的罪孽太过深重，害怕因此亵渎上帝。仅是通过这点就可以看出原罪观念的影响力。比参加圣餐更严重的亵渎行为是在圣餐中与基督合而为一，这在当时是不可想象的。忧心忡忡的教徒用严苛的忏悔行为进行苦修，以求获得参加圣餐的资格。

下一部分的内容是示巴女王到达所罗门宫殿之前的十字架传说，这里的女王被等同于西比拉。另一个重点是智慧的所罗门与示巴女王或者说西比拉的会面。示巴女王对所罗门的这次拜访被秘教和后来的神秘文学不断提及，成为炼金术士和共济会士津津乐道的神话。

接下来是关于约沙法谷的内容和预告末日审判，以及从中得出的道德上的和有关救赎的启示。十字架传说继续进行，来到了基督受难、被钉死在十字架上、复活、升天的部分，之后是对末日审判的描述，诗作以上帝的审判、上帝的仁慈和对罪孽的宽恕结束。[22]

在中世纪晚期，西比拉一定让所有人既着迷又恐惧，因为她具有预知未来的能力。当西比拉这一人物形象在古代从东方传到希腊时，她意料之中地

---

[1] 奥地利大公腓特烈三世与路易四世在14世纪10年代和20年代的权力之争。——译者注

被古希腊哲学家赫拉克利特描述为可怕的人物：她"用狂乱的嘴巴说出无法
笑对、不加修饰、没有芳香的话语"，这些话语"在上帝的帮助下借由她的
声音延续了几千年"[23]。在预言传统发达的古希腊——在这点上，中世纪晚期
与古希腊颇具相似之处——以及之后的罗马帝国时代，这个狂野的女神成为
上帝的女信徒和女先知，享受着人们的崇拜。将弗里吉亚的西比拉与卡珊德
拉（Kassandra）画上等号则是一个不怀好意的笑话——在神话故事中，卡珊
德拉的预言能力因无人相信而失去价值。

对于中世纪晚期和人文主义而言，最重要的还是库迈的西比拉。古库迈
在那不勒斯附近，位于米塞诺角与古罗马贵族的度假胜地巴亚之间。奥古斯
都时代的宫廷诗人维吉尔（Vergil）是古罗马最重要的诗人，他在著名的《牧
歌》第四首中赞美库迈的西比拉道：

> 现在到了库玛谶语里所谓最后的日子，
> 伟大的世纪的运行又要重新开始，
> 处女星已经回来，又回到沙屯的统治，
> 从高高的天上新的一代已经降临，
> 在他生时，黑铁时代就已经终停，
> 在整个世界又出现黄金的新人。
> 圣洁的露吉娜，你的阿波罗今已为主。[24]

后世的基督徒说，这位罗马国民诗人在《牧歌》中预言了道成肉身，即
耶稣基督的降生。这一解读使维吉尔成为圣人诗人，成为引导但丁穿过地狱
的人物。

《西比拉预言》曲折的诞生路径引人入胜地记录了西比拉从罗马帝国到中
世纪晚期和近代早期的传播和接受方式，我们在此不进一步展开。随着基
督教的诞生，犹太教和其他宗教中的西比拉传说被加工改写成了《西比拉

神谕》（*Oracula Sibyllina*），在中世纪备受推崇。在东罗马帝国则产生了另一种西比拉文学，主角为提布提纳的西比拉，她为罗马人预言了新的统治者和新的时代。这一内容在中世纪得以扩写，重点之一在于对阐释有关最后的皇帝和敌基督的内容。《西比拉预言》的作者可能是等级较低的神职人员，他可能看过比德所编的《提布提纳》（*Tiburtina*）。与中世纪晚期的其他人一样，《西比拉预言》的作者对在末日里毁灭统治的敌基督、最后的皇帝和预示最后的审判到来的15个著名的征兆深感兴趣。哈特曼·舍德尔也在《世界编年史》（*Weltchronik*）里对相关场景进行了浓墨重彩的描写。

在中世纪晚期，《西比拉预言》基本上成为人们眼中的世界百科全书，它给出了关于过去、现在和未来的信息，这里所说的未来并非遥不可及，而是人们将会以某种形式亲身经历的终结，因此最好为此做好准备。

对于约翰内斯·古登堡而言，这首不长的诗作具有满足不同群体阅读兴趣的潜力。它既能触动信奉末世论的读者，给予他们关于救赎的安慰和精神上的慰藉，也能满足传说爱好者的阅读需求。

在那个政治和神学相互交织的时代，神学往往也成为政治的象征或密码。古登堡可能在酒馆中与胡梅里等人畅谈了《西比拉预言》的内容。预言中描写了将统一基督教的最后的皇帝，这部分的内容格外具有吸引力：

> "上帝会挑选一位皇帝，
>
> 掌管他并给予他伟大的力量。
>
> 他的名字是腓特烈，
>
> 他将照料基督的子民，
>
> 为上帝的荣誉而战，
>
> 赢回大海另一边的圣墓。"[25]

如今有人猜测，巴伐利亚人路易和"美男子"腓特烈之间的冲突对这首诗作的诞生起到了一定作用，但在15世纪中叶，无人关心这一渊源。对当时的人们来说，与"腓特烈"这个名字联系在一起的更多的是斯陶芬家族的传奇皇帝腓特烈（巴巴罗萨），沉睡的他在基夫豪塞尔等待回归，他由上帝"掌管"（yn syner gewalt），将作为最后的皇帝照料"基督的子民"（das cristenfolck）。巴巴罗萨曾为夺回耶路撒冷的圣墓出征，途中却在小亚细亚的格克苏河溺亡。当时无人相信这一结局，人们期盼着他的归来，相信他在归来之后将再次上路，实现目标。人们同样相信，他将找到成为枯树的基督十字圣木，挂上自己的盾牌，这棵树将长出绿叶，使整个世界繁荣美好。这棵树神奇无比，包括犹太教徒在内的所有人都会因此皈依基督教："当这一切发生了，/只会有一种信仰。"（vndwirtdan ein glaub alleyn. / wann das alles ergangen ist.）[26]这将在何时发生？人们对这个问题无比高涨的热情导致不断有假冒的腓特烈出现，宣称自己就是巴巴罗萨。与此相关的另一个有趣的事实是，鞭笞派在《西比拉预言》诞生时遍布整个帝国，进一步增进了世人的末日信仰：在基督教的统一者、最后的皇帝腓特烈统治快乐的人类的日子里，魔鬼将在最后一次针对上帝的暴乱中创造出欺瞒和误导人类的敌基督：

> 不加嘲讽，
>
> 敌基督说自己就是上帝，
>
> 他将利用诸多手段
>
> 使人民对他的信仰皈依。
>
> （der endecrist, on spot,
>
> der nennet sich, er sy got
>
> vnd wirt das folck mit vil dingen
>
> czu seyn glauben kern vndprengen.）[27]

因此，知道自己处于上帝时刻表中的哪一站成为重要的事，这趟旅程或是通往救赎，或是通往地狱。还有时间来为自己的罪行忏悔，还是即将迎来终结？基督将用他纯洁的气息杀死敌基督，15个征兆将预示末日审判的到来。亚当和夏娃犯下原罪所造成的苦难将会结束，天堂将会到来——最起码是对于那些能在审判中得到好结果的人来说是这样的。

最后，这个预言也能和同样名叫腓特烈的新国王（腓特烈三世）联系到一起，他计划延续前任国王西吉斯蒙德的大改革行动。西吉斯蒙德结束了三个教皇的闹剧——其中至少有两个像敌基督一样又坏又具有迷惑性，以此结束了教会大分裂并统一了西方的基督教。

综合以上各种阅读接受的可能性，约翰内斯·古登堡有什么理由不印刷广为流传的《西比拉预言》呢？无论是体量、内容，还是时效性和受欢迎程度，它都是古登堡最适合用来进行首次印刷的对象。

古登堡与员工们一起为此工作，在1448年取得成功并以此获得了新的资金。他迫切地需要这些资金来扩大他的印刷工场，因为现在他要开始复制畅销的实用类书籍——埃利乌斯·多纳图斯的拉丁语教材，市场对这一教材有着强烈需求。

古登堡主要的烦恼在于字行仍不够整齐，他需要进一步改善字模。他最终定下的目标是，不仅要比手抄本价格更低、产量更大，也要在字体的审美上胜过手抄本。

古登堡的忏悔："书籍作品"

可惜的是，人们迄今仍未找到古登堡印刷工场的账簿，也没有任何关于《西比拉预言》印刷数量和售价的说明或记录。存世的只有偶然发现的一小张残页。这也是印刷前期和早期历史资料情况的普遍问题。

由于皮纸和纸张价格高昂，当时的书籍装订师将人们不要的旧书拆开，用旧书的皮纸或纸张来装订和加固新书。1894年在美因茨发现的《西比拉预言》残页可能曾被用于加固大学账簿，它在1904年作为《有关末日审判的残页》（*Fragment zum Weltgericht*）出版。这一残页使用的是古登堡为生产《多纳特》拉丁语教材所制作的字模。除了与之后的用于印刷《多纳特》和日历的活字（简称"DK活字"）具有相似之处，缺少大写字母"W"也表明了这套活字的用途是印刷拉丁语作品，而非德语作品。由此可以得出结论：为了挣钱，更重要的是为了保证后续的资金支持，古登堡印刷了这本流行的小书。可惜传世的只有一张双面印刷的残页，共22行28个诗句，难以用来开展更深入的研究。古登堡印刷的《西比拉预言》可能有27页左右，在页数和排版上与之后的《多纳特》拉丁语教材类似，这也表明了《西比拉预言》是古登堡在印刷技术上的原型作品。

然而，在背景资料如此贫瘠的情况下，找到的残页也可以用来进行另一种解读。有一种观点认为，如果古登堡印刷了一版书，就必然还会找到同版次的至少一个其他印本作为证据。但考虑到《西比拉预言》受欢迎的程度，看看流传至今的众多手抄本和印刷本——未经统计的数量一定远超于此，那么它早期的印刷版本一定会被后来的版本取代，残页所属版次的印本自然会被用作装订新书的材料。

无论如何，为谨慎起见还是要考虑第二种可能性。不能排除古登堡在为《多纳特》拉丁语教材制作字模期间进行了双面的单页印刷，以此向资助者们展示其发明的进步性，从而为印刷《多纳特》获得进一步的资金支持。共有三个理由支持这种可能性：第一，现存的只有唯一一张残页；第二，其使用的字模套组是为印刷拉丁语作品而设计的，《多纳特》正是以拉丁语出版的作品；第三，残页中的诗行本身可以作为最弱却也还算充分的证据：这几行诗的内容是预告末日审判和燃烧的大火，这是整部诗作的核心部分，也是当时最重要的、人们在任何场合都热衷于谈起的话题，诗行中也包括与此相关的道理和阐释。

在这份宣传品中，古登堡像赦罪僧[1]一样用末日审判进行威胁，这个事实最起码证明了他某种程度上的机智和含蓄的幽默，因为这样一来，人们便不会怀疑上帝对其作品的喜爱。

这份宣传中对末日审判的温和提示起到了效果——新的贷款成功了，这将成为印刷《多纳特》教材的资金来源。或是作为整本书籍，或是作为单页样品，《西比拉预言》的字体效果让古登堡清楚地看到，活字在精确度方面还有很大的提升空间。

当时的书籍市场是手写书籍的市场，古登堡完全以当时的书籍市场和手写书籍为导向。他的产品必须在美学质量与文本可靠性上与现有书籍一争高下，他要面对的是当时的市场习惯。这个发明家并不是不着边际的梦想家，与此相反，他是一个不折不扣的现实主义者。

---

[1] 售卖赎罪券的僧侣。——译者注

古登堡从自身的经历中了解到了市场对于拉丁语教材的需求，在埃尔福特上大学时，他可能为了改善经济在抄书坊从事过抄写工作。古登堡的发明对抄写工作进行了细致的机械化和工艺化，他在其中所展现出的对抄书员工作的熟悉程度引人注目。

因此合乎逻辑的是，古登堡选择了埃利乌斯·多纳图斯的拉丁语教材《多纳特》作为下一个印刷对象。教材在之后成为古登堡印刷工场中的一大产品类别，在那里共诞生了24个版次的《多纳特》，其中可分为每页26、27、28和30行的不同版本。考虑到技术上的自然发展过程，27行版的《多纳特》被认为是最早的印刷版本，其初版诞生于15世纪40年代与50年代之交，之后不断再版。约翰内斯·古登堡的市场导向也体现在他对印刷载体的选择上。他开始印刷《多纳特》时使用的是皮纸，虽然昂贵，但比纸张耐用得多。这是符合消费者利益的做法——学生需要经常使用教材，不可能总是小心翼翼地对待它们，选择较为牢固耐用的原材料对学生来说更加划算。一般而言，像古登堡这样的商人只会盼望着产品具有高损耗率，但他将这一利益置于更高的利益之下——他最终的目标是在书籍市场上获得成功。

《多纳特》教材附有变格表和变位表，可惜至今都未能找到完整的版本，流传下来的只有残本。因为尚未发现纸质残本，无法确定古登堡是否曾用纸张印刷《多纳特》。考虑到连耐用的皮纸版教材都没有流传下完整版本，不能排除古登堡之后也用纸张印刷了教材的可能性。如果真是如此，这意味着古登堡在教材市场上成功地占据了一席之地，敢于违背书籍市场在印刷载体方面的习惯。

古登堡虽然印刷了多版《多纳特》，但存世的依然稀少，因此对于仅印刷了一版的《西比拉预言》而言，只有唯一残页作为文本证据也不足为奇。我们能知道的只有存世之物，遗失在历史中的是我们无法得知的。

除了拉丁语教材，日历也是古登堡面向大众印刷的实用类文本。现存的一份天文日历来自1448年，它显然迎合了当时人们在天文学方面的兴趣——

人们认为天体影响人类命运，天体在上帝创造的秩序中扮演预言者的角色，这也是天文日历与《有关末日审判的残页》，即《西比拉预言》的共通之处。当时由马尔西利奥·菲奇诺在佛罗伦萨翻译的《赫尔墨斯文集》（*Codex Hermeticum*）清晰地指出了天体的预言功能："天上如何，地上也就如何。"新柏拉图主义也曾多次用不同的表述提到月球天下的世界与月球天的世界相符，小宇宙与大宇宙相符[1]。《西比拉预言》同样可以作为启示录来阅读。各种关于西比拉的作品——特别是《提布提纳》——都包含可以进一步解读的文字谜语，藏头诗的形式更让解谜难上加难。

在古登堡第一个印刷工场诞生的产品清晰地展现出他是进行混合经营的精明商人，既生产大众商品，也生产精选产品。作为一个充满干劲的企业主，消耗品无法使他满足，他想要生产可以经得起时间考验、能载入史册的巨作。在他的计划中，这样的作品将在审判者面前被算作他的一桩功德，帮助他顺利度过末日审判。他以这一作品忏悔，希望能实现成功，得到饶恕，最终成圣。

他的想法应该得到了一个重要人物的肯定。古登堡可能早在1424年就认识了库萨的尼古拉，如若不然则是在此时。后者在1446年的6月16日、24日和7月2日前往美因茨布道，之后因被尤金四世（Eugen Ⅳ）任命为德意志的教皇使节而短暂地中断了在美因茨的布道。

1446年8月15日圣母升天节这一天，库萨的尼古拉再次在美因茨踏上布道台。听众之中一定有约翰内斯·古登堡，就算他此时与库萨还没有私交，他的阶层地位也决定了他必然会来倾听这位著名布道家的演讲。库萨的尼古拉发出警告："如果灵魂没能通过挑选转向必要者，而是转向他物——无论是什么，灵魂将永远无法安宁。"[28]拉丁语原文中的错格句（anakoluth）反映出了库萨生动的演讲风格，他十分善于演讲。这也是古登堡倾听库萨布道的原因

---

[1] 地球曾经被视为宇宙的中心，地球之外还有不同的天层，第一层即月球天。世界为大宇宙，人体为小宇宙。——译者注

之一，当时的年集和教堂也是消遣时间的好去处，有天赋的布道者往往能吸引诸多听众。不仅如此，出现在教堂本来就是古登堡所在阶层的义务，特别是像库萨的尼古拉或者乔瓦尼·达·卡皮斯特拉诺（Giovanni da Capistrano）这样的名人进行公开演讲时。

如果库萨的尼古拉此时已经得知古登堡在印刷术上取得进展，那么他没有辜负古登堡的信任，为古登堡保守了秘密，因为库萨自己也热切地期盼印刷术取得成功。

库萨力求使弥撒经文、福音书、信经、主祷文和教义问答等以书面形式呈现在所有的教堂中，不仅如此，他希望将教义问答的文本张贴在各个角落。

在库萨看来，改善社会风气和加深民众信仰的第一步在于认识宗教文本。与埃克哈特大师相似，他在布道文中大量联系哲学，但比起亚里士多德，库萨显然更倾向于联系柏拉图的学说。对于当时而言，库萨对柏拉图的认识相当深入。1437年前往君士坦丁堡的行程成为他狂热的寻书之旅，翌年，他在大公会议期间前往佛罗伦萨。他与已是白发老人的格弥斯托士·卜列东（Gemistos Plethon）来往，后者是当时西方世界最重要的柏拉图主义哲学家，他的体格和仪态让人们似乎看到了柏拉图的化身。此外，柏拉图主义的追随者贝萨里翁（Bessarion）也是库萨的朋友。

不仅学校对大规模印刷文本有着越来越多的需求，教会也是如此，这一增长的需求在城市中格外突出。伴随着市民阶层在政治和经济层面上的壮大和觉醒，城镇中出现了两个新发展：第一，人们对于教育的兴趣上升，学生人数因此增多；第二，虔敬和基督教道德越来越资产阶层化，宗教行为越来越贴近市民阶层，并逐步被其掌控。[29]除了神职人员之外，古登堡必须考虑的还有市民阶层。

无论如何，库萨的尼古拉很有可能增强了古登堡对计划的决心。库萨的尼古拉在其教会政治纲要中提出，要通过改进礼拜行为和宗教教育来提升信仰质量。就像布道文所展现的，库萨眼中的宗教教育同时以神学和哲学论点为基础，包含哲学方面的基本认识。1448年12月22日，库萨的尼古拉被圣座上的第一位人文主义者——教皇尼古拉五世（Nikolaus V）提拔为圣彼得镶铸教堂的枢机主教。

约翰内斯·古登堡可能遵照库萨的思路，产生了除教科书外也印刷弥撒书的想法，他考虑首先印刷其中一部。《西比拉预言》在1447年或1448年完成印刷，他设计并制作了DK字模，也已经开始印刷27行版的《多纳特》教材，此时他的头脑中萦绕着一个想法：印刷一部伟大而著名的作品，以此显示自己的印刷工艺胜过所有商业手抄本。

我们的认识于此存在的危险是，完全用《圣经》得以印刷的事实来解读古登堡的生命历程，而非探寻古登堡如何一步步实现《圣经》的印刷。因此值得推荐的做法是，从15世纪40年代末古登堡所处环境出发进行思考。

对于潜在的消费者而言，古登堡的产品的特别之处并不在于产品本身，而在于其生产形式。对于一般人而言，手抄本与印刷本在外观上几乎没有区别，就像后人也几乎无法区分用电子打字机和早期印刷机制作出的页面。

至少在15世纪中叶，手抄工艺似乎还足以向市场提供充足的书籍。不久之后情况发生变化，抄写员的工作开始无法满足市场需求，这是当时的约翰内斯·古登堡没有预料到的。虽然也有人尝试利用木刻和压印工艺发明印刷术——例如普洛科普·瓦尔德福格尔（Prokop Waldvogel）曾在阿维尼翁对"人工字"（ars artifcialiter scribendi）进行试验——但这些尝试的种类不多，也不够紧迫，不足以引起成熟的社会性需求。古登堡印刷术的创造性在于他新设计的一系列工艺，也可以说是分工式生产的工业形式。虽然在后人看来，这一发展符合时代趋势，但从当时的角度看却非必需。古登堡当时绝不可能认为市场热切期盼他的发明，而是从一开始就做好了要为自己的新工艺赢得认可的准备。

冷静地看待当时的市场，古登堡主要面临两大竞争对手：一是商业手抄本的批发商和生产商，例如哈根瑙的迪博尔德·劳伯（Diebold Lauber）、斯图加特的汉斯·温德伯格（Hans Windberg）和路德维希·亨菲莱因（Ludwig Henfflein）、奥格斯堡的康拉德·伯尔施达特（Konrad Bollstatter）、雷根斯堡的贝托尔德·福特迈耶（Berthold Furtmeyer）和萨尔茨堡的乌利希·施莱耶（Ulrich Schreyer）[30]，他们通过听写的方式让多个抄写员同时作业，然后在法兰克福、莱比锡、里昂、讷德林根的展会上销售手抄本；二是修道院的缮写室，主要涉及神学领域，其客户和抄写员均为宗教人士。

在销售《西比拉预言》时，古登堡就体会到了来自商业手抄本的竞争。完全可以想象的是，由于字母排列不齐，他的机械印刷版本不如充满艺术气息的手抄本美观，因此很难，甚至完全不能与手抄本竞争。如果要在这场竞争中胜出，版面效果绝不能输给手抄本，最好还要更胜一筹。

经验和直觉告诉古登堡，他需要吸引市场的注意力，要以轰动的方式登场。他最初设想的可能是印刷一本弥撒书，这一计划得到了库萨的尼古拉的支持，然而，弥撒书虽然能为他打开教会的销售市场，却限制了潜在的世俗客户。古登堡面临的新任务是挑选合适的印刷对象，这本书应满足以下条件：第一，意义重大；第二，在商品博览会市场上具有销路；第三，在神职人员中具有市场；第四，适合精装，能展现出他的新工艺比流行的手抄本更加优越。

中世纪时，人们对《圣经》的认识少得出奇，甚至有神职人员认为阅读《圣经》是危险的行为，更好的做法是聆听布道和对《圣经》的评论。尽管如此，《圣经》这一记录上帝言语的基督教经典无疑是当时最重要、最根本的书籍。机械印刷《圣经》的想法固然大胆，但抄写《圣经》被视为礼拜的一种方式。充满谦卑和艺术气息的手抄本《圣经》中饰有插图和红字，不仅是一件作品，也是一个神圣的所在。在修道院中，人们视抄写《圣经》为礼拜上帝的实践行为，就像本笃会规中所写，这项行为集祈祷与劳动（ora et labora）于一体。

考虑到这本宗教经典的社会意义和篇幅，可以说古登堡做出了一个十分大胆的决定，但这也正是这个决定的必要性所在。此前他只印刷过单栏排版、篇幅在27~30页的书籍，过程中困难不断，现在是时候证明新工艺的有效性了。古登堡极大胆地计划印刷分别为648页和634页的两册对开本《圣经》，为此他需要为每一个排字师准备7800个活字。在这之前，古登堡要以某种字体为基础设计一套字表，在阳模中削出字母，然后压进阴模中，接着用浇铸的方法制作字模。单是设计字体就是一项高要求的工作，古登堡必须结合美学、经济、社会、生产技术等多方面的综合考虑。

仅是印刷版《圣经》的尺寸就显示出了古登堡的野心——古登堡《圣经》的长度和宽度分别达到了惊人的412毫米和300毫米，他要用《圣经》引起轰动，用它征服世俗和宗教市场。同样非比寻常的还有古登堡使用的字模。弥撒书庄严的版面启发了古登堡，他以源于弥撒书的弥撒字体为基础设计了一套字模。弥撒书正如其名，用于弥撒礼中。为了让人们在距离较远时也能看清文本，弥撒书使用的是较大的字体。为了使版面构成整体，古登堡为小写字母的左右两边加上小钩，使单词中的字母相互连接。他需要为此制作左边或右边带钩、两边都带钩、两边都不带钩的小写字母，这极大地增加了所需的字模数量。此外还要制作合字[1]、标点符号和文本中常见单词的缩写。

古登堡面临的竞争非常现实。在他的印刷工场为印刷第一本《圣经》而全速运转的几个月中，一位抄写员也在抄写《圣经》，他工作的缮写室或许只距离工场数百米。该手抄本同样分为两册，因其尺寸（570毫米×400毫米）被称为《美因茨大圣经》（*Mainzer Riesenbibel*）。该手抄本使用的是字形较大的哥特字体，大方美观，此外还配有精美的装饰。

在古登堡使用的字体中，字母和标点符号像编织纹理一样均匀整齐地组合成整体，人们因此也称这种字体为编织体（textura）。这样的页面效果

---

[1] 把两个字母印成一个字模，例如ff。——译者注

并非古登堡独创，而是源于哥特风格的传统。他无意在风格和样式上标新立异，只想通过机器来取代手工。古登堡的目标在于，印刷一本让精致的手抄本也相形见绌的《圣经》。

通过《美因茨大圣经》抄写员的附注可以得知，这次抄写工作于1452年4月4日开始，完成时间是1453年7月9日。他在抄写时是否听到了印刷工场传来的噪声？他是否知道，在不远处有一个男人正试图使自己的工作变得多余？他是否知道，这个男人甚至选择了同样的文本，像自己一样坚定地为制造《圣经》精装本而努力？

文艺复兴尚未来到这里，就像15世纪上半叶荷兰的大画家们笔下展现的，此时占据上风的还是哥特式艺术。《美因茨大圣经》装饰有丰富的纹饰，《古登堡圣经》中的一个现藏于普林斯顿大学图书馆、被称为"谢德圣经"（Scheide-Bibel）[31]的印本亦然，它的绘画装饰可能来自美因茨的某个工场。与之相同的装饰主题也出现在一套由纸牌大师用铜版雕刻术制成的纸牌中，制作地点同样是美因茨。[32]

从中可以看到时间和地点上的交集。毫无疑问，古登堡试图超越《美因茨大圣经》里精美的手写体。他与抄写员的共同点在于，他们都以哥特式艺术为典范。艺术史学家威廉·沃林格（Wilhelm Worringer）对于哥特式艺术的一句评论可以帮助我们更好地理解他们的作品："纹饰和建筑在哥特式艺术中扮演着重要角色。"[33]两套《圣经》都被图书画师绘以丰富、精细且充满想象力的动物和植物主题纹饰，动植物主题有时被结合在一起，成为由藤蔓、叶子、花卉和动物——例如猴子、熊和鹿——组成的装饰带。《美因茨大圣经》或《古登堡圣经》的读者很快就会意识到，在他们眼前的不仅是书，也是伟大的建筑，它们让人想起哥特式大教堂高挑的、向天空延伸的尖塔和立柱。在建造这样的教堂时，建筑师仔细地规划了某些部分，其他部分则在建造过程中根据新出现的问题寻找新的解决方案，同时仍把握着理想目标和整体情况。古登堡印刷《圣经》的过程亦然。

一切都指向更高处，位于顶端的是上帝，他是万物的开创者。就像亚里士多德教导人们的，相似之物只能从相似之物中产生，因此一切都能在上帝那里找到本源；人教堂是对上帝的描摹，古登堡印刷《圣经》的行为是对上帝创造世界的模仿。或者就像古登堡1446年8月15日在库萨布道时听到的，模仿品和复制品要精确地与原型相符——只有原型中才有真相：

> 一物只以永恒的方式在让它成为它的必要物那里触及自我，就像印章在蜡中印出的形状只能无瑕地在这一印章中触及自我。因为在真实情况中它只能在那里触及自身的尺度标准。因为原型是模仿品的真正尺度标准。[34]

古登堡不仅要选择最美观的字体——只有这样的字体才有资格再现上帝的言语，还要将其分毫不差地刻成阳模，然后压进阴模中。从中将诞生用于印刷文本的字模，以此印刷出的页面将作为"模仿品的真正尺度标准"指向原型，即上帝的言语。

用技术方法取代手工作业是一项巨大的挑战。在之后的法庭诉讼中，古登堡的这个项目被称为"书籍作品"（das Werk der Bücher）。"书籍"这个单词的复数形式不能被简单地解读为《圣经》两册本，否则完全可以将这个项目命名为"两部书籍作品"。"书籍作品"的含义远不止于此，它象征的是所有书籍。古登堡视"书籍作品"为所有书籍的原型，因此必须在艺术结构、纹饰、版面规格、字体、排版和插图上象征所有书籍的真正尺度标准，这是最初的书，就像上帝的言语是最初的言语，是创造万物的根本。《圣经·新约·约翰福音》开篇饱含深意地写到了这著名的上帝的言语："最初有言语，言语与上帝同在，上帝就是言语。"（《圣经·新约·约翰福音》1：1）上帝的言语体现在《圣经》中，所有一切都以上帝的言语为基础，古登堡想用来征服市场、征服世界的第一部巨作亦然。

约翰内斯·古登堡之所以选择《圣经》，是因为所有书籍都由此而来并从中获得存在的合理性、意义和真相。每一本书都"只能在那里触及自身的尺度标准"，就像印章在蜡中印出的形状或者字模印出的字母只能从印章和字模那里获得"自身的尺度标准"。几乎可以将活字的制作视为三位一体的过程——在阳模上刻出字母，然后压进阴模里，最后通过浇铸成为字模。就像《约翰福音》中接下来写道的，"万物都借着这而成，没有这，所成的事物都不能成"，从这言语中诞生阳模、阴模，最后是字模。但这言语，这最根本的原型"在最初时与上帝同在"。

约翰内斯·古登堡不应畏惧即将付出的努力和费用。印刷《圣经》是革命性的勇敢行为，这一选择意味着他要么大获胜利，要么一败涂地。如果印刷《圣经》失败——字母不能整齐成行、印刷不均匀、字行错乱或者颜色渗到了另一面——古登堡就无异于为竞争对手奉上最权威的例证，证明只有人手才能复制书籍。《圣经》将一如既往地作为所有书籍的标杆和原型存在，但对古登堡而言，在原型上失败的人，注定也无法在其模仿品上取得成功。

另外，如果成功印刷了《圣经》，那么市场将为印刷书籍敞开大门——这正是古登堡的计划和愿望。他完全清楚这场赌博意味着什么，也知道自己处于竞争之中。不远处的修道院中有个技能娴熟的抄写员正在制作手抄精装本。虽然手抄的艺术技能在不断进步，但归根结底，这位抄写员的工作方式与前人并无二致。抄写员们必然不会放过印刷品中的任何一个微小错误，因为这关乎抄写员这个职业的存亡——如果印刷工场能比抄写员更快、更好地复制文本，还需要抄写员做什么？

古登堡知道这是个宏伟的决定，但他也懂得千里之堤溃于蚁穴的道理。字模的生产需要时间，也需要不断投入金钱。字模的质量决定了印刷页面的美观程度，他不允许在此出现任何疏忽。再好的排字师也无法在排版时隐藏字模的缺陷。

印刷机还有待改进，此外还要招募合适的人选，培训出排字师和书籍印刷师这两种此前不存在的从业者[35]。最早的一批排字师和书籍印刷师是懂拉丁语、上过大学并作为抄写员工作过的男人。他们与古登堡一起征服全新的未知领域，几乎所有工作都没有前例可以参考，他们摸索前行，用发明创造排除障碍。这些具有高知识水平的人自然也要求得到与此相应的报酬。

如果古登堡1448年时借款150古尔登，做出印刷《圣经》的决定并在年底开始字体方面的工作，这笔钱到1450年时一定已经分文不剩。选择字体后还必须设计制作字模。首先要刻制刚压模，然后将刻制好的压模，即阳模，放到约5毫米高的铜条上，用锤子将之击打进相对柔软的铜条表面。经过打磨，因击打产生变形的铜模恢复原本的外形，阴模，或者说铸模，就这样诞生了。为了在之后的印刷中实现均匀整齐的印刷效果，不论是雕刻阳模，还是将阳模击打进阴模，都需要最高的精确度。中世纪晚期时，雕刻师们在压模、硬币、印章的雕刻上达到了很高的技艺水平，想让这些人为自己工作，付出的报酬自然不低。以《古登堡圣经》需要雕刻约290个字符、一人一天能完成一个阴模计算，制作阴模大概共需要一年时间，两个雕刻师同时工作的话则是半年。按照一人一天完成一个印模的进度，制作290个印模共需要290天，但不能不考虑出现次品的可能性和中世纪众多的节日。

完成阴模的制作后就可以开始浇铸字模。首先要将阴模夹紧到手铸工具中，放置的位置必须精准，才能使浇铸出的字模保留狭窄的边缘，目的是让印刷出的字母之间保留微小的间距。在将由铅、锑、锌组成的液体合金浇入手铸工具后，紧接着就可以取出字模。

古登堡曾有过印刷页面字行不齐的经历，他不想在印刷《圣经》时重蹈覆辙。字行不齐归咎于字模上的微小误差，出现误差则是因为浇铸过程中不可避免地会产生多余的形状，需要在浇铸后手工去除。通过调整铸造工具，多余形状可以被轻松折下，无须像先前那样粗暴地锯断。一般认为一名铸造工一天可以浇铸1500~2000个字模。字模总量方面则没有统一看法，因为计算结果取决于有多少排字师同时工作，每次印刷的是单一书页还是全张，此外还涉及多少名印刷师同时工作的问题。

假设一共生产了15万个字模——这足以用来为60面书页排版，如果只有一个铸造工，那么在生产阴模后还需要约100天的工作时间来浇铸字模。也可能有两个浇铸工人一起工作，或者古登堡自己也参与了浇铸。

就像人们一直以来所计算的，考虑到中世纪的诸多节庆和可能出现次品的情况，为《四十二行圣经》制作字模可能用了一年半至两年的时间。不足为奇的是，约翰内斯·古登堡在1449年与1450年之交时发现资金已经耗尽，为了继续工作，他需要新的资金。他的工场在开始真正的印刷工作之前就已经捉襟见肘了。但他不仅确信印刷《圣经》会带来成功，而且在此期间也成为了一个通晓各种融资手段的经验丰富的企业主。

实现目标

突出且多样的信贷业构成了中世纪晚期和近代早期的一大特征，这个时期甚至可以被视为借贷业的根本时代。当时人们常以赊账和抵押的方式进行交易，结账通常要到大型展会上才进行，例如法兰克福的展会。在美因茨，换汇等金融生意盛行，贷款生意的范围远及意大利。虽然社会上的支付习惯普遍不佳，但似乎没有造成大麻烦，因为当时的金融系统正是建立在坏账和债务重组的基础上。唯一要注意的是，不要让自己成为借贷链的最后一环，不要成为只能索债的人，而是也要将债务转移出去。

当时社会上的一个特殊之处在于禁止高利贷，正是这一禁令促进了松散的金融行为。原则上，基督徒不得提供有息贷款。例外的只有一些因历史原因享受特殊待遇的意大利商行和南法城市卡奥尔的市民，在此不深入探讨这些情况。

有两种完全合法的方式可以用来应对这一限制。一方面，终身年金备受推崇，它们不仅是投资对象，也非常适合用来交易。繁荣的年金市场由此诞生。另一方面，恰巧有一条例外规定鼓励负债——如果有人向犹太人、伦巴第人或卡奥尔人有息贷款，又将借贷而来的钱转借他人，他就可以要求他的债务人支付产生的费用，其中包括他要向上述债主支付的利息。这一规定的法律基础在于，可以要求借款人向贷款人支付其为提供贷款而遭受的损失，其中既包括贷款人自己需要支付的利息，也包括贷款人因借款人未按时还款而错失的收益[36]。因此，除了年金市场，借贷市场也一片繁荣。

作为一个充满干劲的企业主，古登堡深谙其所处时代的各种融资形式，巧妙地利用融资公司筹集资金，他的做法在当时并非个例。在那个充满活力与投机行为，银行、公司和个人不能指望国家伸出援手的年代，破产和债务重组是常有之事。

或许以下两个名人的例子就足以反映私人提供贷款的普遍性。大画家阿尔布雷希特·丢勒的父亲是金匠师傅，他提供贷款并入股矿业公司；改革家马丁·路德的父亲，矿主汉斯·路德也提供贷款，他的借款人中包括贵族。这两位经济状况尚可、但不算十分富裕的人都参与到了金融领域之中，因为这在当时是稀松平常的做法。当约翰内斯·古登堡在美因茨建立印刷工场时，丢勒的岳母安娜·弗莱（Anna Frey）的娘家，也就是纽伦堡城市贵族家族的鲁梅尔（Rummel）家族的银行因美第奇银行的衰弱而坠入深渊。所幸的是，鲁梅尔家族此前已经将不动产生意与银行生意分离，因此免遭灭顶之灾。这一切都表明，古登堡对融资手段的运用在当时绝非罕见，要说罕见的话，应当是他融资的目的。

对于发明家和企业主约翰内斯·古登堡而言，问题并不是融资本身，而是所需的金额。根据工作进展，在预估设计、制作、购买材料和纸张、快速上涨的工人酬劳等一系列费用后，他得出了800古尔登这一可观的数字，大约相当于美因茨城区10幢宅院的总价，约合今天的17.6万欧元。

在这样的情形之中，他遇到了约翰内斯·福斯特。福斯特是商人、律师、企业家和武器商，同时也涉足借贷和金融市场。后人常常将他描绘为浮夸俗气的人，但实际上人们对他的了解甚至远少于对古登堡的了解。不论是将福斯特打上大恶棍的烙印，还是把他视为精明狡诈的古登堡的牺牲品，都是不恰当的。如果不顾时代背景地对古登堡做出这一评价，那么福斯特和古登堡两人都算得上精明狡诈。

1446年4月，福斯特在美因河畔的法兰克福输了一场官司。由于认为自己受到中间人欺骗，福斯特拒绝支付一笔约1000古尔登的款项及40古尔登的附带费用。法院判决，福斯特必须向卖家支付这笔费用，理由是，如果他觉得自己受到中间人的欺骗，那么他应该追究的是中间人的责任，而非卖家。

虽然福斯特在这场官司中遭受了约合22万欧元的损失，但他还是愿意以百分之六的利率为古登堡的大胆事业提供800古尔登的贷款。上述官司的具体情况不明，因此我们无从得知福斯特是真的遭受了蒙骗，或者只是希望获得更多的利益。尽管官司的存世资料不全，但还是可以从中看出约翰内斯·福斯特习惯与大额资金打交道，而且在投资的选择上并不挑剔。如果不是在法律纠纷这个层面上，而是以今天的道德观念来评价古登堡和福斯特这两个老练商人的行为，就完全偏离了正确方向。

福斯特要求古登堡将印刷工场抵押给自己，以此保证贷款资金安全。在古登堡这个大胆的、不无风险的项目中，福斯特提供的贷款将成为工人酬劳、技术准备工作、工场设施——特别是用于"书籍作品"的印刷机和字模——的资金来源。因此，福斯特提出的抵押条件并非不合常理。

关于福斯特的贷款存在诸多有待解答的问题。见多识广的商人福斯特是否意识到了古登堡的发明的重要性？或许对此他比古登堡本人看得更清楚？福斯特是否得到了年轻的彼得·舍费尔的建议？在历史记载中，出生于1430年前后的舍费尔也被称为盖恩斯海姆的彼得（Peter de Gernsheim），此时刚在巴黎的索邦神学院展现出自己作为抄写员的过人天赋。

如果把古登堡的人生看作传奇故事，那么接下来的情节应当朝充满悲情的方向发展：主角是个单纯幼稚的德意志人，天赋过人却不谙世故，他终日钻研，却被无赖夺走了自己的发明，这位年老的大师因此孤苦地游荡在美因茨的街道，甚至有人说他变成了瞎眼的乞丐。但这样的故事不仅不符合历史叙述的要求，甚至算不上真正的历史小说。稍加留意就会发现，彼得·舍费尔——他后来成为出色的印刷工场主——在福斯特与古登堡共同上演的人生戏剧中扮演了绝对不容小觑的角色。古登堡与福斯特之间的不同之处，恰好成为舍费尔和古登堡的纽带。他们两人都有复制手抄本的经验，都对复制书籍有着浓厚的兴趣。古登堡最大的对手其实是舍费尔，从各种事实中不难得出这个判断。

在埃尔福特大学的学生名册中，1444年夏季学期出现了"彼得·盖恩斯海姆"（Petrus Ginsheym）这个名字，1448年冬季学期则有"牧羊人彼得"（Petrus Opilionis）。作为美因茨总教区的重要大学，埃尔福特大学再一次出现在了书籍印刷史中，不仅古登堡和胡梅里曾在这里就读，它也是彼得·舍费尔的母校。

彼得·舍费尔并不满足于在埃尔福特学习。他的胸中燃烧着雄心壮志的火焰，渴望获得更多的知识，看到更大的世界并在其中找到属于自己的位置。就像马上就能看到的，他的追求也有具体的动机。舍费尔从埃尔福特前往巴黎，来到著名的索邦神学院。大名鼎鼎的神学家让·热尔松曾任学院所在大学的校长，他将宗教修行置于经院哲学理论之上，对中世纪晚期的宗教信仰产生了无人可比的影响。在塞纳河畔，彼得·舍费尔很快就因抄写亚里士多德的《工具论》而成为著名的抄写员。

法国的古登堡研究者居伊·贝什泰尔（Guy Bechtel）根据特里特米乌斯（Trithemius）的记录得出结论，认为舍费尔是福斯特的养子。[37]贝什泰尔写道："如果这个企业家因为等不来自己的后代而收养了这个来自盖恩斯海姆的孩子——这样的模糊的可能性是存在的，那么各种文献资料就逻辑地、有意义地串联到了一起。"[38]

彼得·舍费尔可能从小村庄盖恩斯海姆来到美因茨上拉丁语学校，福斯特家的收养为他开辟了新的人生道路。收养消解了福斯特夫妇无子的压力，让他们很快就有了自己的孩子。儿子汉斯（Hans）和女儿克里斯汀娜（Christina）在1445年后出生，后者在彼得归来后嫁给了他。[39]

来自村庄的孩子成为富裕家庭的养子，大概因为过人的聪明才智和属灵恩赐（geistige gaben）而意外获得了进入知识世界的机会，他自知幸运，同时也感到有义务把握机会。在这个问题上还可以稍加延伸。舍费尔的属灵恩赐——而非心理学技术层面上的"天才"（talente）——引人注目，值得得到帮助。属灵恩赐是来自上帝的礼物，是上帝施予人类的慈悲。如果上帝赐予一个孩子天分，那么基督徒就有义务实现上帝的意志，向这个孩子伸出援手。福斯特家似乎因此获得了回报——他们以基督徒的方式对待彼得·舍费尔，然后就拥有了自己的孩子。对彼得·舍费尔而言，收养为他开辟了完全不同的人生道路，让他可以拥有原本出身无法带给他的未来。现在到了他探索人生的时刻，他要多加了解上帝对他的安排，而非鲁莽地定下自己的人生。这一念头激励着彼得·舍费尔，他因此踏上了前往巴黎的道路。"壮志凌云"或许是最适合用来形容他此时心理状态的词语。

值得一提的是，彼得·舍费尔属于德意志第一代人文主义者。虽然怀勒的尼古拉斯（Nikolaus von Wyle）和赫尔曼·舍德尔（Hermann Schedel）在1410年出生，但是德意志第一代人文主义者的真正开端是1415年出生的彼得·路德（Peter Luder），接着是1420年出生的艾布的阿尔布雷希特（Albrecht von Eyb）、1430年出生的肯恩纳特的马蒂亚斯（Matthias von Kemnat），此外还有哈特曼·舍德尔等。他们义无反顾地踏上前往法国巴黎或意大利的学习之路，彼得·舍费尔显然也是其中之一。

毫无疑问，彼得·舍费尔有充分的理由对他的养父及岳父保持忠诚，另外，这个天资聪颖的年轻人也对印刷师这个职业展现出了非比寻常的天赋。他在字体和版面设计工作上的背景在此发挥了关键作用。经验丰富的彼得·舍费尔踌躇满志地从巴黎回到美因茨，成为约翰内斯·古登堡的学徒。

我们无法得知他加入古登堡的印刷工场的具体时间，可能是1450年末或1451年初。舍费尔很快就熟练地掌握了排字技术，但他的兴趣不止于此，他想了解印刷术的全部。

早在斯特拉斯堡时，古登堡就开设过培训课程，现在他同时进行的是教学和研发工作。在浇铸原型字模后,古登堡随即进行试印,目的是在批量生产活字之前检测字形是否精确,是否能整齐排列。不止如此,因为古登堡以超越美因茨的那位修道院抄写员为目标,所有活字在正式开始印刷之前都经过试印,以检测精确度。如此细致的工作意味着要投入时间。古登堡知道,在必要的环节节省必要的时间最为致命,急躁的后果是前功尽弃。

然而时间也意味着金钱,古登堡不得不在1451年时再次向福斯特贷款800古尔登。但贷款过程似乎并不困难。

在此期间,深受振奋的彼得·舍费尔一再向养父描述古登堡的发明工作是多么的伟大和具有前景。从事过抄写工作的舍费尔与古登堡同样追求字体完美,或许是舍费尔让福斯特相信,想要实现惊人成果,就必须接受工作所需的时间。古登堡和舍费尔很可能互相促进,对字模精益求精。如果将舍费尔之后印刷的《圣咏经》与古登堡的《四十二行圣经》进行比较,就会看到它们展现出的是同样的细致和高要求,只是前者无法再现后者的完美。

在这些日子里,福斯特或许产生了成为印刷企业主的想法。印刷工场的发展和养子取得的工作进展让福斯特的心中充满了商人的喜悦。他此时应该还没有将古登堡排挤出印刷工场的想法。如果古登堡无力偿还第一笔贷款,印刷工场自然会落入他手,古登堡还为福斯特培训出了一个能力出色又绝对忠诚的印刷师,福斯特因此也有运营这个工场的能力。但这还都是未知数,因为理论上古登堡随时都有可能偿还贷款或解雇舍费尔。因此,古登堡再次出现的经济困境正如他所愿。这次福斯特不再满足于提供贷款,而是要求作为股东入股。他又一次拿出800古尔登,用于支付古登堡员工的酬劳和购买铅、锌、纸张、皮纸等,换而言之,古登堡的新合伙人承担起了项目的运营费用。

车工和印刷机制造工康拉德·萨斯帕赫在1451年6月从美因茨返回斯特拉斯堡。印刷机可能在1451年初完成了最后的改进,因此他无须继续留在美因茨。他与古登堡以简单而天才的方式解决了印刷机螺旋杆的侧向转矩转移到压板上的难题，成功避免因压板跟随螺旋轴一起转动而出现印刷模糊的现象。

印刷机由两根坚固的立柱组成，它们之间连接有若干横向支撑木。一根螺旋杆垂直穿过横向支撑木，通过扳动印刷机手柄，螺旋杆可以上下移动。螺旋杆的下端是压板。完成排字的印刷模板被直接放到或者通过滑座移动到压板下。萨斯帕赫和古登堡的解决方案是用一个具有嵌入横向支撑杆的、具有正方形横截面的木盒来引导螺旋杆，木盒里的两个半圆形铁块卡进螺旋杆的螺纹中，这样就能避免出现压板跟随螺旋杆一起转动的现象。

萨斯帕赫对印刷机做的最后一项工作可能是调整印刷尺寸。此前印刷机只能印刷单个书页（blatt），调整后则可以印刷全张纸（bogen）。这能减少重新排版的次数，提高印刷质量。印刷全张纸的想法可能源于古登堡与舍费尔的交谈，也可能是全体员工共同讨论出的结果。

可惜的是，我们不知道萨斯帕赫到底制造了几台印刷机——三台、四台、五台甚至是六台？假设他一共制造了三台印刷机，那么有可能在1449年年底前古登堡只使用一台印刷机进行工作，另外两台则是在1451年前为印刷《圣经》而造的。根据印刷机数量可以大致推测工场的规模。一台印刷机可能需要两个排字师和两个印刷师，此外还需要校对员和准备纸张、将纸张沾湿的印刷小工。因此，古登堡可能一共雇用了六个排字师、六个印刷师、四到五个印刷小工以及难以确定人数的校对员。

各项工作需要相互协调配合，此外，员工们也需要古登堡指导他们进行这些全新的工作。他们当中有些已经为古登堡工作了一段时间，有些则刚刚加入团队。无论他们之前掌握了多少知识，培训依然不可缺少，他们需要得到初步的训练，然后自己在新工作中积累经验，最终实现熟练操作。古登堡自己也只能摸着石头过河。员工们从日常工作中逐渐总结出的经验和窍门也提供了帮助。古登堡只雇用对印刷术充满热情的员工，只有在起起落落中仍然热情不减的人才能留下来。这些受到古登堡鼓舞、共同参与印刷术发明的员工应该包括来自斯特拉斯堡的约翰内斯·曼特林，来自哈瑙的海因里希·科菲尔、贝托尔特·鲁佩尔，以及来自班贝格的阿尔布雷希特·博福斯特（Albrecht Pfister），此外可能还有来自埃尔特维勒的海因里希·贝希特敏策（Heinrich Bechtermünze）和尼古拉斯·贝希特敏策（Nikolaus Bechtermünze）兄弟。有些员工的姓名已无法查明，在所有人中最确凿无疑的是彼得·舍费尔。

约翰内斯·古登堡管理着至少包括20名员工在内的整套分工制作流程，此外还要负责采购原料。面对这些复杂的工作，他没有任何可以借鉴的经验。即使在分工作业的绘画和金器工场中，师傅也在自己的学徒和小工时期学习了手艺，虽然他们当中肯定有人超越所学内容实现了创新，但归根结底都还是建立在手工艺传统的坚实基础上。没有证据或迹象显示出，其他印刷方法——例如织物印刷、木版印刷或铜版印刷——对活字印刷术产生了影响，连员工结构上的影响都没有。但铜版雕刻师有可能在制作阳模方面提供了帮助。约翰内斯·古登堡创造了全新的行业、全新的职业以及创新的工艺，同时他也成功地应用了自己发明的工艺，这正是他伟大和天才的成就所在。古登堡具有卓越的预见性、坚定的信念以及鼓舞并引导他人的能力。

在说起古登堡的发明时，人们常常提到印刷技术在中国和朝鲜半岛的发展，印刷术在东方出现的时间比古登堡的发明早数百年。但不论是中国的排字盒，还是为复杂的非字母的汉字所设计的陶制活字，都没有对古登堡产生影响，他当时应该也不知道这些发明的存在。

在古登堡的发明中，每个部分都源自西方典型的分析性思维传统，而非东方的社会性思维。换而言之，字母活字的根源在于对字母表的理解和唯名的哲学思想观点。

如果将《四十二行圣经》与同时在美因茨诞生的精装手抄本《美因茨大圣经》加以比较，约翰内斯·古登堡与传统的紧密关系一览无遗。每一种发展都需要一个原点，对于古登堡印刷《圣经》的行为而言，原点是哥特式的页面。未经训练的普通人基本上无法区分印刷本《四十二行圣经》与手抄本

《美因茨大圣经》的书页。为了节约位置，也为了表现上帝所创宇宙的完整性，无论是印刷本还是手抄本都采用了两端对齐的方块式排版，没有小标题也没有段落。单词内的字母紧紧相连，单词之间间隔很小，向上延伸的狭长的哥特式字体让人联想到大教堂向上延伸的石柱，让页面显得更加紧凑。人们通过这种方式避免真空，回避"对虚空的恐惧"（horror vacui）。当时人们认为，真空意味着生命和运动不能存在，如果出现真空，魔鬼将乘虚而入。

中世纪对真空的恐惧可回溯到亚里士多德的物理观，他认为虚空是不存在的："虚空里一切都必然静止。虚空里不存在让事物在这里而不是在那里运动的地方，因为虚空本身没有区别。"因为如果"存在虚空"，那么"根本没有事物可以运动"。[40]在亚里士多德看来，一切都必然具有原因，每个运动、每个生命都是；如果存在虚空，那么运动和生命都不能存在。这一基本观念在中世纪时进入了哲学和神学领域。

为了吸引读者的视线，引导读者阅读重点，抄书员、古登堡和其他早期印刷师都采用了书籍绘画装饰的方法。在缮写室中，制作一本书籍需要不同的手工职业者共同工作，包括抄写员本身、画师和红字师。原则上书籍装订师不属于缮写室。特定的句子、词组或字母被绘以红色，特殊词汇的首字母具有独特的造型。"I"被印作"J"，用作大写首字母时字形很大，同时配有纹饰。画师为每栏文本的首字母进行装饰。页面的边缘常常绘有丰富的图案，反映了人们"对虚空的恐惧"。这些图案以植物藤蔓为基本元素，在藤蔓的联结下，世上不再有事物孤立存在，因此也不会有间隔和空白。东方使用阿拉伯式花纹，西方世界则有莨苕叶纹，它们通过生命形式的多样性具象而生动地表达上帝的全能和无限。

新方法与旧传统在《圣经》繁复的日常生产过程中互相交织。古登堡印制的《圣经》在每栏行数上不尽相同。例如"马萨林圣经"（Mazarine-Bibel）最开始时每栏40行，然后是41行，最后是42行。从中可以看出古登堡试验式的工作方式。他最初的计划不是每栏印刷42行，而是40行，但在印刷过程中他发现可以通过更紧凑的排版节省纸张或皮纸。除了对印刷质量严格把关，古登堡也没有忘记对成本的考量。一开始，他用红色印刷了需要标红的字母，但他发现印刷红字太过费时费力，因此选择保留旧方法，即在印刷时对需要标红和装饰的字母留白，在印刷后由红字师和画师进行绘制。按照手抄本的传统，古登堡以散页本的形式出售《圣经》，让顾客根据自身财力和品位决定装饰和装订方式，自行将《圣经》交给装订师、画师和红字师。对于这三种职业的师傅来说，拿到的是手抄本还是印刷本并没有区别。约翰内斯·古登堡对印刷本《圣经》的外观和装饰具有详细的设想，他为红字师附上了指导性的"红字表"（tabula rubricarum）。但红字师们以各自的方式使用了这张表。

每本《圣经》都经过不同画师、红字师和装订师的加工，这产生了神奇的效果——虽然是机械印刷而成，但每本《圣经》都成了孤本。通过个性化的加工，它们有了自己的故事。古老的拉丁语谚语"Pro captu lectoris habent sua fata libelli"（根据读者的智慧，每本书皆有自己的命运）的贴切体现在双重意义上：古登堡印刷的每本《圣经》都拥有自己的命运，它们的命运反映出其主人的生活，不止如此，主人的故事也成为书籍故事的一部分。这样一来，古登堡印刷的《圣经》不仅自己创造了历史，也成为历史的讲述者。

古登堡在印刷《圣经》时使用了至少四种不同的纸张，而且有些书页出现了每栏40行或41行的排版。基于这两点事实，有人得出了古登堡在印刷中曾增加印量的结论。但根据恩尼亚信中的说法，该版次的所有《圣经》在预售中已被订购一空，这反驳了曾增加印量的观点。这位皇帝秘书甚至能对印量给出准确的说法。印刷用纸大多从意大利购得，之所以使用不同种类的纸张，大概是因为单个供应商无法提供古登堡所需的数量，此外质量和价格也有影响。

印刷150本纸质《圣经》至少需要5.1万张全张纸，这还不包括残次品。在刚开始印刷时，残次品的数量应该不少。古登堡所需的纸张数量相当于一个大型帝国城市的书记处一年用量的51倍。[41]至于更换行数，简而言之，较为可能的原因是古登堡在印刷过程中还进行了调整。

可以确定的是，印刷工场在巨大的压力中工作。1455年3月12日，皇帝腓特烈三世的秘书恩尼亚·西尔维奥·皮科洛米尼写信给枢机主教胡安·德·卡瓦哈尔，说有人告诉他，1454年法兰克福秋季展会上出现了一个"了不起的人"（vir mirabilis）。信中没有明确指出这个"了不起的人"为何在展会上成为人们关注的话题，但很可能与印刷品有关。古登堡可能带来了《圣经》的五页本作为样品，以供人们订购。由于这个版次已经被订购一空，皇帝的秘书恩尼亚没能为他在罗马的朋友购得一本《圣经》。

在1454年即将结束之时，约翰内斯·古登堡到达了事业的高峰，他在这项艰难的工作中花费了超过10年的时间，如今实现了目标。如果将1438年视为开端，这项工作到此时甚至已经持续了16年。古登堡利用机械方式批量生产了《圣经》，同时也创造了一件不逊色于精美手抄本的书籍艺术品，直到今天，许多专业人士仍认为这部作品的印刷美学价值无法被超越。

约翰内斯·古登堡向世界展示了他的能力，同时也用他的"书籍作品"请求上帝原谅他的自负。在古登堡看来，前途一片光明。

○近代之春

第五章

分崩离析

古登堡和福斯特在这之前就开始剧烈争吵了吗？他们是否用尽恶毒的语言来谩骂和威胁对方？还是说，被传唤到法庭对古登堡而言完全是晴天霹雳？当时他是站在印刷工场里，坐在桌旁，正为印刷工场设计新项目，还是与彼得·舍费尔一起为印刷《美因茨圣咏经》构思字模？后人多么希望了解世俗法庭的法官在什么时间、何种情形中来到他面前，告诉他：约翰内斯·福斯特在美因茨大主教宫的法庭对你提起诉讼，原因是你拒绝偿还贷款和支付相关利息。问题相当棘手——福斯特要求古登堡支付2026古尔登，相当于近44.6万欧元或20栋宅院或252头公牛。值得注意的是福斯特得出这个金额的计算方式：他不仅要求古登堡偿还贷款800古尔登，而且还有这笔贷款的利息250古尔登，此外还有他投资的800古尔登，福斯特视其为第二笔贷款，利息为140古尔登，还要再加上贷款产生的、他要付给自己债权人的利息36古尔登。这让人想起法兰克福的那场官司，当时福斯特不是因为觉得受到卖家欺骗而拒绝付款的，而是因为觉得受到了中间人的欺骗。福斯特并不太在意控告的对象和自己算出的应付金额的合理性。

唯一一份涉及福斯特与古登堡这场法律纠纷的文书是著名的《赫尔马斯贝格公证书》（*Helmaspergersche Notariatsinstrument*），其记录了福斯特于1455年11月6日在11至12点之间的一次宣誓，此时诉讼已接近尾声。约翰内斯·福斯特在美因茨赤足修道院食堂对圣物宣誓说，他借钱给约翰内斯·古登堡是有利息的。《赫尔马斯贝格公证书》在记录宣誓之前提到了福斯特和古登堡的立场和法官的判决结果，因此可以借助这份公证书可靠地重构诉讼的内容。

福斯特提起诉讼的时间应该是1455年夏天，由于诉讼程序耗时有长有短，也有可能更早或更晚一些。无论如何可以确定的是，在福斯特控告他的合伙人约翰内斯·古登堡时，虽然印刷的《圣经》已全数售出，但是货款尚未完全入账。[1]鉴于中世纪时人们的支付习惯普遍不佳，能不能收到所有货款都是个问题。但可以确定的是，在法兰克福展会之前还有重大的款项尚未收回。

在写给枢机主教长瓦哈尔的信中，恩尼亚提到有个"了不起的人"在法兰克福展会上推销印刷版《圣经》。当这位皇帝秘书从朋友长瓦哈尔那里收到代为购买印刷本《圣经》的请求时，已经来不及了，这个版次已经销售一空。正如前文所见，这封著名的信中有一处重要内容："若是我早些知道你的愿望，我肯定（为你）买一册。"[2]此时是1454年10月，正值法兰克福展会期间，皇帝秘书因为帝国议会而在这座城市停留。有理由相信恩尼亚所指的正是古登堡这个"了不起的人"在展会上介绍自己的《圣经》项目，既是为了销售《圣经》，也是为了宣传印刷工场，因为印刷《圣经》的目的之一也是要凭借新工艺为自己在市场上和世界中打响名气，用作品质量吸引受众。

除了在印刷事业上奋斗了十几年，说服投资者对一个设想、一个梦想、一个纯粹的想象进行投资，带领员工高效工作的古登堡，这个"了不起的人"还能是谁？如果不是他，应该由谁来推销《圣经》和宣传新技术惊人的工作能力？除了经历整场冒险，在其中感受痛苦和快乐的古登堡，还能是谁？难道是无趣的投资人约翰内斯·福斯特，或者是舍费尔？难道古登堡派出了一位如此年轻、在他身边工作时间还不长的员工？这也太奇怪了。

奥斯曼帝国成为法兰克福帝国议会的核心议题。穆罕默德二世攻陷了君士坦丁堡，必须制止其进一步侵吞基督教地区。然而，基督教诸侯只关心如何扩大自己在本地的权力，他们冷漠地对待南欧和东欧亟待帮助的基督教兄弟们，包括美因茨和特里尔的大主教都不曾伸出援手。在这样的环境中，小部分人的抗争注定徒劳无功，例如枢机主教长瓦哈尔和库萨的尼古拉，以及皇帝秘书恩尼亚·西尔维奥·皮科洛米尼。

1454年10月15日，恩尼亚在法兰克福的帝国议会前发表演讲，其中可以看到西塞罗的《论格奈乌斯·庞培的权力》（*De imperio Cn. Pompei*）的痕迹。恩尼亚在演讲中发出警告：

> 一场为了保护宗教、维护祖国、拯救同胞而遵照更高命令所进行的战争，还从未被古人认为不正当过。摩西（Mose）、德摩斯梯尼（Demosthenes）、罗马的贺拉斯（Horaz）都曾发出提醒，还有你们德意志的查理（Karl）……以及奥托（Otto）的言语也要得到赞扬和强调。

恩尼亚使用了自古代以来几乎不再使用的名称"欧洲"来指代信仰基督教的西方世界，颇有远见地将这个说法与祖国（patria）置于紧密联系之中：

> 如果我们承认事实，那么基督教自数百年来都不曾遭遇像现在这样的屈辱。以前我们只在亚洲和非洲的遥远的国家遭受失败，但现在，我们在欧洲、在我们的祖国大地上、在我们自己家里、在我们生活的地方遭遇了最大的困境。[3]

就算古登堡因不曾参加帝国议会而没有听到恩尼亚的演讲，但他至少聆听了乔瓦尼·达·卡皮斯特拉诺的十字军东征布道。这位天才的演说家当时每天都充满热情地进行公开演讲，平日里在巴尔多禄茂大教堂的墓地，星期天则在罗马广场上。虽然他布道时使用的是拉丁语，但是就算是不懂拉丁语的观众也能通过他生动有力的表情和肢体动作理解他、喜爱他、为他欢呼。约翰内斯·古登堡能理解的内容自然更多，因为他理解这位布道者所使用的语言。与卡皮斯特拉诺的邂逅可能对他之后的印刷项目产生了影响。由于古登堡在大教堂展示《圣经》样本，他得以聆听卡皮斯特拉诺的布道，后者可能也注意到了这个"了不起的人"。卡皮斯特拉诺有可能是向皇帝秘书介绍他的消息提供者之一。

没有人比约翰内斯·古登堡更配得上这个说法。他带着五页本样本来到美因河畔的法兰克福，接受人们的赞叹，享受胜利的喜悦。

这难道不比成为铸币会成员好得多吗？就算城市贵族没落了，他仍是"了不起的人"。美因茨的城市贵族中有谁得到过这样的赞誉？就算这个说法不是来自恩尼亚本人，至少可以看出，在那些"不会写错"[4]的人传来的消息中，这个评价作为关键信息给恩尼亚留下了深刻印象。这只是人们在展会上对古登堡的诸多赞誉之一，他成为人们眼中的活字魔法师。

古登堡最早在1455年10月末收到了在展会上售出的《圣经》的第一笔书款，至于剩下的书款，我们并不知道买家们是否进行了支付，付款时间具体在什么时候。当时的展会也是债务交易会。

考虑到高昂的前期费用，这些书款很重要。尽管如此，就算在《圣经》项目中有数量可观的书款尚未到账，古登堡也不至于沦落到无力偿还贷款的地步，因为此时他仍一丝不苟地支付着他在斯特拉斯堡圣托马斯修道院的欠款。但这也不意味着他在支付方面具有与时代不同的高尚道德。他之所以按时偿还圣托马斯修道院的欠款，是因为在他眼中，斯特拉斯堡与所有繁荣发展的城市一样是一个有利可图的市场。如果他拖欠贷款，斯特拉斯堡市政府就可能在圣托马斯修道院的要求下对他强制执行还债措施，他为什么要冒这样的风险？他本人成功运用过这个方法，因此清楚地知道这会影响他在斯特拉斯堡售书的计划。此外，斯特拉斯堡市政府还向他支付着一笔终身年金，他不想让这笔作为生活来源的年金有被扣押的风险。

从中可以看到古登堡有趣的行为模式——他似乎严格区分个人的收入支出与生意上的收入支出，不会为了生意抵押终身年金。他将发展中的印刷工场——而不是年金——转给了福斯特。并非城市贵族古登堡没有偿还能力，而是商人和印刷工场主古登堡因为高昂的前期费用和进账缓慢的书款产生了亏空。

当时在市场上销售书籍主要有三种途径：第一，自己在市场上推销，就像古登堡在法兰克福时那样；第二，组织订购；第三，让代理人前往全国各地的市场销售。有门路的人很容易在教会组织订购：只需要询问各个主教，教会的拉丁语学校需要多少本《多纳特》拉丁语教材，教区需要多少本《圣咏经》《弥撒书》或《圣经》，然后约定送货日期和价格即可。委托代理人则有较大的不确定性。一方面，他们往往至少要一年后才回来结算；另一方面，代理人客死他乡、被抢劫或从此杳无音信的情况也时有发生。例如丢勒的代理人1506年在罗马过世，丢勒对此展现出了让人心碎的哀伤，但不是因为一个好人的离世，而是因为他自己因此在经济上要遭受损失。丢勒最终也没能减少损失。

此外还有古登堡当时尚不了解的第四种途径。安东尼·科伯格（Anthoni Koberger）、约翰·阿默巴赫（Johann Amerbach）、君特·蔡纳（Günther Zainer）、埃尔哈特·拉多特（Erhard Ratdolt）、约翰·舍恩斯佩尔格（Johann Schönsperger）等后来的印刷商采用的方法是，将自己的书籍交给同时也从事书籍贸易的长途贸易商人，委托他们连同其他商品一同上路销售。

言归正传，福斯特有意选择在书款还未悉数到账时起诉。他对于他们企业的经济状况相当了解。即使古登堡在某些方面对他保密，他在工场中还有警觉的耳目。福斯特的养子彼得·舍费尔在工场中离成为师傅只差一步。

这里到了故事的惊险刺激之处，但可惜有些内容只能依靠推测。没有争议的是，福斯特的第一笔800古尔登是提供给古登堡的贷款。偿还第二笔

800古尔登的要求让古登堡火冒三丈，在他看来，这不是贷款，而是福斯特的入股资金。从表面上看，古登堡拒绝退还入股资金和福斯特要求偿还贷款似乎同样无可厚非。第二笔贷款可能让古登堡回忆起了斯特拉斯堡那场同样要求他偿还入股资金的官司，当时特里岑的兄弟们上诉要求将死去的兄弟的股份变现。这件令人不快的往事依旧停留在古登堡的脑海中。

福斯特的要求和古登堡的拒绝都看似合理。为了得出进一步的结论，值得推荐的做法是，了解古登堡拒绝偿还贷款和福斯特认为入股资金也是需要偿还的贷款的理由。除非他们从一开始就有欺诈的意图，否则我们就应探寻双方各自的视角，从中重构出他们的动机，顺序不能颠倒。可行的做法是带入缔约双方的不同视角，以此理解他们各自的立场。

约翰内斯·古登堡以6%的利率向福斯特贷款，用以此生产的器械、设备和工具进行担保，包括印刷机、字模、墨球、排字盘、排字角托等。古登堡后来再次出现资金缺口，但原因不再是生产器械、设备和工具，而是支付工人工资和购买纸张、皮纸等材料。此时福斯特提出，以入股的形式为企业提供所需资金，这个项目因此成为他们共同的项目。为了展现友好姿态，成为合伙人的福斯特必然会在附加条款中提出放弃贷款利息。贷款并非装入古登堡私人的口袋，而是投资到了他们共同的企业当中，因此古登堡认为，福斯特也要共同承担企业的债务，即第一笔800古尔登。在这个发明家看来，合伙人向自己参股的企业提出还债要求无比荒谬，因为对工场的技术进行投资最终也使福斯特受益。

约翰内斯·福斯特拒绝承担他入股之前的债务。一码归一码——他向公民约翰内斯·古登堡提供了贷款，现在用法律途径要求后者偿还。在这点上，法律站在了福斯特这边，就算古登堡对此感到气愤也无济于事。但这个纠纷还没有结束，福斯特声称第二笔800古尔登也是贷款。这点上他显然站不住脚。当古登堡在法庭上据理力争，表示福斯特的第二笔钱相当于入股资金时，福斯特又改口称古登堡将这笔钱也用到了别的工作中。福斯特声称自己的投资和入股只涉及"书籍作品"这个项目，不能用于其他的印刷项目，他也不从其他项目的利润中获益。这场纠纷中的所有人都清楚，偿还2000古尔登的判决必然导致古登堡破产。福斯特和古登堡都是应对官司的老手，他们在这场诉讼中针锋相对，毫不留情。这中间发生了什么？不可能只关于这两笔钱，相反，这必然只是个由头。

按照书面记录的说法，福斯特认为第二笔800古尔登也是贷款，原因在于这笔钱不只用于"书籍作品"，而是还使用到了别的地方。古登堡在"书籍作品"之前已经印刷了文章和书籍，例如《西比拉预言》和《多纳特》拉丁语教材。在进行他们共同参与的"书籍作品"时，古登堡同时也对福斯特没有参与的《多纳特》教材多次再版。但应该不是《多纳特》导致福斯特提出诉讼，因为两人可以对此进行协商甚至做出君子协定，毕竟这本教材的印刷在福斯特加入印刷工场之前就已经开始。不是这件事激怒了福斯特，而是一项古登堡在福斯特深入参与《圣经》项目之后才开始的有利可图的副业。

教皇尼古拉五世在1451年时准许塞浦路斯国王约翰二世（Johann Ⅱ）在1453年5月1日至1455年4月30日期间销售赎罪券，以此筹集抵御土耳其人的经费，修整和加固尼科西亚要塞的堡垒。[5]1453年，君士坦丁堡陷落。这个消息震动了整个欧洲，但诸侯们很快就又回到了他们惯常的权力游戏之中。只有教皇尼古拉五世和一些枢机主教试图唤醒基督教世界。不少人将穆罕默德二世与敌基督联系在一起，就像《西比拉预言》写到的，他将被耶稣基督战胜，紧接着将进行末日审判。

1454年，代表塞浦路斯国王处理赎罪券事宜的保利努斯·扎伯（Paulinus Zappe）与约翰内斯·古登堡在法兰克福或美因茨见面。赎罪券相当于某种意义上的收据。只要用钱跟保利努斯·扎伯或其助手换取赎罪券，就可以在忏悔时向教士出示赎罪券，凭此免除尘世的罪罚。赎罪券上留有一个空位，供赎罪券专员填写购买者的姓名。扎伯希望能以低廉的价格制作尽可能多的赎罪券，毫无疑问，印刷工场在这方面远胜于抄写员，只需一次排版就能印刷出几千份。

似乎是库萨的尼古拉促成了扎伯与古登堡的见面。1451年11月，库萨的尼古拉因宗教大会在美因茨停留。在此期间，古登堡的印刷工场已经制作出了可以对外展示的印刷品。1452年3月，库萨的尼古拉在美因河畔的法兰克福，5月准许圣雅各布修道院院长销售印刷的赎罪券。到了1454年秋天，保利努斯·扎伯已经开始销售印刷的赎罪券，最开始是用古登堡最早的一套字模——DK字模印刷而成的三十一行版赎罪券，1454与1455年之交时的一部分赎罪券则与《四十二行圣经》字体相同。这正是福斯特的不满之处——古登堡不仅在《圣经》之外还新印刷了别的东西，而且使用的是用于印刷《四十二行圣经》的字模和工具。

古登堡利用福斯特的资金从事福斯特不能享受收益的工作，福斯特的不满情有可原；由此产生了严重的争端，也可以理解。但是这就足以使福斯特以毁灭性的索款金额将古登堡告上法庭吗？

在这一切背后还有更深刻、更彻底的冲突。在其中扮演重要角色的是福斯特天赋过人的养子和后来的女婿彼得·舍费尔。舍费尔先前从事过抄写书籍的工作，视自己为美学家和艺术家。他后来在自己的印刷工场中印刷的第一本书是精装本《美因茨圣咏经》，这是第一部采用多色印刷的作品，印刷机取代了红字师的工作。此外引人注目的还有，福斯特和舍费尔是最早将自己的名字印进书中的印刷商。他们在书中注明这部作品来自他们的印刷工场。要是古登堡也这么做就好了，如果他也在自己的作品里做上标记，后人就不必费力讨论到底哪些作品出自古登堡之手。但是——这里涉及纠纷的更深层面——古登堡当时根本不会想到要做标记，因为当时只有一个印刷工场，就是他的印刷工场，这是他的发明和工作。他不像舍费尔一样认为自己是艺术家。

古登堡与舍费尔似乎对印刷工场未来的发展方向和战略定位产生了严重分歧。舍费尔应该不知道古登堡在印刷《四十二行圣经》的早期就中止了对红字印刷的尝试。古登堡更希望进行大规模销售，批量生产大众消费得起的产品，如《多纳特》教材、日历、赎罪券等，舍费尔则倾向于生产高端印刷品。在发明家和他的学生、在权威的师傅和寻找自己路途的学徒之间产生了深刻的矛盾。福斯特自然站在舍费尔这边，这个无比自信的年轻人逐步向养父提出能带来更多盈利的商业计划，福斯特对他的计划深信不疑。在这场法律纠纷中，金钱只是次要因素，更深层次的原因是两个自信的企业家对企业的进一步发展产生了分歧。就算纠纷的形式可能极其主观，但从本质上讲，这些纠纷所包含的矛盾是客观的，正是通过这种方式才得以解决。

古登堡可能以充分的理由拒绝了舍费尔在《四十二行圣经》之后印刷精装《圣咏经》的提议，因为他们印刷的《四十二行圣经》虽然找到了买家，但仍无法确定是否能收回高昂的生产成本，也无法确定富裕的顾客们是否会支付书款。买家要为一本用皮纸印刷的《圣经》支付80～100古尔登，至少相当于今天的1.76万欧元，一本纸质《圣经》则为40～60古尔登，约合今天的8800～1.32万欧元。这一版次共印刷了150本纸质《圣经》和30本皮纸《圣经》，如果销售一空，理论上应该有至少8400古尔登的进账。

如果将福斯特要求偿还的2200古尔登算作投资费用，加上1448年的150古尔登的贷款，再加上斯特拉斯堡圣托马斯修道院的贷款和古登堡自己投入的资金，可以算出研发和生产大约共花费了4000古尔登。如果所有买家都付款，将有4400古尔登的盈余。但有充分的理由怀疑1455年时并非所有款项都已入账。

此外还有一个重要的事实：福斯特和古登堡之间的合同针对的是"书籍作品"这个项目，即印刷180本《圣经》。他们的合作将在销售《圣经》后结束。古登堡与舍费尔以及与福斯特的关系似乎已经相当疲软，他既没有意愿也没有义务将合作延续下去。古登堡并不依赖于舍费尔，完全可以舍弃他，因为古登堡已经培养出像了贝托尔特·鲁佩尔、海因里希·科菲尔、约翰内斯·曼特林这样的印刷师和排字师。而对于福斯特和舍费尔而言，要从头建立一个印刷工场、制造印刷机和字模等却是一个艰巨的任务。

最晚在1455年初，工场的所有人都清楚地意识到了工场面临分裂。古登堡并不担心，他要做的只是等待，因为收到的书款越多，他就越有可能付清福斯特的钱。古登堡此时仍将第二笔800古尔登视为福斯特的投资款。

福斯特则完全相反。如果他不想成为失败者，而是想在一个新的手工行业里取得成功，他的动作必须要快。在他眼中，对他完全忠诚的舍费尔在印刷方面并不逊色于古登堡。或许他对养子的评价就像舍费尔对自己的评价一样高。古登堡对他们来说只会是个负担。

由于古登堡将用贷款生产的设备和工具作为贷款的抵押物，福斯特有机会将工场的一部分收入囊中。其中存在的唯一一个困难是，古登堡也用这笔资金改进印刷机、完善字模等，出现了难以清楚区分的情况。在福斯特看来，两笔钱都是他出的，因此他可以将这两笔钱都看作贷款。他也正是这么做的。他向古登堡提出要求偿付的数额是他所能提的最高数额，这也符合那个年代的逻辑：因为不知道是否能要到要求偿还的全部金额，在提出时要将数字说得越高越好。此外人们也以数额来定义款项的重要性。古登堡提出异议，成功指出第二笔款项是福斯特的入股资金。福斯特认同了这个观点，但指责古登堡将这些钱的一部分用于别的用途。

在如今可以重构的部分中，法庭判决是适当且公正的。福斯特出示了古登堡的"欠条"，这位发明家却无法出示任何证明福斯特放弃利息的书面材料，法庭因此判决古登堡必须向福斯特偿还800古尔登的贷款及相应的利息。至于福斯特要求偿还的第二笔800古尔登，法庭的判决也完全可以理解：古登堡应提供关于这笔款项的使用情况证明，例如账目清单，对于所有与"书籍作品"无关的支出，福斯特有权要求古登堡偿还。可惜的是古登堡的账目清单没有流传下来，不过完全有理由相信老练的商人古登堡有能力提供这样的账目清单。

由于《圣经》项目还有大额书款尚未入账，企业家约翰内斯·古登堡认为自己没有能力偿还贷款，约翰内斯·福斯特因此有权没收抵押品。虽然文献中没有相关的记录，但从分割后古登堡以及福斯特和舍费尔印刷的产品中可以看出一些端倪。

古登堡在福斯特加入前就建立了印刷工场，必然会对工场资产进行精明的结算。他们应该对印刷机进行了分割，如果当时一共用四台印刷机工作，那么古登堡和福斯特应该分别得到了两台。《四十二行圣经》的整套字模归福斯特所有，因为这是用他提供的资金制成的。但他无权获得DK字模，之后古登堡也用这套字模继续自己的印刷工作。

有趣的还有，就算不是所有的员工都站在古登堡这边，至少其中也有一部分选择支持他，在法庭上为他辩护和做证。在各个诉讼中为他挺身而出的是与他关系紧密的伙伴和员工，考虑到这点，古登堡难以相处的刻板印象值得怀疑。他至少是一个让人印象深刻并且能赢得好感的人。

然而，诉讼打破了古登堡对这个发明的垄断。因为当时还没有专利保护，同类工场的出现对他来说是个沉重打击。他此前从未在印刷作品中标明印刷商，因为根本没有必要。他之后似乎用自己的方式对舍费尔进行报复，不仅自己继续进行印刷——主要是有利可图的大众商品——而且也培训印刷师并帮助他们建立自己的印刷工场，例如班贝格的阿尔布雷希特·博福斯特和埃尔特维勒的贝希特敏策兄弟。

与舍费尔相反，他不再考虑自己的职业发展，也不必通过标记保护自己的工作，而是要帮助自己的发明取得全面胜利。当时55岁的他已经是个数着日子过活的老人，他到了可以考虑永恒之事的年纪——或许他也应该这么做了。

凯旋与灾难

约翰内斯·古登堡以证人的身份出现在1457年6月21日的一份文书中，这证明他的支付能力得到了尊重和认可。他一直都是美因茨圣维克多修道院的平信徒，只有信誉良好的人才能为这个修道院的生意做证。

有一件事迫使他重新考虑自己的经济策略，这件事并非突如其来，而是在意料之中。他与约翰内斯·福斯特之间的官司及其导致的工场分割在1458年8月14日才完全展现出威力。那一天在约翰内斯·福斯特与彼得·舍费尔的印刷工场里诞生了前文提到的《美因茨圣咏经》，这一仅在皮纸上印刷的精装本书籍具有若干令人惊讶的特点。

《美因茨圣咏经》在字模的制作上展现出了独一无二的细致。《圣咏经》的内容包含对上帝的赞歌、祷文、赞美诗，还有150篇圣咏，其中又分为交替圣歌（antiphon）、诸圣祷文、晚祷告文、基督教节庆歌曲，简而言之，人们在礼拜仪式上唱的所有内容都在其中。后来还由一位教堂唱诗班主事为其加上了有量音符。为了让唱诗班的领唱和其他成员在只有蜡烛照明的昏暗环境中也能看清，用于礼拜仪式的《圣咏经》使用了很大的字形进行印刷。

《圣咏经》所用的字模中共有28种大写字母和194种小写字母，此外还有24种安色尔体（unziale）字母。总共要制作496种字模，比《四十二行圣经》至少多了200种。[6]《圣咏经》用黑、红、蓝三色一次印刷而成。舍费尔为此必须逐一挑拣出用来印红色和蓝色首字母的字模并进行染色，这个过程极为精细，需要耗费大量的时间和精力。

在古登堡眼中，福斯特和舍费尔印刷的《美因茨圣咏经》无异于一封战书，他们不仅费尽心思地试图在美学上超越《四十二行圣经》，而且《圣咏经》成为首部署名的印刷作品，它的末页是不属于书籍本身内容的一篇题记，其中可以看到福斯特和舍费尔的名字。不仅如此，他们还在题记下方用红色印上了他们的徽章。《美因茨圣咏经》的文字最后四个词以及在图像上都写着"约翰内斯·福斯特"和"彼得·舍费尔"。他们的目的十分明显，就是要昭告天下，告诉所有潜在的读者和客户，他们才是真正的印刷家，甚至是唯一的印刷家。

末页题记和徽章显然是一种宣示主权的行为，无异于试图对古登堡进行毁灭性的打击。与许多人所认为的不同，福斯特对古登堡做过的最阴险之事并非在对古登堡不利的时机提起诉讼，也不是分割工场，而是在书中印上末页题记和徽章。他和舍费尔试图通过这种方式让大众遗忘古登堡，对他进行记录抹杀（damnatio memoriae）[1]，以便自己能彻底取代古登堡作为印刷术发明家的地位。后来在一次引人注目的编造历史的行为中，舍费尔的儿子与他们如出一辙，向特里滕海姆轻信的修道院长吹嘘说自己的祖父（福斯特）和父亲才是活字印刷的创造者。

古登堡当时做出了什么样的反应？他是否接下了这封战书？是，也不是。他继续印刷，但不在印刷品上署名。这让人惊讶，也引人深思，如果将古登堡看作哥特式的人，将舍费尔和福斯特视为已经进入了文艺复兴时代的人的话，就把问题想得过于简单了。双方当中，一方认为自己作为基督徒的人生已被真正的创造者上帝写定；另一方则是新时代的人类，坚持自我，并为自己在相应领域中的成就感到自豪。这样的看法虽然太过公式化，却还是

---

[1] 该词语主要用于古罗马时期，元老院通过决议后抹除某些已故人士在世间留下的痕迹，仿佛他们不曾存在。这是一种严重的惩罚。——译者注

有效地揭穿了在背后推波助澜的真正对手——这只可能是彼得·舍费尔。

提出添加末页题记和徽章的应该是舍费尔。对于这位出身农家的上进的抄写员而言，被收养的幸运为他开启了从底层通往富裕的市民阶层的道路，在机缘巧合中，他在恰当的时机到古登堡的印刷工场中学习了这门无比符合自身天赋的手艺。他此时呈现在老师面前的不是面向大众的印刷品，而是华美的精装本。整个事件错综复杂，其中最重要的问题是：这本《圣咏经》是什么时候设计的？由此产生的是《圣咏经》字模何时开始制作的问题。

《圣咏经》这样的大项目至少需要两年时间进行准备工作。在过去的文献资料中，人们常估算为三年，但必须考虑到工场已经经过了一段时间的发展，生产能力高于"书籍作品"项目刚开始的时候。这时为古登堡工作的是接受过培训、经验丰富的开模工、铸造工、排字师和印刷师，他们已经生产了包括《四十二行圣经》在内的不同印刷品。配合熟练的团队有能力缩短生产时间。即使假设制作《圣咏经》花了三年，那么开始时间就是1455年8月，甚至有可能是1455年初。

古登堡希望征服量产实用文本市场，但他不会也不想因此忽视精装本的印刷。在教堂礼拜仪式中，最重要的书籍不是《圣经》，而是《弥撒书》。古登堡和舍费尔后来应该都印刷了《弥撒书》。至于古登堡是否以及何时印刷了《弥撒书》，不是我们在此要继续探寻的问题。重要的是，《圣咏经》在弥撒中同样必不可少，为其生产精装本肯定是有利可图的投资。因此，古登堡可能在1455年初做出了要印刷《圣咏经》的决定。古登堡可能像印刷《圣经》一样计划印刷一个纸质版和一个皮纸版。至于舍费尔提出的要用三种颜色印刷《圣咏经》的想法，古登堡可能基于自己印刷《四十二行圣经》的经验认为这不切实际。古登堡带领员工设计和生产了字模，这也使得通过诉讼从经济上摧毁古登堡的计划在此时变得越发紧迫。《圣咏经》字模的制作正在全速进行中，可以预见产品将取得巨大的成功；另外，共同的《圣经》项目即将结束，福斯特与古登堡的合作也将随之结束。福斯特自然不想被挤出他刚刚起步的事业，特别是他拥有一个在这门手艺上不逊色于古登堡的人。舍费尔也不想继续在古登堡手下工作。其工场后来取得的成功证明了舍费尔已为此做好准备。为了能抢占先机，福斯特几乎是毫无预警地对古登堡提起了诉讼。

末页题记和徽章的用意已经显而易见——这绝非文艺复兴新人类的表现，而是为了让新公司在市场上立足，同时抹去与古登堡进行过合作的痕迹。因为《圣咏经》字模的制作经费来自福斯特，古登堡必须将阳模、阴模和制作完成的活字都交给福斯特。带着《圣咏经》的印刷计划和设计，以及已经制作完毕的材料和工具，包括排字角托、印刷机、排字盒、墨球和印刷模板，1455年末，福斯特和舍费尔在洪布雷希特宅院开设了自己的工场，全速推进《圣咏经》的印刷工作。彼得·舍费尔的动力或许无人能及，对于他来说，这是一生中难得的机会。为了在同时代人和后世中抹除古登堡在《圣咏经》上的巨大贡献，舍费尔通过末页题记和徽章将其占为己有。就像通过接手字模和工具将所有前期准备工作的成果据为己有，末页题记让他实现了思想上的侵占。古登堡当然可以在美因茨的大街小巷上抱怨自己遭遇的不公，但末页题记已然鲜红地印在了纸上。在没有版权和专利权的时代，抱怨于事无补。

至于古登堡，他并不打算改变工作方式，他还在继续印刷书籍，虽然有时由红字师或画师为书籍的开头和结尾做标注，但书籍通常以本身的内容结束，而非其他什么附加内容。他与手工复制文本的抄写员秉承的是一致的传统，区别仅在于他用工艺和机械完成后者的工作。古登堡坚信自己的市场策略是正确的，因而不考虑进行改变。但是他必须对《美因茨圣咏经》和舍费尔及福斯特的垄断意图做出反应。古登堡此前向来重视保密工作，但直到《四十二行圣经》在公众中引起轰动时，他已不再对自己的发明严格保密，其中一个重要原因在于，他需要能继承这门工艺的员工。

对福斯特和舍费尔进行反击的一种可能性是培训员工，让他们建立起自己的印刷工场。福斯特和舍费尔垄断市场的雄心将因此化为乌有。古登堡已经完成了他的人生事业——利用活字印刷术进行量产已经成为可能，而且印刷品在美学上不逊色于手抄本。在复制本的生产和精确度方面，由于利用一个模板就可以复制出多件相同的印刷品，印刷甚至远超手写。对古登堡而言，现在难道不是到了传播他的发明、帮助他跃跃欲试的员工各自建立工场的时候吗？

古登堡认为自己必须对《美因茨圣咏经》的面世做出回应。后来还印刷了不同圣咏经文、弥撒经文、赎罪券、《多纳特》教材、《四十八行圣经》和托马斯·阿奎那的《神学大全》（Summa Theologiae）的福斯特和舍费尔此时已展现出对宗教市场的巨大兴趣，古登堡并不想把这个市场拱手让人。在《圣经》项目大获成功之后，有什么比用《圣经》来回应《圣咏经》更符合逻辑呢？这件来自原创者本人的充满讽刺意味的复刻品可能会让舍费尔和公众回忆起古登堡的《圣经》项目，让他们想起那才是最早的印刷作品，至今仍还无法被超越。舍费尔对古登堡的《圣经》项目应该也有同样的理解——舍费尔在1462年出版了《四十八行圣经》，选用的是哥特式粗体字（Gotico-Antiqua），他试图用这个版本的《圣经》证明自己完全掌握了这门手艺，甚至胜过他以前的师傅。然而，尽管这个版本非常精美，但它仍然无法超越古登堡的《四十二行圣经》。

意料之中的是，古登堡自1458年起中止向圣托马斯修道院支付贷款利息，因为他需要将每一古尔登都用到新项目的前期准备中。为这一项目提供帮助的是康拉德·胡梅里，他在这时应该已经成为古登堡的朋友。虽然斯特拉斯堡方面在罗特维尔的帝国法院对古登堡提起诉讼，但他并没有在法庭现身。作为美因茨公民，只有美因茨的法庭才能真正地起诉他。

古登堡此时在心中盘算着一个大项目，班贝格主教秘书阿尔布雷希特·博福斯特的询问正合他的心意。这位主教秘书希望在班贝格建立一个印刷工场，两人应该很快就在商业计划上达成一致。古登堡与海因里希·科菲尔或贝托尔特·鲁佩尔或另一位员工一起设计了三十六行版《圣经》，计划用DK字模印刷。博福斯特与古登堡的这位员工一起在班贝格建立了印刷工场，首部作品即《三十六行圣经》。不久之后，阿尔布雷希特·博福斯特同样用DK字模印刷了特普拉的《来自波希米亚的农民》，这是第一部印刷而成的戏剧作品。班贝格似乎以此成为美因茨以外第一个应用印刷术的地方，而这正是古登堡促成的。班贝格本身是个富有艺术气息的城市，在那里曾经有多个著名的画室，布莱顿伍尔夫（Pleydenwurff）家族、卡兹海默（Katzheimer）家族，还有10年之后那幅记录了卡皮斯特拉诺成就的著名画作都是最好的证明。

第二种对福斯特、特别是对舍费尔发起反击的绝妙方式是，在技艺上展开决斗，以高雅而精巧的姿态向舍费尔扔出代表决斗的手套。老师傅古登堡想到了一部仅是篇幅就会为印刷带来诸多困难的书籍，它将像《四十二行圣经》一样成为开创历史之作。

《拉丁语语法大成》（*Summa grammaticalis quae vocatur Catholicon*），简称《大成》（*Catholicon*），是一部由多明我会修士热那亚的约翰内斯·巴尔布斯（Johannes Balbus de Janua）编纂而成的拉丁语词典，包含详尽的语法说明。由于这本书的部分条目具有百科全书的性质，人们也常常将它用作百科辞典。古登堡又一次以流行作品为印刷对象。《大成》收录超过1.4万个词条，是一部当之无愧的巨作。虽然使用了较小的字体，但这一对页印刷本还是达到了744页的规模。过去的研究者中常有人怀疑这部印刷作品并非出自古登堡的工场。[7]

约翰内斯·古登堡用这部作品作为在决斗中对抗舍费尔的武器，因而在这部作品中添加了末页题记。舍费尔会在末页题记中写上自己的名字，但古登堡不会，尽管如此，末页标题中库萨的尼古拉式的思考方式和写作风格指向了古登堡。[8]这篇末页题记像是古登堡的人生总结，而人生的意义和目标都在于他的印刷术发明，这是一种"不用芦苇笔、金属笔、羽毛笔，而是以活字与印模的充满奇迹的和谐（concordia）和尺度"来制造书籍的方法。《大成》末页题记的完整译文如下：

在至高者的庇护下——他的恩惠让不成熟之人的舌头善于言辞，他常为不足之人揭示他对智者所隐藏之事——在主诞生的第1460年，在光荣的德意志民族的母城美因茨——这是上帝的恩惠以属灵的启迪，慈悲地在世上的所有民族前赞扬和歌颂的民族——这本杰出的书《大成》，不用芦苇笔、金属笔和羽毛笔，而是以活字与印模的充满奇迹的和谐和尺度印刷而成。用它向您，圣父，您，圣子和圣灵，三一神和唯一神献上赞美和敬意。您，宇宙中虔诚的人，永不停止赞美圣母玛利亚的人，让您对这本书的赞同与教会对此的赞赏合而为一。感谢上帝！[9]

或许更加准确的翻译是："以尺寸与形状、阴模与活字的惊人协调（配合）"，因为"concordia"的意思不完全相当于和谐（harmonie），而更多是和睦、互相协调，和谐这个概念到16世纪时才兴起。

这篇题记应该是约翰内斯·古登堡唯一一份传世的书面表达。根据当时的潮流，也存在教士海因里希·君特（Heinrich Günther）[10]为他代笔的可能性，但即便如此，这当中体现的是古登堡的看法和遗愿。我们看到的是一个即使流亡多年也没有放弃公民权的美因茨城市贵族，他满怀对上帝的信仰，致力于不用金属笔、芦苇笔或羽毛笔生产书籍。上帝的恩典指引了他，赋予了他能力。他不需要像福斯特和舍费尔那样如同叫卖小贩一般嚷嚷自己的名字，因为他在上帝的帮助下为了上帝的美名实现了印刷事业。就像《大成》中包含了全世界，题记中也包含了他所有的工作和作品，天国向他这样一个微不足道的人——这是当时常见的自谦说法——敞开了大门。上帝向不足的人揭示那些他对智者沉默之事。全凭上帝慈悲，他才能完成这部伟大的作品。

然而，古登堡的凯旋被美因茨城中的动乱和灾难笼罩上了阴影。错误的政治决定让这座城市的自由走向尽头。1459年6月18日，凭借七位大教堂教士会成员的支持票，伊森堡的迪特（Diether von Isenburg）以一票的优势在妥协选举（per compromissum）[1]中战胜拿骚的阿道夫（Adolf von Nassau），当选美因茨主教。在此期间，恩尼亚·西尔维奥·皮科洛米尼已经当选教皇，自称为庇护二世。他计划进行十字军东征，抵抗不断入侵欧洲的土耳其人。为此他需要欧洲诸侯的支持、军队和资金。由于美因茨主教区负债累累，伊森堡的迪特无力承担因东征计划而进一步提高的披带费和其他费用。披带由羊毛制成，构造类似披肩，它是大主教身份和权利的象征。没有披带的主教无权召开宗教会议。到16世纪初，罗马教廷规定的披带费高达2万古尔登，成为约翰·台彻尔（Johann Tetzel）销售赎罪券的诱因，进而引发了宗教改革。罗马教廷费尽心思地将授予新主教的权力与所谓的服事金（Servitiengelder）挂钩，迫使所有新上任的主教缴纳更多的费用。

1459—1460年，庇护二世在曼托瓦召开会议，邀请诸侯共同商讨东征事宜。但这是个失败的会议。许多王侯缺席，仅是派出了代表，而这些代表大多没有得到参与决议的授权。作为帝国中最重要的教会王侯和最大教省的主教，美因茨大主教迪特同样只派代表参会，这让教皇大发雷霆。由于迪特继承的洛尔施修道院在管辖权上存在争议，他与普法尔茨伯爵腓特烈之间发生了军事争端。1460年7月4日，大主教的军队在普费德斯海姆被普法尔茨伯爵击败。在腓特烈向他索要2万古尔登的战争赔偿后，迪特在1460年8月与精明老练的普法尔茨伯爵腓特烈结成了为期20年的防卫联盟[2]。这样一来，他不仅站在了反对皇帝和教皇的诸侯之中，而且以帝国掌玺大臣的身份为反对派注入了更强的力量。当时皇帝腓特烈三世最为人诟病的是他的渎职，这一批评有理有据，因为他15年多来不曾在德意志地区现身。人们不仅指责他将阿马尼亚克雇佣兵带回国，也批评他对维护国家和平无所作为。为了解决服事金的问题，迪特在1461年

---

[1] 一种选举方式。在大主教的选举中，"妥协选举"意味着在大教堂教士会中组成代表团进行投票。——译者注

[2] 其时，普法尔茨伯爵腓特烈与皇帝腓特烈三世正处于战争之中，与前者结成联盟意味着反对皇帝。——译者注

诉诸大公会议。但在一年前的《恶行诏书》（*Execrabilis*）中，庇护二世已明令禁止基督徒向大公会议上诉。曾经热切支持大公会议的恩尼亚成为敌视大公会议的庇护二世。为迪特撰写文书的是会议至上者中最内行的斗士之一，海姆堡的格雷格（Gregor von Heimburg），这让教皇怒不可遏。同时反皇帝和反教皇的敌对势力在德意志逐渐成形，而且对东征计划造成了威胁，这是教皇所不能容忍的，他认为必须对此采取行动。皇帝和教皇相互熟识，当庇护二世还是恩尼亚·西尔维奥·皮科洛米尼时，他曾是腓特烈三世的秘书。庇护二世遂设计并精湛地实施了罢黜迪特的计划。计划的第一步是，皇帝和教皇利用承诺等手段分别拉拢反对派诸侯，通过这种方法成功地孤立了迪特。紧接着，庇护二世派弗拉斯兰的约翰·维尔纳（Johann Werner von Flassland）前往科隆，与拿骚的阿道夫和一些美因茨大教堂教士会成员见面密谋，说服拿骚的阿道夫同意被选为主教。1461年9月底，教皇宣布罢免伊森堡的迪特，大教堂教士会的部分成员推选拿骚的阿道夫为美因茨新主教，这马上得到了教皇的批准。

约翰内斯·古登堡对这一系列事件并非一无所知。他最亲密的朋友之一，康拉德·胡梅里，曾为伊森堡的迪特撰写和传播过一篇用来回应皇帝和教皇檄文的辩护文章。阿道夫认识到了印刷机的优点，委托福斯特和舍费尔的印刷工场为他印刷反对迪特的传单。这是历史上第一场利用印刷机进行的政治宣传战，在之后的宗教改革中，这样的宣传战成为常态。拿骚的阿道夫和伊森堡的迪特都费尽心思地声明自己才是唯一的合法方，对方则是魔鬼的代言人。他们需要美因茨选侯国各个市议会和贵族们的支持，也需要在帝国范围内赢得盟友。

迪特与阿道夫的斗争不光停留在宣传战上，他们的军队很快就摧毁了莱茵兰地区。两位主教都不追求决定性的大战，而是带着印刷的传单和声明，用抢劫和破坏的方式席卷对手支持者所在的地区，以此摧毁其经济基础。

古登堡是在美因茨度过了这段时间，还是去了埃尔特维勒？他似乎至少将印刷工场中的一部分工具，特别是《大成》字模运到了埃尔特维勒，在他的帮助下，贝希特敏策兄弟在那里建立起了印刷工场。《大成》之后的版本来自贝希特敏策兄弟位于埃尔特维勒的印刷工场，使用的正是这套字模。这座小城与古登堡有着千丝万缕的联系，那里也住着他的亲戚。

美因茨市议会中不一致的意见、议会让人捉摸不透的行为和摇摆不定的态度导致了灾难的发生。市议会最终选择支持伊森堡的迪特，但为了不得罪拿骚的阿道夫，市议会仍对阿道夫保持着暧昧的态度，拒绝迪特的军队在美因茨驻扎。

1462年10月28日晚，阿道夫的军队从景门（Gautor）附近侵入城市。由于市议会与市民态度不统一——例如福斯特和舍费尔还为阿道夫印制过传单，可能有人向阿道夫透露了内部消息。阿道夫消息灵通，进攻的日期并非随机选择的结果——迪特在这一天与他最重要的盟友们在美因茨会面。他们在紧急的情况中侥幸逃脱。

当拿骚的阿道夫的军队踏入城市时，圣昆汀修道院响起了警报钟声。美因茨人拿起武器自卫，但已经来不及了，组织工作也不尽如人意。500个公民在勇敢的反击中失去了生命，150座房屋在战争中被烧毁。在混乱之中，敌我难以分辨。阿道夫军队的首领之一，埃普施泰因的埃伯哈德三世（Eberhard Ⅲ von Eppstein）也遭遇了打劫并被烧死。

10月30日，美因茨的新任大主教命令市民们在人民市场（Dietmarkt）集合。在那里等待他们的是闪亮的剑和张满的弩。阿道夫要将这些背叛教皇和皇帝的市民驱逐出城。面对市民们的哀求，他恶狠狠地威胁说自己将骑着马从他们身上踏过去。这些男人就这样离开了美因茨，开始悲惨的流亡，他们甚至可能来不及跟妻儿告别。被允许留在城中的只有部分攸关生活饮食的手工业从业者，例如烘焙师和屠夫。

康拉德·胡梅里先是被关押入狱，但后来用某种方法平息了大主教的怒火。我们不知道古登堡是否经历了这场腥风血雨，抑或身处安全的埃尔特维勒。但很有可能的是，阿道夫军队的抢劫让他一贫如洗。美因茨的灾难也是他的灾难，他跟美因茨一样变得一无所有。

死亡的艺术

康拉德·胡梅里被主教拿骚的阿道夫关押了近一年，为了寻求慰藉，他利用这段时间翻译了波爱修斯在整个中世纪都广受欢迎的《哲学的慰藉》。1463年，胡梅里重获自由，1471年他甚至得到了大主教的赔偿。

对于古登堡而言，那是一段艰难的时光。他遭遇了劫掠和破产，朋友胡梅里也无法向他提供帮助。在1462年下半年和1463年的一段时间中，古登堡可能在埃尔特维勒帮助曾经的员工建立印刷工场。

1463年，拿骚的阿道夫开始准许美因茨公民重返城市，并释放了关押的公民。在他1462年秋天进军美因茨后，这座城市在失去了所有自由的同时成为大主教都城。虽然古登堡因为不信任美因茨而继续在埃尔特维勒居住和工作，但美因茨恢复常态也符合他的利益。

古登堡可能与胡梅里一起回到了美因茨。福斯特和舍费尔从很早开始就选择支持拿骚的阿道夫，他们的印刷工场繁荣发展。凭借对印刷术的独到见解，舍费尔生产出了精美的书籍。在斯特拉斯堡，约翰内斯·曼特林在1460与1461年之交建立了自己的印刷工场，印刷了《四十九行圣经》；不久后的1466年，他出版了第一部德语《圣经》。同样在斯特拉斯堡，海因里希·埃格施泰因（Heinrich Eggestein）在1464年开办了印刷工场。同年，来自哈瑙的乌尔里希·策尔（Ulrich Zell）也开始在科隆印刷书籍，他曾跟随舍费尔在美因茨学习印刷。

约翰内斯·古登堡在人生最后几年中是否还在从事印刷工作，我们不得而知；但因为胡梅里后来从他那里继承了工场和字模，可以确定的是，古登堡仍拥有一家小型工场。有人说，古登堡年老时双目失明，但既没有证据也没有迹象能指向这个说法。最起码他的生计不成问题——1465年1月17日，约翰内斯·古登堡因其成就被拿骚的阿道夫授予宫廷侍臣一职。他或许从主教那里得到了一些小订单。贝希特敏策兄弟可能出于感激之情在主教那里为他说了好话。

拿骚的阿道夫亲身体会到了印刷术是多么有用的发明。对于古登堡作为印刷术发明者的身份，他毫不怀疑。在胡梅里继承了古登堡的印刷工场后，阿道夫规定胡梅里只能在美因茨使用其中的设施。

作为宫廷侍臣，古登堡有权享受免费膳食。因为他不住在埃尔特维勒，不能在那里的宫廷中用餐，甚至有专人为他将食物和葡萄酒送到美因茨。由此可见，他在人生的最后阶段过得并不困苦。但他大概也感觉到了，自己对于这个世界来说已经太老。曾对《圣经》五页本大加称赞的庇护二世此时已经离世。在痛风带来的巨大病痛中，庇护二世翻越亚平宁山脉来到安科纳，在那里等待威尼斯船队的到来。他的十字军将由威尼斯船队送往希腊，征讨土耳其人。庇护二世病得几乎不能动弹，但还是想在军队的最高处和最前线、在染着基督血液的旗帜旁，以基督代言人的身份为基督教胆小的国王们和诸侯做出表率。死神是慈悲的，庇护二世在去世前至少还亲眼看到了正从远处驶来的船队——但也仅限于此，1464年8月14日，庇护二世与世长辞。

教皇与古登堡是同一代的孩子。这时的古登堡是否还得到了别的凶讯？在庇护二世去世前三天的1464年8月11日，圣彼得镣铐教堂的枢机主教库萨的尼古拉在意大利中部的托迪去世。他在那里为十字军东征挑选可用之人。在来自欧洲各地的准备前往安科纳参加东征的人中，有的是为了打击异教徒，有的只是为了碰碰运气。库萨计划让不适合的人带着祝福回家，自己则要去安科纳为教皇人数稀少的军队贡献一份力量。但他没能实现计划，这位当时最伟大的哲学家在安科纳南边的托迪离开了人世。

来自库萨的葡萄酒农之子尼古拉和来自美因茨的城市贵族之子古登堡在人生道路上发生了交集。他们都取得了超越出身的成就，也对世界的发展产生了影响，或许他们在同一个时间降临人世。

我们知道库萨的尼古拉生于1401年，虽然无法最终确定约翰内斯·古登堡的出生年份，但应该还是可以称他们为同龄人。尼古拉逝世的消息必然让古登堡十分悲痛。

此时古登堡知道，马上就会轮到他，是时候好好研究死亡的艺术了。或许他最大的罪过是拒绝上帝的安排，既没有进入婚姻，也没有遵守上帝"生儿育女、繁衍后代"的训示。但在面对审判者时，他可以拿出诸多作品为自己辩护：《四十二行圣经》、关于土耳其的文章、《三十六行圣经》《大成》、朝圣镜、《多纳特》教材、日历，还有对末日审判进行诸多论述的《西比拉预言》。

或许在关键时刻，圣彼得镣铐教堂的枢机主教会站在他这边，为这个可怜的罪人请求上帝的怜悯。是时候为死亡做准备了，以免死亡来得太过突然。古登堡全身心地投入了死亡的艺术中。

在古登堡生活的时代，人们深信不疑的是，死亡使生命完整，死亡的方式决定了能否得到解脱。他现在要做的是审视自己的一生，为自己的罪行忏悔、祈祷和研读忏悔圣咏："主啊，不要在怒中责备我，不要在怒中惩罚我！主，求你可怜我，因为我脆弱。"这篇适合用来学习死亡艺术的圣咏可能陪伴他度过了人生的最后阶段，或许他也因为自己的罪过而感受到了生命的重担和巨大的恐惧："因为我的罪孽高过我的头，如同重担叫我担当不起。"但圣咏的最后又让他看到了灵魂得到安宁的希望："主，求你为你的名将我救活，求你为你的公义将我领出危难。"

在约翰内斯·古登堡为自己最后的旅程做准备时，1467年11月4日，尼古拉斯·贝希特敏策和海因里希·贝希特敏策兄弟以及奥滕贝格的维冈特·施比斯（Wiegand Spieß von Orthenberg）印刷的第一部《大成》在埃尔特维勒出版。古登堡的学生们开始了他们的工作，他自己则还剩下一年零三个月的时间。1468年2月3日，约翰内斯·古登堡在美因茨逝世。上帝是否赐予了他安详的死亡，他是否在上帝那里得到了安宁，我们不得而知，但毫无疑问的是，他为人类打开了通往新世界的大门，让人类进入了知识的宇宙。

新媒体介入政治

人们经常读到的说法是：印刷术传播得很慢。但事实上，约翰内斯·古登堡的这项创新像野火一样迅速地从美因茨传播开来。在最开始的阶段，特别是古登堡在斯特拉斯堡的那几年及刚回到家乡的那段时间中，他非常注重保密工作，但在此之后，为了获得更多资金的支持，以及招募、培训员工，他不得不放松了对保密的要求。

古登堡的保密工作做得滴水不漏，这主要体现在我们对斯特拉斯堡秘密项目"冒险与艺术"的发展经历几乎一无所知。仅得益于一场诉讼，我们才能知道这个项目的存在。这场诉讼之后，直到1448年古登堡在美因茨获得贷款，印刷《西比拉预言》和《多纳特》，中间发生的事没有留下丝毫痕迹，因此我们只能进行推测。但相比于印刷术艰辛的发明过程——试验、失败，然后继续前行，古登堡印刷工场投入运行、招募员工、销售书籍的历史相对容易重构。

印刷术刚经历了以《四十二行圣经》为形式的"加冕"，但转眼间就出现了竞争：从1455年起同时存在着两个规模可观的印刷工场，除了约翰内斯·古登堡的，还有约翰内斯·福斯特和彼得·舍费尔的。古登堡因此改变了策略，开始积极推动这一技艺的传播。在他的帮助下，阿尔布雷希特·博福斯特不到五年就在班贝格建立了印刷工场，它也成为首个将木刻版运用到印刷中的工场。此后不久，古登堡曾经的员工约翰内斯·曼特林和海因里希·埃格施泰因也在斯特拉斯堡建立了印刷工场。而这只是开始。

最晚在1465年，德意志人康拉德·施韦因海姆（Konrad Sweynheim）和阿诺尔德·潘纳尔茨（Arnold Pannartz）开始了在罗马附近的苏比亚科（确切地说是在本笃会圣思嘉修道院）的印刷工作。他们印刷的第一部书籍是《多纳特》，可惜没有流传下来，然后出版了神学家拉克坦提乌斯（Lactantius）的文集，其中最著名的《论迫害者之死》（*De mortibus persecutorum*）讲述的是基督徒在罗马皇帝的统治下遭到的迫害，以及他们的殉道。在拉克坦提乌斯的作品之后，他们开始印刷并于1467年出版了西塞罗的《致友人书信集》（*Epistolae ad familiares*）。在这里也能看到古登堡的痕迹，因为康拉德·施韦因海姆可能是在贝希特敏策兄弟位于埃尔特维勒的印刷厂中接触到的印刷术。1464年，施韦因海姆与出生于布拉格的阿诺尔德·潘纳尔茨一起来到意大利。他们的第一个校对员是乔瓦尼·安德烈亚·迪·布西，他对印刷术满怀热情，热切地想将这一"神圣艺术"带往意大利，为教会领域和人文主义服务，因此他成为校对员并非巧合。

当时在美因茨与苏比亚科之间最起码存在三种联系。乔瓦尼曾作为幕僚为库萨的尼古拉工作，因此知道库萨与古登堡的往来，也听闻了印刷术的发明。此外，乔瓦尼与美因茨的圣维克多修道院有着直接的联系，而我们已经知道，约翰内斯·古登堡是那里的平信徒。苏比亚科修道院的代管院长是西班牙枢机主教胡安·德·托克马达（Juan de Torquemada）〔注意不要将他与其侄子托马斯·德·托克马达（Tomás de Torquemada）混淆〕，古登堡曾在印刷作品中为他宣传，称他是当时最伟大的神学家之一。与胡安·德·卡瓦哈尔、库萨的尼古拉和教皇庇护二世一样，托克马达也是赞成并推动对土耳其进行东征的重要力量。

自1474年起，康拉德·施韦因海姆获得了一份圣维克多修道院的圣职。施韦因海姆在到达苏比亚科时还不是神职人员，他直到后来定居罗马时才获得了低等级圣职，以此参与到圣职俸禄市场中。这是他努力追求并也成功实现的目标。[11]

当时身处罗马的人也努力争取德意志的圣职，因为圣职俸禄能保障他们的生计。得到德意志的圣职并不意味着要承担起相应的工作，他们可以在当地找一个副手，由副手来履行相应的义务并分得一部分俸禄。拥有的圣职，特别是高俸禄的圣职越多，收入也就越高。

如果康拉德·施韦因海姆一开始时还不是神职人员，那么他只可能是作为古登堡的或者贝希特敏策的印刷工场的印刷师应邀来到意大利。一个德意志印刷师自发翻过阿尔卑斯山到阿尔巴尼亚山区建立印刷工场，这种可能性微乎其微。当时一定存在某种契机让他踏上这段遥远的路途，可能有人为他介绍了这份工作或者向他发出了邀请，而这一联系可能是通过美因茨的圣维克多修道院建立的。

在圣维克多修道院工作的正是与库萨的尼古拉和西班牙的胡安·德·卡瓦哈尔有来往的神职人员——美因茨人维甘德·门克勒及其继任者奥古斯特·本斯海姆（August Bensheim），后者与枢机主教卡瓦哈尔关系紧密。正如前文已经提到的，胡安·德·卡瓦哈尔在1454年向恩尼亚·西尔维奥·皮科洛米尼告知了出现印刷版《圣经》的消息。古登堡的发明很早就引起了库萨的尼古拉所在圈子的注意，库萨的尼古拉本人曾在1452年授权本笃会圣雅各布修道院的院长印刷2000份赎罪券。

在此可以做一个小小的猜测：康拉德·施韦因海姆在本斯海姆附近的村庄施万海姆（Schwanheim）出生，而奥古斯特·本斯海姆这个名字显示出了其家乡为本斯海姆，俩人可能是同乡，甚至可能是亲戚。

自1456年起——此时《四十二行圣经》刚出版不久，土耳其人不断逼近欧洲——古登堡与库萨的尼古拉所在的圈子来往密切，有可能是奥古斯特·本斯海姆提议康拉德·施韦因海姆去古登堡那里拜师学艺。如果施韦因海姆在1457年前后到达，那么他一来就参与进了《大成》项目中，随后同古登堡一起迁往埃尔特维勒。他可能从在埃尔特维勒新建印刷工场的过程中积累了经验，为自己之后在苏比亚科的修道院中建立印刷工场打下了基础。这一选址是因为托克马达、卡瓦哈尔和库萨的尼古拉都想让这一神圣艺术设立在教廷旁。康拉德·施韦因海姆在1476年被葬在圣彼得镣铐教堂，即库萨的尼古拉曾担任过枢机主教司铎的教堂，后者同样葬在了那里。自然，在康拉德·施韦因海姆离世时，圣彼得镣铐教堂的枢机主教已不再是库萨的尼古拉，而是朱利亚诺·德拉·罗韦雷（Giulio della Rovere），后来的教皇尤利乌斯二世（Julius Ⅱ），他大力推动艺术和科学发展，是多纳托·布拉曼特和米开朗琪罗（Michelangelo）的资助人。

回到15世纪60年代——由于苏比亚科印刷工场的人员关系一目了然，显而易见的是，施韦因海姆和潘纳尔茨接受了古登堡的培训，通过圣维克多修道院的介绍来到了意大利。潘纳尔茨和施韦因海姆在1467年前往罗马可能出于两个原因：一方面，他们的印刷工场在此期间已经达到了可观的规模，需要越来越多的工人；另一方面，在大都市罗马比在阿尔巴尼亚山区更容易采购原材料和配送成书。他们在罗马的印刷工场后来达到了每天5000页的印刷量。[12]

罗马当时成立了不同的印刷师协会，例如资产为1200杜卡特[1]的"活字印刷书籍生产协会"（sotietas super inpressione librorum confciendorum cum formis）以及"活字印刷书籍生产和传播协会"（sotietas ad condendum et confciendum libros cum formis）。[13]值得注意的是，这些协会本质上是由神职人员和德意志印刷师为促进印刷发展而成立的融资协会。向古登堡、舍费尔和福斯特，或者在斯特拉斯堡向曼特林和埃格施泰因学习了技艺的印刷师们陆续来到阿尔卑斯山的南侧。来自英戈尔施达特的乌尔里希·汉（Ulrich Han）

---

[1] 杜卡特（ducat），通常指威尼斯共和国在1284年发行的杜卡特金币，每一枚含有3.545克99.47%的纯金。由于其便于铸造、携带、整理，价值又高，在中世纪西欧地区很受欢迎。——编者注

可能也是古登堡的学生之一，学成后随即参与了博福斯特印刷工场在班贝格的建立。在充满艺术气息的班贝格，阿尔布雷希特·博福斯特早在1461年就开始在画师和木刻师的协助下将木刻版画运用到印刷作品中，例如乌尔里希·博纳（Ulrich Boner）的《宝石》（*Edelstein*）和特普拉的约翰内斯的《来自波希米亚的农民》。

1467年，乌尔里希·汉出版了意大利第一部带有木刻版画的书籍——枢机主教胡安·德·托克马达的《对基督生平的沉思》（*Meditationesvitae Christi*）。书中使用的字体是大字号的圆哥特体（rotunda），与古登堡和博福斯特一脉相承。30幅木刻版画可能由一位德意志艺术家雕刻而成，以神庙遗址圣母堂十字形回廊的壁画为主题，神庙遗址圣母堂是枢机主教托克马达所在修会多明我会的重要教堂。

在15世纪60和70年代前往意大利的印刷师中也包括西克斯图斯·吕辛格（Sixtus Rüssinger）。在来到永恒之城罗马之前，他在斯特拉斯堡学习了印刷术并将其带到了那不勒斯。早在施韦因海姆和潘纳尔茨在苏比亚科印刷时，亚当·罗特（Adam Rot）就成为他们的学徒。约翰内斯·法布里（Johannes Fabri）从美因茨前往苏比亚科，加入施韦因海姆和潘纳尔茨的工场中，他在修道院教堂的墙壁上留下了自己的姓名："1468年：美因茨的约翰内·法布里"（1468: Johanne Fabri de Moguncia）。

1490年11月20日，茨维考人尼古拉斯·施宾德勒（Nikolaus Spindeler）在其位于巴伦西亚的印刷工场中出版了朱亚诺·马托尔雷（Mossèn Joanot Martorell）的叙事诗《白骑士蒂朗的故事》（*Der Roman vom Weißen Ritter Tirantlo Blanc*），这是15世纪西班牙最重要的世界文学作品之一，在这部暴力、诡异而又迷人的作品中，主角成功收复君士坦丁堡，完成了庇护二世在现实中失败之事。此时德意志的印刷师们已经使印刷术在西班牙扎根。在他们之前抵达西班牙的是大师的作品——在美因茨进行了装饰的纸质版《四十二行圣经》。布尔戈斯的主教阿方索·德·卡塔赫纳·德·圣玛利亚

（Alfonso de Cartagena de Santa Maria）早在1456年就购得了这本《圣经》。他是西班牙的人文主义者，具有很高的文化素养，以翻译亚里士多德、塞涅卡和西塞罗的作品而闻名。作为布尔戈斯拉比[1]家的第三个儿子，改信基督教的他在教会中平步青云。阿方索购买《圣经》的途径是通过大拉芬斯堡贸易组织（Große Ravensburger Handelsgesellschaft）。这一由德意志北部商人组成的重要组织在14世纪末，特别是15世纪初时拥有遍布欧洲的密集的贸易网络，而且在西班牙的巴塞罗那、巴伦西亚和萨拉戈萨设有分支机构。《圣经》能从美因茨来到布尔戈斯，充分展现出了书籍贸易已经成为日常贸易的一部分，能够运用成熟的远途贸易关系。这位充满艺术气息且博学的主教可能从他的同行普拉森西亚的主教那里得到了关于印刷本《圣经》的消息，而后者可能正是我们已经非常熟悉的胡安·德·卡瓦哈尔。

尼古拉斯·施宾德勒可能是跟随大拉芬斯堡贸易组织来到的西班牙，他先是在托尔托萨建立了他的第一个印刷工场，1478年时搬往巴塞罗那，最后到了巴伦西亚，在那里印刷了前文提到的马托尔雷的叙事诗，但这并不是在巴伦西亚诞生的第一部印刷作品：早在1468年，一位名为约翰内斯·格尔林克（Johannes Ghelrinc）的印刷师就出版了一部语法书，也有证据显示雅各布·维茨兰特（Jacob Vizlant）最晚从1474年起开始从事印刷工作。

印刷术诞生这一消息的传播速度之快，清晰地体现在法国人尼古拉·让松（Nicolas Jenson）的例子中。让松1420年出生在特鲁瓦附近，在学习了美术和铜版雕刻术之后，他前往巴黎的国王铸币厂工作。1458年10月4日，法兰西国王查理七世（Karl Ⅶ）指派他前往美因茨学习这门新技艺。1468年时他已经成为排版师，在施佩耶尔的文德林（Wendelin von Speyer）和约翰（Johann von Speyer）兄弟的位于威尼斯的印刷工场里工作。文德林或约翰——或者兄弟俩一起在美因茨学习了印刷，最终定居在潟湖之城威尼斯。他们可能在

---

[1] 犹太人的特殊阶层，在犹太教中具有重要地位。——译者注

美因茨结识了让松，在建立了位于威尼斯的印刷工场以及在1469年9月18日实现对威尼斯共和国印刷业的垄断之后，他们吸纳让松加入了自己的团队。施佩耶尔兄弟的印刷工场的第一部作品是西塞罗的《致友人书信集》，紧接着就出版了老普林尼（Plinius der Ältere）的百科全书《博物志》（*Historia naturalis*）。在第二版《致友人书信集》的出版商信息中，施佩耶尔的约翰写进了自己的名字：

> 约翰内斯——一个因洞察力和艺术而令人惊叹的人——教会了如何用合金来卓越地书写书籍。施佩耶尔对威尼斯人是喜爱的，因为四个月中他完成了两版西塞罗作品，每版300册。

在制作他的第四部书——圣奥古斯丁（St. Augustinus）的哲学著作《上帝之城》（*De civitate dei*）时，施佩耶尔的约翰在威尼斯逝世。他的兄弟文德林接手了印刷工场并继续运营，直到1473年因经济困难转手给莱茵兰人科隆的约翰（Johann von Köln）以及来自科隆附近的杜塞尔多夫的约翰·曼琛（Johann Manthen）。

曼琛与让松一样，都曾为施佩耶尔的文德林工作。值得一提的是，施佩耶尔的文德林不仅印刷拉丁语书籍，而且开始出版意大利语书籍。尼古拉·让松最后也拥有了自己的印刷工场和书籍贸易公司，他在印刷史上最突出的身份是天才的字体设计者，他设计的字体活泼有力，充满艺术性。1480年，名利两全的让松在威尼斯逝世。

1476年前后，艾尔哈德·拉多尔特（Erhard Ratdolt）从奥格斯堡来到了威尼斯，在这里建立了印刷工场并陆续出版了奥古斯丁、托马斯·阿奎那、泰伦提乌斯（Terenz）、尤维纳利斯（Juvenal）、奥维德（Ovid）、撒路斯提乌斯（Sallust）、马提雅尔（Martial）和维吉尔的作品，此外还有大尺寸的《圣经》和《弥撒书》。1486年4月，拉多尔特在家乡奥格斯堡设立印刷工场，在那里制作用于礼拜仪式的精装版书籍。值得一提的是1478年在威尼斯以拉丁语、德语和意大利语面世的著名天文学家雷吉奥蒙塔努斯的《日历》（*Calendarius*），这是第一本带有扉页的印刷书籍。拉多尔特在1482年5月出版了欧几里得（Euklid）的《几何原本》（*Elementa geometriae*），他不仅是第一个印刷《几何原本》的人，也是第一个印刷数学图示的人。在1485年出版的约翰内斯·德·萨克罗博斯科（Johannes de Sacrobosco）的《天体小品》（*Sphaericum opusculum*）第二版中，拉多尔特在木刻插画中使用三色印刷的技术，为印刷界立下了新标杆。

1489年，年近40岁的语文学家、人文主义者阿尔杜斯·马努提乌斯从卡普里来到威尼斯，1496年在那里建立了印刷工场。[14]怀着对古代著作的热爱，他以语文学家的细致出版了古代著名作品的原文版本，包括拉丁语、希腊语和希伯来语作品。他的朋友中有像鹿特丹的伊拉斯谟（Erasmus von Rotterdam）、约翰内斯·罗伊希林（Johannes Reuchlin）、彼得罗·本博、威利巴尔德·皮克海默这样的人文主义代表人物，但也包括希罗尼穆斯·阿莱安德（Hieronymus Aleander），在沃姆斯帝国议会上发生的对路德的攻击中，阿莱安德扮演了不光彩的角色。阿尔杜斯·马努提乌斯的印刷工场也是人文主义的印刷工场，在这里经过语文学家精心编辑后以原文出版的作品包括亚里士多德、忒奥克里托斯（Theokrit）、维吉尔、尤维纳利斯、阿里斯托芬（Aristophanes）、马提亚尔、荷马、修昔底德（Thukydides）、希罗多德（Herodot）、索福克勒斯（Sophokles）、欧里庇得斯（Euripides）以及品达（Pindar）的作品，此外自然少不了对文艺复兴十分重要的柏拉图和彼特拉克的作品，以及但丁的《神曲》（*Divina Commedia*）。

1499年，马努提乌斯出版了罗马人文主义者弗朗切斯科·科隆纳（Francesco Colonna）的《寻爱绮梦》（*Hypnerotomachia Poliphili*），在当时引起轰动，其中一个原因在于书中出色的木刻版画。书中的主角普力菲罗（Poliphilo）在梦中神游位于爱情之岛基西拉的理想园，与但丁的《神曲》相呼应；文中的花园在建筑上与罗马附近的帕莱斯特里纳具有诸多相似之处，成为一个世界级的设计。

得益于枢机主教贝萨里翁的赞助，威尼斯当时收藏有最丰富的古希腊作者手稿。同时，这里也有流亡希腊人最大的聚集地，以安娜·巴列奥略（Anna Palaiologinas）——君士坦丁堡最后一位掌玺大臣卢卡斯·诺卡拉斯（Loukas Notaras）之女——为首。马努提乌斯因此能够找到接受过顶尖教育的母语编辑和校对员。

此外，当时最大的印刷商、出版商和书商——纽伦堡人安东尼·科贝格（Anthoni Koberger）也在威尼斯设立了分部，他在1470年前后建立了印刷工场并印刷了哈特曼·舍德尔的《世界编年史》等重要作品。科贝格是近代的第一个出版业巨头，在欧洲的书籍印刷和贸易史中占有重要地位。

在约翰内斯·古登堡的《四十二行圣经》印刷出版后不到10年，印刷术就传遍了德意志，也开始在意大利站稳脚跟，并很快就传到了伊比利亚半岛，此外也在法国的巴黎、比利时的阿尔斯特、匈牙利的布达以及布鲁塞尔、比尔森、克拉科夫、伦敦和安特卫普等地开枝散叶。这是一个全新的行业，师傅不仅要培训他的员工，也面临着向世界推广这一神圣艺术的挑战。考虑到这点，不能说这样的传播速度不快。印刷术像狂风骤雨一般席卷了欧洲。

其中有趣的是，在活字印刷术开始发展的同时，有人尝试用前文提及的木刻印刷法制作书籍。可能有人会认为，人们最开始尝试的是生产木刻版书籍，但工艺上的困难导致人们放弃对此的进一步尝试，从而推动了活字印刷的发展。然而，迄今为止发现的最早的木刻版书籍来自古登堡开始印刷的那段时间，如果严肃地看待这一发现，那么古登堡的天才之处不言自明，他的发明是欧洲思想史发展中的一大进步。

中世纪的一大特征是图像性，公众通过身体动作和图像进行思考。将书籍的页面刻进木板，像印刷木刻画一样印刷书页，这是以图像为基础的想法，文本被融合成了图像。在木刻版书籍中，图像的地位在文本之上。约翰内斯·古登堡却不从图像出发，而是从文本出发，他将文本拆分成了最小的组成部分——字母，这样就可以将它们不断地重新组合成新的单词、句子、栏和文本。

图像向文本的转变是最终使得中世纪转入近代的一大发展。中世纪时期重图像的象征主义被重文本的分析式理性所取代。在这背后是一个漫长又充满矛盾的过程，古登堡的发明构成了其中一个重要的时刻。可以说，中世纪所全力追求的终究是一个理性的世界，托马斯·阿奎那和奥卡姆的威廉等人对逻辑和辩证的极尽追求就是例证。

还有一个现象从另一个角度展现了这个过程。活字印刷术的诞生并没有让缮写室的工作戛然而止。相反，当古登堡在美因茨印刷《四十二行圣经》的同一时间，15世纪最大的书商、缮写室主韦斯帕夏诺·达·比斯蒂奇（Vespasiano da Bisticc）在佛罗伦萨开始了他的商业活动。他雇用抄写员、红字师、画师和装订师制作书籍，由他组织生产完成的精美的手抄本被呈送至欧洲各位显贵的手中，其中包括艺术爱好者费德里科·达·蒙特费尔特罗（Federico da Montefeltro），他是乌尔比诺总督宫的建造者，也是画家皮耶罗·德拉·弗朗切斯卡（Piero della Francesca）和彼得罗·佩鲁吉诺（Pietro Perugino）的赞助人。后者为费德里科设计了著名的书房（Studiolo），那里装饰丰富，挂有许多大哲学家和大诗人的肖像画，其中大部分都是假想肖像画。费德里科将自己的书籍（手抄本）放在这间书房里，他可以在这里进行阅读和写作。费德里科曾非常轻蔑地表示，如果要他把印刷书籍摆在比斯蒂奇的完美的大师之作旁，自己会无地自容。

比斯蒂奇以包买制雇用工人，通过这种方式实现了在22个月内提供220册手抄本的高效工作。手抄本和印刷本在相当长的一段时间内并行存在。当时也不乏对活字印刷术这项新工艺的批评，人们指责机械化的生产使书籍成为没有灵魂的物品，因为缺少了抄写员通过抄写这个行为为它们注入生命的过程。还有一些人跟蒙特费尔特罗公爵一样，缅怀只有少数人才能拥有书籍的时代。就连热爱书籍的特里特米乌斯也看不上印刷书籍，他警告他的僧侣们在抄写书籍时不得马虎：

> 但是我们，亲爱的兄弟们，就算拥有几千册书籍，我们也不想要放弃抄写这一神圣工作，因为其中有功德。印刷书籍永远无法与手抄书籍相提并论。因为印刷师一般不注重拼写，但是抄书的人对此下足苦功。[15]

这位学富五车的修道院长还认为，由于绝大多数印刷书籍使用的是纸张，它们无法比在皮纸上写成的手抄本更持久。他预言印刷书籍无法挺过接下来的200年。

教会很快就发现了印刷复制文本对自己不利的一面——印刷机并不关心页面上是虔敬的还是异端的词句。为此，美因茨的大主教亨内贝格的贝托尔特（Berthold von Henneberg）在1485年3月22日颁布了审查令，1515年5月3日，来自美第奇家族的热爱艺术的教皇利奥十世（Leo X）颁布了《忧心谕令》（*Intersollicitudines*），要求主教们审查印刷作品：

> 为了不让有益于上帝荣誉、有益于增加信仰和传播高贵教育之物转向反面，从而损害基督信徒的得救，我们认为显而易见的是，必须对书籍的印刷进行监管，以免未来荆棘与好的种子一起生长，或者毒药与良药混为一谈。[16]

但随着世纪之交的到来，手抄书籍的生产开始衰弱。原因在于，印刷业通过公共沟通覆盖了越来越广的人群，特别是自我意识突出的市民阶层。此外，印刷品也成为政治沟通的媒介，塞巴斯蒂安·布兰特等人文主义者开始用印刷术制作传单。伴随宗教改革而来的是史无前例的完全公开的辩论，传单、檄文和宣传册成为辩论中的利剑。即使辩论的主题是信仰和礼拜仪式，也完全有理由说这些辩论是政治性的。印刷术帮助宗教改革取得突破，改革以及逐渐形成的反对改革的力量也使印刷文本——无论是书籍还是传单——成为发展中的公众群体的媒介，而公众群体正是我们现代民主的基础。

古登堡星汉

　　古登堡通过他的发明彻底改变了世界，他没能预料到的是，他会为形成一个逐渐覆盖公民中所有阶层的公众群体做出巨大贡献。通过印刷赎罪券、征讨土耳其人的教皇谕令以及土耳其日历，他也将他的发明用于服务政治。尚在古登堡进行研发时，活字印刷术就显现出了其作为大众沟通方式的本质。这一发明使社会上越来越广泛的群体得以接触信息。如果说在这之前只有人数稀少的精英群体理解思想、文化、政治和科学的价值，那么从印刷术诞生起，这些领域以惊人的速度不断向越来越大、越来越多元的人群开放。

　　另外，我们也看到了缮写室在印刷术发明之初仍在继续工作，手抄书籍贸易市场依旧繁荣，木刻版书也蓬勃发展。考虑到各种创新成果从孵化到落实到日常生活的各个层面需要漫长的过程，也就不难理解这一情形。人力车和马车也不是在汽车发明后瞬间消失的，而是在这之后仍然存在了很长时间。

　　与印刷术紧密相连的是对一门还需要被学习、被逐步掌握和改善的技术进行巨额投资。印刷术需要的是一个渴望拥有这项发明的社会——一个过渡中的社会，一个变革中的社会。中世纪晚期极其符合这个要求，在这点上它与我们所处的时代惊人地相似。或许可以说，古登堡的印刷机是从中世纪晚期进入近代的社会范式彻底转变的标志，因为它通过改变沟通而深刻地影响了人们的生活，从而改变了社会；与此类似，互联网似乎成了我们如今正在经历的社会变革的标志。

印刷术使得对当时来说快速的交流以及直接且面向大范围人群的沟通成为可能。例如，传单、宣传册、论文、檄文的生产因印刷术而变得十分便捷，这些文本互相回应，构成了宗教改革的前提。印刷术将知识释放出了牢笼，使其成为大众沟通的工具。今天的互联网亦是如此。

约翰内斯·古登堡在一个以变化为特征的社会中完成了开创性的发明：那个社会的所有领域都亟须通过印刷品实现的话语（diskurs）[1]。就像我们已经看到的，当时的欧洲正处于剧变之中，西班牙、英国和法国成为民族国家，德意志诸侯忙于扩张领地，只有南欧被近代化进程排除在外——原因显然是土耳其人的统治。在法国、英国和德意志民族神圣罗马帝国中很快形成了高效的管理机构，在受过教育的市民阶层和小贵族阶层中诞生了越来越多的管理者。教育渐渐成为职业道路上的另一种关键因素。

马丁·路德通过发掘“我”的概念为思想史中的“哥白尼转向”奠定了基础。个体——一个此前无人了解的思想史单位——从此踏上了世界的舞台，之前还依赖于上帝的主体（拉丁语中的“subjekt”意为“依赖者”）迅速成为行为者和决策者。在沟通领域，个体成为作者，个人获得的著作权保障了其作为作者的身份。人因此一跃成为创造者，而且也自知这一身份。从这时起，《摩西五经》第一卷中那个古老的句子拥有了全新的解读方式：

> 上帝按照他的样子创造了人，就是按照上帝的样子把人创造出来；上帝创造了男人和女人。上帝对他们赐福并对他们说：要繁衍增多，遍布大地，征服大地。

新造出的主体开始征服大地。无法平息的好奇心和永不枯竭的事业心孕

---

[1] 在社会学领域，“话语”大概包括在社会生活中所使用的语言、使用语言的方式、制约这些方式的社会规约以及其中的权力关系。——译者注

育了科学和工程技术，借助于科学和工程技术，加上使社会理性化的能力，新主体赋予了话语重要地位，使其成为人类理解和人类行为的出发点。或许现代人会认为这件事无关紧要，但它带来的影响体现在多个方面：知识的增加与话语的增加密不可分，与主体直接一起诞生的是此前从未有过的对公众这一概念的理解。印刷术让世界瞬间成为一个市集广场，一切都成为公开的事物。印刷品不仅传播事件、想法、观念、目标、希望、改革计划和哲学思想，也娱乐了越来越多的人。不仅如此，由于科学家们能够阅读到彼此的思想，相互了解，印刷也推动了教育的发展，在传播知识的同时也创造知识。思想、文化、经济、技术和科学发生了巨变，在错综复杂的局面中，不同部分或是蓬勃发展，或是逐渐消逝，印刷术在这样的变化中扮演了媒介和平台的角色。

在欧洲发展、取得繁荣、成为霸权的时代，欧洲的文化是书籍的文化，是书写的、对所有人开放的话语的文化。笛卡儿的理性主义彻底终结了中世纪的图像性和文艺复兴时期的世界大融合。印刷机所在之处成为新圣餐的地点——就像葡萄酒变成基督的血，在这个安静的房间里印刷出的词句也会变成社会行为的血和肉。公共话语这一全新的、对所有人开放的沟通形式，揭开了现代欧洲的序幕。从这时开始，建立于逻辑理性结构之上的书面形式的话语，或者说文本，成为行为的基础。这个以古登堡的发明为开始，取代了所谓手稿时代的世界，被称为"古登堡星汉"。

在历史上，不同的书写载体先后登场：树皮或陶土、莎草纸、纸张，最后是集成电路。从现代的角度看，书写载体的变化首先意味着存储介质的变化，而使用何种存储介质，则取决于社会的技术发展情况和需求。一篇文本是作为纸质书还是电子书被阅读，虽然会改变阅读的状态（例如翻页时的触感），但阅读这一事实无论如何都依然存在。当然可以在神经科学的层面上探究，不再在纸张上手写文本意味着什么，在屏幕上阅读与翻阅纸质书有什么区别；同样也可以在生产美学的层面上探究，如果人们不再需要划去和重写，而是可以通过电脑剪切和复制的方式随意修改文本，会在多大程度上影响书写的行为？这些是重要的问题，但与互联网是否将瓦解古登堡星汉这个文化悲观主义的问题没有关系。

为了彻底了解这种问题，必须先弄清楚所谓的古登堡星汉到底是什么。它是所有印刷文本的总和或者是在纸张上复制文本和图片的行为？抑或是以书籍为主要媒介的世界？这种看法具有误导性，因为这暗示着印刷术得以发明前的世界是一个不以书籍为主要媒介的世界。恰恰相反，即便是在所谓的"手稿时代"，书籍也是主要媒介。两者的区别仅在于，利用书籍——或是手抄本或是印刷本——处理公共事务和进行科学讨论的社会精英群体的规模发生了变化。通过印刷术才诞生了现代意义上的科学，这又一次地体现出，古登堡的创新对在科技、哲学、经济和法律各领域发生的革命起到了巨大作用，而正是这一革命造就了欧洲。从这个角度得出的问题是，古登堡星汉是否在媒体技术上代表了一个始于中世纪晚期、现今正因为互联网造就的特殊社会范式而发生转变的时代？这是否意味着古登堡星汉的终结？对此值得进一步探究。

如果书籍不再被印刷，如果作为存储介质的纸张被集成电路和互联网取代，就像纸张取代了皮纸、莎草纸和皮纸取代了泥板一样，那么结束的到底是什么？准确地说，没人知道什么会因此结束。约翰内斯·古登堡的目标不在于重新发明书籍，他只是想量产符合当时手抄本美学追求的书籍。他想使书籍，或者更广泛地说使印刷的文本成为大众媒介。古登堡的愿望是，将文本带到人群当中去，并以此挣钱。尽管如此，他的发明还是改变了在手稿时代就已经成为主要媒介的书籍。在他发明印刷术之后，才有越来越多的人可以接触到书籍。他的革命其实在于将整个社会文本化，不同类型的文本——从法律文书到百科全书再到菜谱——突然能为许多人所用。知识和沟通相互渗透，甚至可以将知识增长中的一大部分都理解为沟通的结果。互联网同样让人们可以接触到文本和内容，这必然不是什么新发现。但除此之外，印刷的书籍与互联网还具有另一个共通点：在古登堡生命的最后几年中，人们借助印刷术用文本迅速回应文本，今天的互联网实现了比当时快得多的发言和反驳速度。

在印刷术出现的早期、在其孵化期，除文字之外，图像也扮演着相当重要甚至不亚于文字的角色。最晚到理性主义兴起时，文字开始占了上风。在互联网时代，图像所占据的空间越来越多——从这个角度探究互联网与古登堡时代的联系或许是个有趣的话题。如果完全不考虑这些问题，而只将古登堡星汉视为文本的集合，那么关于古登堡星汉终结的讨论将会错误地变为对以下问题的讨论：人类用想象中的现实换取陌生的虚拟的时代，是否会取代阅读和文本的时代？

书籍文化曾振兴欧洲。从古登堡的视角出发，互联网又进一步扩大了社会沟通的可能性。如果说古登堡星汉确实存在，那么如果我们能学会运用互联网，古登堡星汉将被进一步扩大。书籍、阅读和书写的意义是我们的文化能否适应未来的一大标志。如果将这一适应未来的能力与古登堡这个名字联系在一起，也非言过其实。这一媒介革命体现在他把精英的媒介变成了大众的媒介。这条道路从未被抛弃。我们现在仍在这条道路上行进。

附　录

《四十二行圣经》存本名录

古登堡的《四十二行圣经》共有48本存世，散布在世界各个角落。每个存本都有自己的故事和独一无二的装帧，因此每本都可以被视为孤本。艺术史学家埃伯哈德·柯尼希（Eberhard König）所制名录中按照保存地列出了《四十二行圣经》的各个存本，并以缩写形式写明了资料出处。此外，他也写明了各个存本是否有摹真本。该目录随研究进展不断更新。

古登堡《四十二行圣经》存本名录2004（1995）

1. 阿沙芬堡（Aschaffenburg，德国），宫廷图书馆（Hofbibliothek），纸质本。Hubay 7, NeedhamP 15, Dodu 1, Powitz 1. 参见Hans Hauke, »Ein biblisches Summariumaus dem 15. Jahrhundert in der Aschaffenburger GutenbergBibel«, in: *Aschaffenburger Jahrbuch* 7, 1981, S.109–116; Ilona Hubay, »Zwei GutenbergBibeln im Untermaingebiet«, in: *Aschaffenburger Jahrbuch für Geschichte, Landeskunde und Kunst des Untermaingebietes* 7, 1981, S.95–105. 书籍绘画装饰：美因茨，质量不一。

2. 奥斯汀（Austin，美国），得克萨斯大学哈利·兰森人文中心（Harry Ransom Humanities Center），纸质本。Hubay 39, Needham P30, Dodu 2, Powitz 36.

参见William B. Todd, »Why buy a Gutenberg Bible«, in: *Antiquarian Bookman* 25, 1980, S.1419–1431；以及，作者同上，»Auswahlkriterien für die B 42– Texas«, in: *Börsenblatt für den Deutschen Buchhandel–Frankfurter Ausgabe– Nr. 18, 29.* Februar 1980, S.A 71–A 76；作者同上，»The Texas Gutenberg Bible: Procedures determinig the selection«, in: *Journal of Library History* 15, 1980, S.281–292; Karen Gould, »The GutenbergBible at Texas. An Educational Resource«, in: *The Library Chronicle of the University of Texas at Austin*, N.S.22, 1983, S.89–99。书籍绘画装饰：美因茨，质量不一。

3. 柏林（Berlin，德国），普鲁士文化遗产国家图书馆（Staatsbibliothek Preußischer Kulturbesitz），皮纸本。Hubay 3, Needham V7, Dodu 3, Powitz 2. 曾有计划翻印整部《圣经》的缩小版，但目前出版的只有第一册，附有由维兰德·施密特（Wieland Schmidt）撰写的后记：Bd. 1 der Bibliophilen Taschenbücher, Dortmund 1979；之后得以复制的只有：*Die illuminierten Seiten der Gutenberg-Bibel, Nachwort,* S.203–231, Die bibliophilen Taschenbücher 417, Dortmund 1983。一系列的发现证实了这一存本来自莱比锡；此前莱比锡大学图书馆中有一些藏书不为人知，包括拉丁语版《圣经》（Ms. 1）和1460年由福斯特和舍费尔在美因茨印刷的教皇克雷芝五世（Clemens V）的《宪令》（*Constitutiones*）；参见Debes 1989，图63，120。摹真本：Insel-Verlag, Leipzig 1913/14和Idion-Verlag, München 1979；评论本：*Gutenberg-Bibel. Handbuch zur B 42*, Verlag Bibliotheca Rara, Münster 1995, mit einem Supplement von Eberhard König（以下称为《手册》）。

布卢明顿（Bloomington，美国），莉莉图书馆（Lilly Library），纸质本。见25.蒙斯（Mons，比利时）。

4. 布尔戈斯（Burgos，西班牙），国家公共图书馆（Biblioteca Pública del Estado），第66号，纸质本。Hubay 31, Needham P35, Dodu 5, Powitz 34. 该

《圣经》曾在展览上展出：*Las Edades del Hombre. Libros y Documentos en laIglesia de Castilla y Leon*, Burgos 1990, JVr 130, S.190ff。这一不同寻常的版本曾出版摹真本：Vicent Garcia, Valencia und Bibliotheca Rara, Münster 1996；参见由迪特里希·布里森梅斯特（Dietrich Briesemeister）出版，艾娃·哈内布特–本茨（Eva Hanebutt-Benz）、埃伯哈德·柯尼希、汉斯·约阿希姆·柯比茨（Hans Joachim Koppitz）等人参与编写的评论本。这一存本与纽约摩根图书馆（Pierpont Morgan Library）的《圣经·旧约》共同证明了，福斯特曾雇用一位详细按照计划以同样方式、不同颜色在美因茨装饰多本《四十二行圣经》的画师；这位"福斯特大师"此时尚未使用自1459年"杜兰本"（Durandus）开始使用的模板。

卡马里奥（Camarillo，美国），爱德华·劳伦斯·多希尼纪念图书馆（Edward Laurence Doheny Memorial Library），纸质本。见45. 东京（Tokyo，日本）。

5. 剑桥（Cambrige，英国），大学图书馆（University Library），纸质本。Hubay 22, Needham 33, Dodu 7, Powitz 19. 保罗·尼达姆（Paul Needham）证实海因里希·埃格施泰因将该版本的某些部分用作其第三版拉丁语《圣经》文本修订的基础：»A Gutenberg Bible used as Printers Copy by Heinrich Eggestein in Straßburg, ca. 1469«, in: *Cambridge Bibliographical Society* 9, 1986, S.36–75。更精确的说明，特别是对于其中没有使用的部分，以及埃格施泰因出版说明中声称的由学者总体修正的文本编辑，见Lotte Hellinga: »Three Notes on PrintersCopy: Straßburg, Oxford, Subiaco«, in: *Cambridge Bibliographical Society IX*, 1987, S.194–204，特别是第194页。在此背景下，对于该版本格外精美的绘画装饰值得获得新关注。与之相似的绘画装饰仅见于海因里希·埃格施泰因的第三版《圣经》（GW 4208）；参见莱比锡的杰出范例：Debes 1989，图111。

6. 剑桥（Cambridge，美国），哈佛大学怀德纳图书馆（Widener Library），纸质

本。Hubay 40, Needham P24, Dodu 8, Powitz 37. Richard N. Schwabu. a., »The Proton Milliprobe Ink Analysis of the Harvard B 42, Vol. Ⅱ.«, in: *The Papers of the Bibliographical Society of America* 81, 1987, S.403–432.

尚蒂伊–勒–方丹（Chantilly-Les-Fontaines，法国），梅森·圣路易（Maison Saint-Louis），纸质本，仅有第一册，第129–148页。见25.蒙斯。

7. 科洛尼（Cologny，瑞士），博德默图书馆（Bibliotheca Bodmeriana），纸质本。Hubay 30, Needham 31, Dodu 10, Powitz 33. 对于该本《圣经》的故事，包括在海牙梅尔马诺博物馆（Meermanno-Westreenianum）中对缺失页面进行的修复和辨别工作，以及威尔斯（Wells）拆开的所谓《曼海姆圣经》中不属于此的替代页面（Hubay 47, Needham 18, Dodu 47），参见König 1984。书籍绘画装饰：奥格斯堡，可能由海因里希·莫里特（Heinrich Molitor）在当地进行。

达拉斯（Dallas，美国），南方卫理公会大学布里德维尔图书馆（Bridwell Library），纸质本，仅有第二册，第77–101页。见25.蒙斯。

8. 爱丁堡（Edinburgh，英国），国家图书馆（National Library），纸质本。Dodu 12，Powitz 20. 参见Bryan Hillyard, »History of the National Library of Scotland's 42-Line Bible«, in: *The Bibliothek* 12, 1985, S.105–125。施温克（Schwenke）和柯尼希（König）在1979年提出，书籍绘画装饰在苏格兰进行。但事实上可能在埃尔福特进行。

9. 伊顿（Eton，英国），伊顿公学图书馆（Eton College Library），纸质本。Hubay 23, NeedhamP 21, Dodu 13, Powitz 21. 参见Claudine Lemaire, La Bible de Gutenberg d'Eton Library, propriété de la comtesse Anne d'Yve de 1811 à 1814, in: Gutenberg-Jahrbuch 1983, S.21–24。书籍装订：埃尔福特的约翰内斯·弗格尔（Johannes Fogel）工场；书籍绘画装饰：埃尔福特的麦森工场（Meisenwerkstatt）。

10. 法兰克福（Frankfurt，德国），城市与大学图书馆（Stadt- und

Universitätsbibliothek），纸质本。Hubay 6, Needham P14, Dodu 14, Powitz 3. K.-D. Lehmann (Hg.), *Bibliotheca Publica Francofurtensis*, Frankfurt a. M. 1985, Tafelband, zu Tafel 29. 参见模范性的专著：Powitz，1990。手写部分：无法查明。

11. 富尔达（Fulda，德国），黑森州立图书馆（Hessische Landesbibliothek），皮纸本。Hubay 4, Needham Ⅴ 4, Dodu 15, Powitz 4. 插图亦见于Das Bibliophilen Taschenbuch 427, König 1983。书籍装订与绘画装饰：埃尔福特麦森工场（Meisenwerkstatt）。

12. 哥廷根（Göttingen，德国），下萨克森国家与大学图书馆（Niedersächsische Staats- und Universitätsbibliothek），皮纸本。Hubay 2, Needham V6, Dodu 16, Powitz 5. 由美因茨的工场按照所谓的《哥廷根图书绘画装饰书》（*Göttinger Musterbuch*）进行加工。关于《哥廷根图书绘画装饰书》，参见Höhle 1984, 全书；Robert Fuchs und Doris Oltrogge, Untersuchungen rheinischer Buchmalerei, in: Imprimatur NF, XLV, 1991, S.55–80。

海牙（Den Haag，荷兰），梅尔马诺博物馆（Museum Meermanno-Westreenianum），纸质本，第二册，第219–220页。见7.科洛尼。

伊门豪森（Immenhausen，德国），教区，仅有第一册。见13.卡塞尔。

13. 卡塞尔（Kassel，德国），综合高等大学图书馆（Bibliothek der Gesamthochschule，曾名穆哈特谢和州立图书馆：Murhardsche und Landesbibliothek），伊门豪森教区储藏室，纸质本。仅有第一册。Hubay 12, Needham P42, Dodu 9, Powitz 6. 装订：美因茨；手写部分：无法查明，可能亦在美因茨。

14. 哥本哈根（Kopenhagen，丹麦），皇家图书馆（Kongelige Bibliotek），纸质本。Hubay 13, Needham P 47, Dodu 11, Powitz 29. 在德国吕贝克（？）装饰。

15. 莱比锡（Leipzig，德国），德国书籍与文字博物馆（Deutsches Buch- u. Schriftmuseum），目前在莫斯科的俄罗斯国家博物馆，皮纸本。Needham

V3, Dodu 49, Powitz 9. 这本《圣经》在文献中被认为下落不明或遗失，但后来在莫斯科被发现。令人不快的是，与这一重要文物仍存于世所带给人们的欣喜相比，关于归还与否的争论占了上风。由于政治方面的争端，研究人员目前无法查看此书。十分奇怪的是在《手册》第87页图12可以看到，第二册开头的红字是印刷而成的。由于在《艺术词典》（*Lexikon der Kunst*）的很小的复制图像中无法看出这是一份20世纪20年代新排版的摹真本，斯维林·柯斯滕（Severin Corsten）得出了错误的结论，不久后他进行了纠正。参见其文章：»Eine weitere gedruckte Rubrik in der 42-zeiligen Bibel«, in: *Gutenberg-Jahrbuch* 56, 1981, S.136ff。此后他进行了纠正，参见*Gutenberg-Jahrbuch* 57, 1982, S.119。之后一些文章对摹真本的问题进行了更详尽的探讨，参见Günther Franz, »Die verschollene Gutenberg-Bibel des LeipzigerBuch und Schriftmuseums und ein Faksimile auf Pergament«, in: *Gutenberg-Jahrbuch* 1990. S.40–45。还有一些文章研究了印刷样品的此前未知的复制品和页面上的手写文本： Lieselotte Reuschel, »Die verschollene GutenbergBibel des Dt.Buch und SchriftMus. in Leipzig und ihre Abb.«, in: *Leipziger Jahrbuchzur Buchgeschichte* 2, Wiesbaden 1992, S.35–42。通过这些研究成果，先前从插图中得出的结论——例如唐·克利夫兰·诺曼（Don Cleveland Norman）从一张彩色双面页面中得出的结论变得可疑。最奇特的事实是，摹真本在装饰边中展现的图像主题符合1460年前后布鲁日书籍绘画装饰的两种不同方式（有时是环绕的形式，有时图像直接画在空白的皮纸上），这让我确信，莫斯科被验明正身的存本再次出现时——不论是在那里还是在别的地方——人们将证实下述核心论点：这本《圣经》与马德里国家图书馆绘图装饰精美的《四十八行圣经》一样，都出自威廉·弗雷兰特（Willem Vrelant）的工场，前者在那里获得了之后被模仿的装饰边中的图像主题。关于这本《圣经》的下落，参见Koppitz 1994，特别参见Tatiana Dolgodrova, »Die Miniaturen der Leipziger PergamentAusgabe der

Gutenberg-Bibel, ein hervorragenes Denkmal der Buchkunst«, in: *Gutenberg-Jahrbuch* 1997, S.64。

16. 莱比锡（德国），大学图书馆（Universitätsbibliothek），纸质本。目前在莫斯科罗蒙诺索夫（Lomonossov）国立大学图书馆。Hubay 49, Needham P19, Dodu 48, Powitz 8. 根据我的检索结果，这一保存完好、装饰丰富的存本连一张照片都没有。Andreas Venzke 1993, S.206表示莱比锡的这本下落不明的存本曾出现在莫斯科，这点完全正确。因此在我看来，柯比茨在 *Gutenberg-Jahrbuch* 1994, S.20中对这一观点提出的批评对于古登堡研究来说并无益处。

17. 莱比锡（德国），大学图书馆（Universitätsbibliothek），皮纸本。Hubbay 14, Needham V5, Dodu 17, Powitz 7. 这是唯一一本红字被拿来与"红字表"彻底对比的存本；模范性的描写参见Dietmar Debes, »Anmerkungen zum Leipziger Pergamentexemplar der B 42, in: Johannes Gutenberg-Regionale Aspekte des frühenBuchdrucks. Vorträge der Internationalen Konferenz zum 550. Jubiläum derBuchdruckerkunst am 26. und 27. Juni 1990 in Berlin«, hg. von HolgerNickel und Lothar Gillner, Berlin 1993, S.109–112。亦参见Debes 1989, S.97, »1461 vierbändig in der Erfurter Werkstatt desJohannes Fogel oder eines Nachfolgers gebunden«。

18. 里斯本（Lissabon，葡萄牙），国家图书馆（Biblioteca Naciona），纸质本。Hubay 29, Needham P32, Dodu 18, Powitz 32. 手写部分：无法查明。

19. 伦敦（London，英国），大英图书馆乔治三世馆（British Library-Georg Ⅲ），纸质本。Hubay 21, Needham P27, Dodu 21, Powitz 23. 插图绘画：德国埃尔福特。

20. 伦敦（英国），大英图书馆格林维尔馆（British Library-Greenville），皮纸本。Hubay 19, Needham V 10, Dodu 20, Powitz 22. 手写部分：无法查明。

21. 伦敦（英国），兰贝斯宫图书馆（Lambeth Palace Library），ms. 15，皮纸

本，仅有《圣经·新约》。Hubay 20, Needham V 12, Dodu 19, Powitz 24. 绘画装饰：英国，可能是伦敦，柯尼希联系大英图书馆的单页对这一几乎能与手写本以假乱真的存本进行了研究，参见König 1983；König 1993，全书。

22. 美因茨（Mainz，德国），古登堡博物馆（Gutenberg-Museum），纸质本（《舒克堡圣经》，*Shuckburgh-Bibel*）。Hubay 8, Needham P16, Dodu 23, Powitz 10. 手写部分：可能来自美因茨。

23. 美因茨（Mainz，德国），古登堡博物馆（Gutenberg-Museum），纸质本，仅有第二册。Hubay 9, Needham P46, Dodu 24, Powitz 11. 装订和绘画装饰：美因茨。

24. 曼彻斯特（Manchester，英国），约翰·莱兰茨图书馆（John Rylands Library），纸质本。Hubay 25, Needham P23, Dodu 22, Powitz 25. 参见Lotte Hellinga, »The RylandsIncunabula: an International Perspective«, in: *Bulletin du Bibliophile* 1989/1, S.34–52。尼德海姆（Needham）证实了富有争议的来源地为莱茵高埃伯巴赫的问题；相应的图书馆登记内容在紫外线下可见。绘画装饰：可能来自美因茨。

25. 蒙斯（Mons，比利时），市立图书馆（Bibliothèque municipale），纸质本。Hubay 1, Needham P45, Dodu 25, Powitz 48. 这是特里尔圣马可西敏修道院（Sankt Maximin）存本的不完整的第一册。弗兰茨（Franz）和之后的鲍维茨（Powitz）都认为，维滕巴赫（Wyttenbach）于1828年在特里尔的欧雷维西（Olewig）找到的所谓的第二本《特里尔圣经》也属于此，后者后来被特里尔的民族主义者作为最后一本知名"复本"售出，并在1954年被斯克里布纳（Scribner）拆开（Hubay 46）。就像胡鲍伊（Hubay）所写，奥斯瓦尔德·冯·塞勒（Oswald von Seilern）伯爵的遗产中包括从《多俾亚传》到《圣咏经》的第63页（Ⅰ，261–324，缺第266页），以及*Machabeorum*的第18页（Ⅱ，162–189）。我在尚蒂伊–勒–方丹的耶稣会找到了第一册中缺少的另一大部分。那里集中了耶稣会的所有物，来自全法国，也包括耶稣会士此前被逐出法国时搬到泽西岛和比利时昂吉安的藏书。另外我还找到了《圣经·旧约·列王纪上》（Ⅰ，129–148）的第20页；参见Ausst.-Kat. *Trésors des Bibliothèques de Picardie, Pierrefonds* 1991, S.54 f。就像在此对鉴定起到决定性作用的是装饰，也可以通过同样的、可能来自特里尔的装饰得出布卢明顿的《圣经·新约》也属于该存本一部分的结论。这点尼达姆（Needham）已通过*Papers of the Bibliographical Society of America* 79, 1985, S.358中的手写笔记向我指出：Bloomington, Indiana, Lilly Library: BS 75.1454. Hubay 46, Needham 48, Dodu 4，其提到Ⅱ，279页上的一个签名"Petrus"（Dodu 1985, S.34）。也有学者研究了布卢明顿《新约》中的墨迹：Richard N.Schwab u. a., »Ink Patterns in the Gutenberg New Testament. The Proton Milliprobe Analysis of the Lilly Library Copy«, in: *The Papers of the Bibliographical Society of America* 80, 1986, S.305–331。亦见展品目录*The Bible in the Lilly Library*, Bloomington 1990, Nr. 1。手写部分：可能出自特里尔圣马克西敏修道院。

26. 慕尼黑（München，德国），巴伐利亚州国家图书馆（Bayerische Staatsbibliothek），纸质本。Hubay 5, Needham 13, Dodu 26, Powitz 12. 参见展品目录*Thesaurus librorum, 425 Jahre Bayerische Staatsbibliothek*, München, 18. August–1.Oktober 1983, Wiesbaden 1983, S.208, Nr. 89. Elmar Hertrich u. a., Bayerische Staatsbibliothek. *Inkunabelkatalog*, Bd. 1, A-Brev, Wiesbaden 1988, S.413: B-408。Hertrich 1990, S.A 365理由充分地驳回了我对于布里克森的推测（Handbuch, S.118）；可能在泰根湖区或安德希斯由一位与安东·佩尔辛格（Anton Pelchinger）同乡的来自泰根湖区的僧侣进行加工；参见柯尼希的修正：König 1984, S.99 f。

27. 纽黑文（New Haven，美国），耶鲁大学拜内克图书馆（Beinecke Library），纸质本。Hubay 41, Needham P34, Dodu 27, Powitz 38. Hertrich 1990理由充

分地反驳了我对于布里克森的推测（Handbuch, S.118）；可能在梅尔克加工；参见柯尼希的修正：König 1984, S.99f。

28. 纽约（New York，美国），摩根图书馆（Pierpont Morgan Library），19206–7，纸质本。Hubay 38, Needham P28, Dodu 29, Powitz 40. 手写部分：无法查明。

29. 纽约（美国），摩根图书馆，纸质本。Hubay 44, Needham P38, Dodu 31, Powitz 41. 只有《旧约》，在美因茨由"福斯特大师"按照与《布尔戈斯圣经》相同的设计进行加工。

30. 纽约（美国），摩根图书馆，13，皮纸本。Hubay 37, Needham V9, Dodu 30, Powitz 39. 一开始在德国（可能在科隆）加工，然后是弗兰德。该存本中掺杂了很多替代书页。

31. 纽约（美国），公共图书馆（Public Library），纸质本。Hubay 42, Needham P36, Dodu 28, Powitz 42. Ⅰ, 1–4, Needham 1985. 第361页被查明为印刷复制品（而非Hubay认为的第二次印刷）。手写部分：无法查明。

32. 牛津（Oxford，英国），博德利图书馆（Bodleian Library），纸质本。Hubay 24, Needham P22, Dodu 32, Powitz 26. 手写部分：美因茨。

33. 巴黎（Paris，法国），马萨林图书馆（Bibliothèque Mazarine），纸质本。Hubay 16, Needham P20, Dodu 35, Powitz 17. 亦参见对复制本的评论：Editions lesIncunables, Paris 1985, Jean-Marie Dodu：*La Bible Gutenberg*；该版的第二部分：Archipel Studio, Paris和Biblioteca Rara, VG, Münster 2004. 附文来自克里斯蒂安·加兰塔里斯（Christian Galantaris）和柯尼希（König）（附有名录）。手写部分：美因茨。

34. 巴黎（法国），国家图书馆（Bibliothèque Nationale），纸质本。Hubay 17, Needham P44, Dodu 34, Powitz 16. 手写部分：美因茨；书籍绘画装饰同样来自美因茨，但几乎没有保留下来，署名为海因里希·阿尔普希，人称克雷默尔（Heinrich Albch, genannt Cremer），1456。

35. 巴黎（法国），国家图书馆，皮纸本。Hubay 15, Needham V1, Dodu 33, Powitz 15. 参见Ilona Hubay: »Zur Provenienz der Pariser Gutenberg-Bibel«, in: *Philobiblon* 26, 1982, S.157–165。这本《圣经》曾在不同展览上展出，例如参见展品目录*Archéologie du Livre Mediéval*, Paris 1987；以及La Mémoire des Siècles. 2000 ans d'écrits en Alsace, Straßburg 1989。其也在关于《哥廷根图书绘画装饰书》的讨论中扮演重要角色，参见Höhle 1984全书；Robert Fuchs und Doris Oltrogge: »L'utilisationd'unlivre de modèlespour la reconstitution de lapeinture de manuscrits. Aspects historiques et chimiques«, in: *Actes du Colloque du CNRS, Pigments et colorants de l'Antiquité et du Moyen Âge*, Orléans 1988, Paris 1990, S.309–323。

36. 佩尔普林（Pelplin，波兰），主教神学院（Bischöfliches Priesterseminar），纸质本。Hubay 28, Needham P25, Dodu 36, Powitz 31. 参见Antoni Liedke, *Saga pelplinskiej Biblii Gutenberga*, Pelplin 1983。摹真本 2003。手写部分：可能出自吕贝克。

37. 普林斯顿（Princeton，美国），约翰·H. 谢德图书馆（John H. Scheide Library），纸质本。Hubay 43, Needham P26, Dodu 37, Powitz 43. 来自第二本《特里尔圣经》和《曼海姆圣经》的原页，此处参见蒙斯和施韦因富特。补充这一版本的复制页面显然来自《慕尼黑古登堡圣经》的从未出版的摹真本的准备工作：Asher, Berlin, 1873年以前；Needham, S.360得出这一结论并逐一列出这些页面。谢德的图书管理员参考了这个版本，但不受影响地完成了其精美版本：Janet Ing, *Johann Gutenberg and his Bible*, New York 1988。麦森工场代表作品。其与最近在艺术品贸易中出现的在埃尔福特完成绘画装饰的一本不完整的《四十八行圣经》非常相似（纽约苏富比，1992年12月17日，3号拍卖品）。这是所有对于古登堡和纸牌大师的研究的出发点，但在新文献中不再被提及。

38. 罗马（Rom，意大利），梵蒂冈宗座图书馆（Biblioteca Apostolica Vaticana），

纸质本，仅有第一册。Hubay 34, Needham P40, Dodu 44, Powitz 28. 尼达姆（Needham）曾向我表示，牛津大学博德利图书馆中被他视为残本的第1、9、10页正好可以补充这里所缺的书页。手写部分：无法查明。

39. 罗马（意大利），梵蒂冈宗座图书馆，曾在巴尔贝尼（Barberini），皮纸本。Hubay 33, Needham V11, Dodu 43, Powitz 27. 绘画装饰：可能在意大利。

40. 圣奥梅尔（St. Omer，法国），公共图书馆（Bibliothèque communale），纸质本，仅有第一册。Hubay 18. Needham P43. Dodu 38, Powitz 18. 手写部分：无法查明。

41. 圣马力诺（San Marino，美国），汉廷顿图书馆（Huntington Library），皮纸本。Hubay 36, Needham V 2, Dodu 39, Powitz 44. 雅罗斯拉夫·弗尔霍特卡（Jaroslav Vrchotka）研究了波希米亚贵族世家冯·诺斯蒂茨（von Nostitz）的记录条目：»Zur ehemaligen Prager Provenienz der B42 in der Henry E.H untington Library in San Marino, USA«, in: *Johannes Gutenberg-Regionale Aspekte des frühen Buchdrucks. Vorträge der Internationalen Konferenz zum 550. Jubiläum der Buchdruckerkunst am 26. und 27. Juni 1990 in Berlin*, hg. von Holger Nickel und Lothar Gillner, Berlin 1993, S.113–117。弗尔霍特卡没有进一步考虑纽约摩根图书馆的《圣经·旧约》纸质本中有冯·诺斯蒂茨家族成员的花押字的情况。装订：可能在莱比锡；绘画装饰：莱比锡。

42. 施韦因富特（Schweinfurt，德国），奥托·舍夫尔图书馆（Bibliothek Otto Schäfer），纸质本，只有《圣经·旧约·约书亚记》第二册第102—114页。Hubay 47, Needham P18, Dodu 47, Powitz 47. 所在存本从曼海姆宫廷图书馆到了慕尼黑，是现在科洛尼的存本的补充。1832年被作为复制本售出并被威尔斯（Wrells）拆开。这是该存本中页数最多、最完好的部分。参见 Manfred von Arnim, *Katalog der Bibliothek Otto Schäfer Schweinfurt*, Stuttgart 1983, I, Nr. 49, S.173 f。手写部分：无法查明。

43. 塞维利亚（Sevilla，西班牙），大学和省立图书馆（Biblioteca Universitaria y Provincial），纸质本，只有《圣经·新约》。Hubay 32, Needham P49. Dodu 40, Powitz 35. 手写部分：无法查明。

44. 斯图加特（Stuttgart，德国），符腾堡州立图书馆（Württembergische Landesbibliothek），曾在中央神学院，纸质本。Hubay 10, Needham P 17, Dodu 41, Powitz 13. 参见C. und G. Römer, Ausst-Kat., *Bibelhandschriften. Bibeldrucke. Gutenberg-Bibel in Offenenburg*, Offenburg 1980, S.30–34。插图绘画：美因茨或上莱茵。

45. 东京（Tokyo，日本），丸善株式会社（Maruzen），爱德华·劳伦斯·多希尼纪念图书馆（Edward Laurence Doheny Memorial Library），纸质本，仅有第一册。Hubay 45, Needham P 39, Dodu 6, Powitz 46. Richard N. Schwab, Thomas A. Cahill, Bruce H. Kusko und Daniel L.Wick, »New Evidence of the Printing of the Gutenberg Bible: The Inks in theDoheny Copy«, in: *The Papers of the Bibliographical Society of America* 79, 1985, S.375–410; Paul Needham (Hg.), *Illuminated Incunabulain the Doheny Library, The Estelle Doheny Collection, Part I: FifeenthCentury Books Including the Gutenberg Bible*, Christie's New York,22. 10. 1987, S.284–302. 装订和插图绘画：美因茨。

46. 特里尔（Trier，德国），国家图书馆（Stadtbibliothek），纸质本。Hubay 11, Needham P 41, Dodu 42, Powitz 14. 参见Günther Franz, »Die Schicksale der Trierer Gutenberg-Bibel. Zwei Makulaturblätter mit Druckvarianten«, in: *Gutenberg-Jahrbuch* 1988, S.22–42。插图绘画：美因茨或特里尔。

瓦杜兹（Vaduz，列支敦士登），奥斯瓦尔德·冯·塞勒伯爵遗产，纸质本，Ⅰ，261–324和Ⅱ，162–189，见25.蒙斯。

47. 华盛顿哥伦比亚特区（Washington D. C.，美国），国会图书馆（Library of Congress），皮纸本。Hubay 35, Needham V 8, Dodu 46, Powitz 45. 参见Frederick R. Goff, »Uncle Sam has a book«, in: *Quarterly Journal of the Library*

of Congress 28, 1981, S.123–133。手写部分：无法查明。

48. 维也纳（Wien，奥地利），奥地利国家图书馆（Österreichische Nationalbibliothek），纸质本。Hubay 27, Needham P29, Dodu 45, Powitz 30. 与《手册》中所推测的不同，插图绘画并非来自意大利布里克森，而是来自维也纳。

参考文献

Dodu, Jean-Marie (Hrsg.): *Biblia Sacra Mazarinaea-La Bible de Gutenberg. Ouvragedocumentaire.* Présentationhistorique, Transcription, Traduction, 2 v., Tours 1985.

Hubay, Ilona: »Die bekannten Exemplare der zweiundvierzigzeiligen Bibel und ihre Besitzer«, in: Schmidt, Wieland/Künsemüller, Friedrich Adolf (Hrsg.): *Gutenbergs zweiundvierzigzeilige Bibel.* FarbigeVoll-Faksimileausgabe. 2 Bde. und Kommentarband. Berlin 1979.

Needham, Paul: »The paper supply of the Gutenberg bible«, in: *The papers of the Bibliographical Society of America.* New York 1982, S.395–456.

Powitz, Gerhard: Die Frankfurter GutenbergBibel. Ein Beitrag zum Buchwesen des 15. Jahrhunderts, Frankfurt a. M. 1990.

图片和文本版权

图1：Gutenberg-Museum Mainz

图2：akg

图3：Florida Center for Instructional Technology〔出自：Ellsworth D. Foster, James L. Hughes (Hrsg.): The American Educator, Chicago 1921〕

图4：Florida Center for Instructional Technology〔出自：Ellsworth D. Foster, James L. Hughes (Hrsg.): The American Educator, Chicago 1921〕

图5：University of Michigan（出自：Philip Van Ness Myers: Mediaeval and Modern History, Boston / New York 1905）

图6：Verlag Edition Leipzig〔出自：Jost Amman, Hans Sachs (Hrsg.): Eygentliche Beschreibung aller Stände auff Erden hoher und nidriger, geistlicher und weltlicher, aller Künsten, Handwerken und Händel, Leipzig 1966〕. Mit freundlicher Abdruckgenehmigung des Verlags

图7：出版社档案

图8：Gutenberg-Museum Mainz（出自：Gutenberg-aventur und kunst, Katalogzur Ausstellung der Stadt Mainz, Mainz 2000）

图9：Wikimedia Commons

图10：Wikimedia Commons（出自：Hartmann Schedel, Weltchronik, hrsg. von

AnthoniKoberger, Nürnberg 1493, fol. cxxxix verso undcxl recto）

图11：Gutenberg-Gesellschaft

图12：bpk / Staatsbibliothek zu Berlin（出自：MaxGeisberg, Das älteste gestochene deutsche Kartenspiel, Strassburg 1905）

图13：bpk / Staatsbibliothek zu Berlin-Preußischer Kulturbesitz, 2° Inc 1511

部分参考文献

Albrecht, Joseph: *Mittheilungen zur Geschichte der ReichsMünzstätten zu Frankfurt am Mayn, Nördlingen und Basel in dem zweiten Viertel des fünfzehnten. Jahrhunderts*, Heilbronn 1835

Amelung, Peter: *Das Bild der Deutschen in der Literatur der italienischen Renaissance*, München 1964

Andermann, Kurt (Hrsg.): *Rittersitze. Facetten adligen Lebens im Alten Reich*, Tübingen 2002

Andernacht, Dietrich / Berger, Erna: *Das Bürgerbuch der Reichsstadt Frankfurt1401—1470*, Frankfurt a. M. 1978

Angenendt, Arnold: *Geschichte der Religiosität im Mittelalter*, Darmstadt 2009

　　– Grundformen der Frömmigkeit im Mittelalter, München 2004

Apuleius: Platon und seine Lehre, hrsg. von Paolo Siniscalco, St. Augustin 1980

Aristoteles: Nikomachische Ethik, in: ders.: Werke, Bd. 6, Berlin 1983(1956)

　　– *Physik*, in: ders.: *Werke*, Bd. 11, Berlin 1983

　　– *Politik*, in: ders.: *Philosophische Schrifte*n, Bd. 4, Hamburg 1995

　　– *Rhetorik*, Stuttgart 1999

Armstrong, Lawrin: *Usury and public debt in early Renaissance Florence. Lorenzo*

Ridolf on the Monte Comune, Toronto 2003

Augustinus: *Bekenntnisse. Confessiones*, Frankfurt a. M. / Leipzig 2007

    – *De trinitate*, Hamburg 2001

    – *Vom Gottesstaat*, 2 Bde., München 1991

Bartl, Dominik: *Der Schatzbehalter. Optionen der Bildrezeption*, Diss.Heidelberg
    2010,http://archiv.ub.uni-heidelberg.de/volltextserver/10735/1/Diss_Heidi.pdf

Bechtel, Guy: *Gutenberg et l'invention de l'imprimerie.* Uneenquête, Paris 1992

Bergdolt, Klaus / Knape, Joachim / Schindling, Anton / Walther, Gerrit (Hrsg.):
    Sebastian Brant und die Kommunikationskultur um 1500, Wiesbaden 2010

Biblia Sacra Mazarinea. »Die Mazarine Bibel« MCDLV, hrsg. Von Christian
    Galantaris, Münster 2004

Biblia Sacra. Faksimile, Ausgabe des Exemplars der Bibliothèque Mazarine, 2 Bde.,
    (Paris 1985) Berlin 2003

Blum, Paul Richard: *Philosophieren in der Renaissance*, Stuttgart 2004

Boccaccio, Giovanni: *Die neun Bücher vom Glück und vom Unglück berühmter
    Männer und Frauen. De casibus virorum illustrium libri novem*, übersetzt,
    erläutert und hrsg. von Werner Pleister, München 1968

    – *Genealogia deorum gentilium Ioannis Bocatii*, Basel 1532

    – *Tutte le opere*, hrsg. von Vittore Branca, Mailand 1967

Bock, Hartmut: *Die Chronik Eisenberger*, Edition und Kommentar, Frankfurt a. M.
    2001

Bolz, Norbert: *Am Ende der Gutenberg-Galaxis.*
    Die neuen Kommunikationsverhältnisse, München 2008

    – Am Ende der Gutenberg-Galaxis, https://www.uibk.ac.at/voeb/texte/bolz.
        html, (Stand 10. 8. 2016)

Böninger, Lorenz: *Die deutsche Einwanderung nach Florenz im Spätmittelalter*,

Leiden / Boston 2006

Boockmann, Hartmut / Moeller, Bernd / Strackmann, Karl (Hrsg.): *Lebenslehren und Weltentwürfe im Übergang vom Mittelalter zur Neuzeit. Politik-Bildung-Naturkunde-Theologie. Bericht über Kolloquien der Kommission zur Erforschung der Kultur des Spätmittelalters 1983—1987*, Göttingen 1989

Boockmann, Hartmut / Grenzmann, Ludger / Moeller, Bernd /Staehlin, Martin (Hrsg.): *Literatur, Musik und Kunst im Übergangvom Mittelalter zur Neuzeit. Bericht über Kolloquien der Kommissionzur Erforschung der Kultur des Spätmittelalters 1989—1992*, Göttingen1995

Börckel, Alfred: *Gutenberg und seine berühmtesten Nachfolger im ersten Jahrhundert der Typographie nach ihrem Leben und Wirken dargestellt*, Frankfurt a. M. 1900

Brant, Sebastian: *Das Narrenschiff, Studienausgabe*, Stuttgart 2005

Brieskorn, Norbert / Mikat, Paul / Müller, Daniela / Willoweit, Dietmar (Hrsg.): *Vom mittelalterlichen Recht zur neuzeitlichen Rechtswissenschaft*, Paderborn 1994

Brix, Christoph: »Die politischen Konflikte in der HeimatstadtJohannes Gutenbergs 1411—44: Überlegungen zu den Parteienund ihren Zielen«, in: *Gutenberg-Jahrbuch* 85 (2010), S.95-111

Buck, August (Hrsg.): *Höfischer Humanismus*, Weinheim 1989

Burke, Peter: *Papier und Marktgeschrei. Die Geburt der Wissensgesellschaft*, Berlin 2001

Burschel, Peter: *Sterben und Unsterblichkeit*. Zur Kultur des Martyriumsin der frühen Neuzeit, München 2004

Caesar, Elisabeth: *Sebald Schreyer. Ein Lebensbild aus demvorreformatorischen Nürnberg*, Diss., Würzburg 1967

Celtis, Conrad: *Oden / Epoden / Jahrhundertlied*, übersetzt und hrsg.von Eckart Schäfer, Tübingen 2008

Cennini, Cennino: *Das Buch von der Kunst oder Tractat von der Malerei*, Neudruck der Ausgabe Wien 1871, übersetzt, mit Einleitung,Noten und Register versehen von Albert Ilg, Melle 2008

Chastel, André / Klein, Robert: *Die Welt des Humanismus. Europa1480—1530*, München 1963

Commynes, Philippe de: *Memoiren*, Stuttgart 1972

Compagni, Dino: *Chronik des Dino Compagni von den Dingen, diezu seiner Zeit geschahen*, übersetzt und eingeleitet von Ida Schwartz, Jena 1914

Conway, William Martin: *The Woodcutters of the Netherlands in the Fifeenth Century in Three Parts*, Cambridge 2015

Copernicus, Nicolaus: *Das neue Weltbild*, Hamburg 2006

Crapulli, Giovanni (Hrsg.): *Trasmissionedeitesti a stampanelperiod moderno. I seminario Internazionale, Roma 23-26 marzo 1983, 3 Bde.*, Rom 1985

Curtius, Ernst Robert: *Europäische Literatur und Lateinisches Mittelalter*, Tübingen / Basel 1993

Dante Alighieri: *Das neue Leben,* Zürich 1987

–*Die Göttliche Komödie*, Zürich 1963

–*Monarchia*, lateinisch-deutsch, Einleitung, Übersetzungund Kommentar von Ruedi Imbach, Stuttgart 1989

Das Corpus Hermeticum Deutsch, im Auftrag der Heidelberger Akademie der Wissenschaften bearbeitet und hrsg. von CarstenColpe und Jens Holzhausen, 2 Bde., Stuttgart 1997

Das Journal des Philippe de Vigneulles. Aufzeichnungen eines Metzer Bürgers (1471—1522), übersetzt und hrsg. von Waltraud und EduardSchuh,

Saarbücken 2005

Davidsohn, Robert: *Die Frühzeit der Florentiner Kultur*, Berlin 1922

– *Geschichte von Florenz*, Berlin 1908

De Libera, Alain: *Der Universalienstreit. Von Platon bis zum Ende des Mittelalters*, München 2005

Der tanzende Tod. Mittelalterliche Totentänze, hrsg., übersetzt undkommentiert von Gert Kaiser, Frankfurt a. M. 1982

Deutsche Spiele und Dramen des 15. und 16. Jahrhunderts, hrsg.von Wolfgang Harms und Franz Josef-Worstbrock, Frankfurt a. M. 1996

Die Chroniken der mittelrheinischen Städte, Bd. 1: Mainz, Leipzig 1881

Die deutschen Handschriften der Bayerischen Staatsbibliothek München, Cgm 691-867, neu bearbeitet von Karin Schneider, Wiesbaden1984

Die Handschriften der Stadtbibliothek Nürnberg, Bd. 2, bearbeitet vonIngeborg Neske, Wiesbaden 1987

Die Legenda Aurea des Jacobus de Voragine, aus dem Lateinischen vonRichard Benz, Gütersloh 2004

Die Vorsokratiker, Auswahl der Fragmente und Zeugnisse, Übersetzung und Erläuterungen von M. Laura GemelliMarciano, 3 Bde., Düsseldorf 2007

Dingel, Irene (Hrsg.): *Zwischen Konflikt und Kooperation. Religiöse Gemeinschaften in Stadt und Erzstif Mainz in Spätmittelalter und Neuzeit*, Mainz 2006

Dionisetto, Carlo: *Aldo Manuzio: umanista e editore*, Mailand 1995

Dirlmeier, Ulf: *Untersuchungen zu Einkommensverhältnissen und Lebenskosten in oberdeutschen Städten des Spätmittelalters*, Heidelberg 1978

Dorfey, Beate: *Stadt und Burg am Mittelrhein (1000—1550)*, Regensburg 2008

Dumont, Franz (Hrsg.): *Mainz. Die Geschichte der Stadt*, Mainz 1999

Eheberg, Karl Theodor (Hrsg.): *Verfassungs, Verwaltungs und Wirtschaftsgeschichte der Stadt Straßburg bis 1681,*

Bd. 1: *Urkunden und Akten*, Straßburg 1899

Ehrenberg, Richard: *Das Zeitalter der Fugger*, 2 Bde., Jena 1896

Elm, Kaspar: *Reformbemühungen und Observanzbestrebungen im spätmittelalterlichen Ordenswesen,* Berlin 1989

Emmrich, Karin: »St. Viktor bei Mainz, Nikolaus von Kuesund der frühe Buchdruck«, in: *Gutenberg-Jahrbuch* 76 (2001), S.87-94

Empell, Hans-Michael: *Gutenberg vor Gericht. Der Mainzer Prozessum die erste gedruckte Bibel*, Frankfurt a. M. 2008

Endemann, Wilhelm: *Studien in der romanischkanonistischen Wirtschafts und Rechtslehre bis gegen Ende des siebzehntenJahrhunderts*, 2 Bde., Berlin 1874/83

Endres, Rudolf (Hrsg.): *Nürnberg und Bern. Zwei Reichsstädte undihre Landgebiete*, Erlangen 1990

Enea Silvio Piccolomini: *Aeneae Sylvii Piccolominei Senensis, Qvi Post Adeptvm Pontifcatvm Pivs Eivs Nominis Secvndvs appelatus est, opera quae extant omnia: quorum elenchum versa pagella indicabit*, Basel 1571

– *Pii II commentarii*, hrsg. von Adrianus van Heck, Vatikanstadt1984

Esch, Arnold: »Deutsche Frühdrucker in Rom in den RegisternPapst Pauls II .«, in: *Gutenberg-Jahrbuch* 68 (1993), S.45-52

Falck, Ludwig: »Archivalische Quellen zu Leben und WerkGutenbergs im Stadtarchiv Mainz«, in: *Gutenberg-Jahrbuch* 58 (1983), S.16-18

Falk, Franz: »Der Stempeldruck vor Gutenberg und die Stempeldrucke in Deutschland«, in: *Festschrift zum fünfhundertjährigen Geburtstag von Johann Gutenberg*, hrsg. von Otto Hartwig, Mainz 1900, S.73-79

Flasch, Kurt: *Das philosophische Denken im Mittelalter. Von Augustin zu Machiavelli, Stuttgart 2000*

　　– Kampfplätze der Philosophie. Große Kontroversen von Augustinbis Voltaire, Frankfurt a. M. 2008

　　– Nikolaus von Kues. Geschichte seiner Entwicklung, Frankfurt a. M. 1998

Flasch, Kurt / Jeck, Udo Reinhold (Hrsg.): *Das Licht der Vernunf. Die Anfänge der Aufklärung im Mittelalter*, München 1997

Förster, Rolf Helmut: *Die Idee Europa 1300—1946. Quellen zur Geschichteder politischen Einigung*, München 1963

Franz, Adolph: *Der Magister Nikolaus Magni de Jawor. Ein Beitragzur Literatur und Gelehrtengeschichte des 14. und 15. Jahrhunderts*, Freiburg i. Br. 1898

　　– Die Messe im Deutschen Mittelalter, Freiburg i. Br. 1902

Friedrich, Hugo: Epochen der italienischen Lyrik, Frankfurt a. M. 1964

Fuchs, Francois-Jean: »Archivalische Quellen über GutenbergsAufenthalt in Straßburg«, in: *Gutenberg-Jahrbuch* 58 (1983), S.19-21

Funke, Fritz: *Buchkunde. Ein Überblick über die Geschichte des Buch- und Schriftwesens,* Leipzig 1972

Füssel, Stephan: Gutenberg und seine Wirkung, Frankfurt a. M. 2004

　　–Johannes Gutenberg, Hamburg 1999

Füssel, Stephan (Hrsg.): *Deutsche Dichter der frühen Neuzeit 1450—1600. Ihr Leben und Werk*, Berlin 1993

Füssel, Stephan / Hübner, Gert / Knape, Joachim (Hrsg.): *Artibvs. Kulturwissenschaft und deutsche Philologie des Mittelalters und derfrühen Neuzeit. Festschrift für Dieter Wuttke zum 65. Geburtstag*, Wiesbaden 1994

Geldner, Ferdinand: *Inkunabelkunde. Eine Einführung in die Weltdes frühesten Buchdruckes*, Wiesbaden 1978

Gerhardt, Claus W.: »Was erfand Gutenberg in Straßburg?«, in: *Gutenberg-Jahrbuch* 45 (1970), S.56-72

Giesecke, Michael: *Der Buchdruck in der frühen Neuzeit*, Frankfurt a. M. 1991

Glatz, Joachim: *Mittelalterliche Wandmalereien in der Pfalz undin Rheinhessen*, Mainz 1981

Goerlitz, Uta: *Humanismus und Geschichtsschreibung am Mittelrhein.Das »Chroniconurbis et ecclesiaeMaguntinensis« des HermannusPiscator OSB*, Tübingen 1999

Goncourt, Edmond et Jules: *Idées et sensations*, Paris 1896

Gramsch, Robert: *Erfurt-Die älteste Hochschule Deutschlands.Vom Generalstudium zur Universität*, Erfurt 2012

Griechische Lyrik, aus dem Griechischen übertragen von Dietrich Ebener, Berlin / Weimar 1980

Grosse, Sven: *Heilsungewissheit und Scrupulositas im späten Mittelalter.Studien zu Johannes Gerson und Gattungen der Frömmigkeitstheologieseiner Zeit*, Tübingen 1994

Grunert, Frank / Syndikus, Anette (Hrsg.): *Wissensspeicherder Frühen Neuzeit. Formen und Funktionen*, Berlin / Boston 2015

Guérin Dalle Mese, Jeannine: *L'Occhio di Cesare Vecellio.Abiti E Costumi Esotici Nel '500*, Alessandria 1998

Gutenberg-aventur und kunst. Vom Geheimunternehmen zur ersten Medienrevolution. Katalog zur Ausstellung der Stadt Mainzanlässlich des 600. Geburtstages von Johannes Gutenberg, 14.April bis 3. Oktober 2000, hrsg. von der Stadt Mainz, Mainz 2000

Gutenberg-Jahrbuch, hrsg. von der Gutenberg-Gesellschaft, begr. von Aloys Ruppel, div. Bde., Mainz 1926—2011

Häbler, Konrad: *Die deutschen Buchdrucker des 15. Jahrhunderts im Auslande,*
München 1924

Halbey, Hans Adolf / Schutt-Kehm, Elke / Stümpel, Rolf / Wind, Adolf (Hrsg.):
Schrift-Druck-Buch im Gutenberg Museum, Mainz1985

Hallauer, Hermann Josef: »Bruneck 1460. Nikolaus von Kues–der Bischof scheitert
an der weltlichen Macht«, in: *Studien zum15. Jahrhundert. Festschrift für Erich
Meuthen*, hrsg. von Johannes Helmrath und Heribert Müller, 2 Bde., Bd. 1,
München 1994, S.381-412

Handbuch der Kirchengeschichte, hrsg. von Hubert Jedin, 12 Bde., Freiburg i. Br. /
Basel / Wien 1985

Hankins, James: »Renaissance crusaders: Humanist crusadeliterature in the age of
Mehmed II.«, in: *Dumbarton Oaks Papers* 49 (1995), S.111-207

Hardt, Hermann von der: *Magnum oecumenicum Constantiense concilium de
universali ecclesiae reformatione, unione et fide*, Halberstadt 1700

Harff, Arnold von: *Die Pilgerfahrt des Ritters Arnold von Harff von Cöln durch
Italien, Syrien, Aegypten, Arabien, Aethiopien, Nubien, Palästina, die Türkei,
Frankreich und Spanien wie er sie in den Jahren 1496—1499 vollendet,
beschrieben und durch Zeichnungen erläutert hat*, Köln 1860

Harris, Jonathan: *Greek Emigres in the West*, 1400—1520, Camberley 1995

Hase von, Oscar: *Die Koberger. Eine Darstellung des buchhändlerischen
Geschäfsbetriebes in der Zeit des Überganges vom Mittelalterzur Neuzeit,*
Amsterdam / Wiesbaden 1967

Hebers, Klaus / Schuller, Florian (Hrsg.): *Europa im 15. Jahrhundert. Herbst des
Mittelalters-Frühling der Neuzeit,* Regensburg 2012

Helmrath, Johannes: *Das Basler Konzil 1431-49. Forschungsstand und Probleme,*
Köln / Wien 1987

– »Pius Ⅱ. und die Türken«, in: *Europa und die Türken in derRenaissance,* hrsg. von Bodo Guthmüller und Wilhelm Kühlmann, Tübingen 2000, S.79-137

– »The German ›Reichstage‹ and the Crusade«, in: *Crusading in the ffeenth century. Message and impact,* hrsg. von Norman Housley, Basingstoke 2004, S.53-89, 191-203

Helmrath, Johannes / Schirrmeister, Albert / Schlelein, Stefan (Hrsg.): *Historiographie des Humanismus. Literarische Verfahren, soziale Praxis, geschichtliche Räume,* Berlin 2013

Herding, Otto (Hrsg.): *Die Humanisten in ihrer politischen und sozialen Umwelt,* Bonn 1978

Heuser, Rita: *Namen der Mainzer Straßen und Örtlichkeiten.Sammlung, Deutung, Sprach und Motivgeschichtliche Auswertung,* Stuttgart 2008

Heusinger, Sabine von: *Die Zunft im Mittelalter. Zur Verflechtung von Politik, Wirtschaft und Gesellschaft in Straßburg,* Stuttgart 2009

Heyd, Wilhelm: *Die grosse Ravensburger Gesellschaft,* Stuttgart 1890

Heyden-Rynsch, Verena von der: *Aldo Manuzio. Vom Drucken undVerbreiten schöner Bücher,* Berlin 2014

Hoffmann, Leonhard: Druck von Bild und Schrift vor Gutenberg, in: Gutenberg–Jahrbuch 79 (2004), S.57-74

Hollberg, Cecilie: *Deutsche in Venedig im späten Mittelalter.Eine Untersuchung von Testamenten aus dem 15. Jahrhundert,* Göttingen 2005

Honecker, Martin: *Nikolaus von Kues und die griechische Sprache,* Heidelberg 1938

Horaz: *Sämtliche Werke,* Lateinisch / Deutsch, hrsg. von Bernhard Kytzler Stuttgart 2006

Housley, Norman: *Crusaders and the Ottoman Threat 1453—1505,* Oxford 2013

Hubay, Ilona: »Die bekannten Exemplare der zweiundvierzigzeiligen Bibel und ihre Besitzer«, in: *Johannes Gutenbergs zweiundvierzigzeilige Bibel, Faksimile-Ausgabe nach dem Exemplar der Staatsbibliothek Preußischer Kulturbesitz Berlin: Kommentarband*, hrsg. von Wieland Schmidt und Friedrich-Adolf Schmidt-Künsemüller, München 1979, S.127-155

Hübner, Rudolf: *Grundzüge des deutschen Privatrechts*, Berlin 1919

Huizinga, Johan: *Herbst des Mittelalters*, Stuttgart 1987

Humanistische Lyrik des 16. Jahrhunderts, hrsg. und übersetzt vonWilhelm Kühlmann und Robert Seidel, Frankfurt a. M. 1997

Hupp, Otto: »Gutenberg und die Nacherfnder«, in: *Gutenberg-Jahrbuch* 4 (1929), S.31-100

Inkunabel- und Einbandkunde. Beiträge des Symposions zu Ehrenvon Max Josef Husung am 17. und 18. Mai in Helmstedt, Wiesbaden 1996

Janzin, Marion / Güntner, Joachim: *Das Buch vom Buch. 5000 Jahre Buchgeschichte*, Hannover 2007

Jedin, Hubert: *Kleine Konziliengeschichte. Die zwanzig Ökumenischen Konzilien im Rahmen der Kirchengeschichte*, Freiburg i. Br. 1959

Joachim von Fiore (Joachim Abbas Florensis): *Expositio in Apocalypsim*, unveränderter Nachdruck der Ausgabe Venedig 1527, Frankfurt a. M. 1964

*Johannes Gutenberg-Regionale Aspekte des frühen Buchdruckes.*Vorträge der Internationalen Konferenz zum 550. Jubiläumder Buchdruckerkunst am 26. und 27. Juni 1990 in Berlin, Wiesbaden 1993

Kapr, Albert: *Johannes Gutenberg. Persönlichkeit und Leistung*, München 1987

Kern, Margit: *Tugend versus Gnade. Protestantische Bildprogrammein Nürnberg, Pirna, Regensburg und Ulm*, Berlin 2002

Kindermann, Heinz: *Theatergeschichte Europas*, Bd. 2: Renaissance, Salzburg 1959

Kleineidam, Erich: *Universitas Studii Erffordensis. Überblick über die Geschichte der Universität Erfurt, Teil I: Spätmittelalter, 1392—1460*, Leipzig 1985

Knackmuß, Susanne: »»Meine Schwestern sind im Kloster...‹. Geschlechterbeziehungen des Nürnberger Patriziergeschlechts Pirckheimer zwischen Klausur und Welt, Humanismus und Reformation«, in: *Historical Social Research* 30 (2005), H. 3, S.80-106

Koller, Heinrich: »Die Reformen im Reich und ihre Bedeutungfür die Erfndung des Buchdruckes«, in: *Gutenberg-Jahrbuch* 59 (1984), S.117-127

Koller, Heinrich (Hrsg.): *Reformation Kaiser Sigismunds*, Stuttgart 1964

König, Eberhard: *Biblia pulcra. Die 48zeilige Bibel von 1462. Zwei Pergamentexemplare in der Bibermühle*, Ramsen 2005

Köster, Kurt: »Gutenbergs Straßburger Aachenspiegel-Unternehmen 1438/1440«, in: *Gutenberg-Jahrbuch* 58 (1983), S.24-44

Kreutz, Bernhard: *Städtebünde und Städtenetz am Mittelrhein im 13. und 14. Jahrhundert*, Trier 2005

Kristeller, Paul Oskar: *Humanismus und Renaissance,* München 1973

Kühlmann, Wilhelm: *Vom Humanismus zur Spätaufklärung.Ästhetische und kulturgeschichtliche Dimensionen der frühneuzeitlichenLyrik und Verspublizistik in Deutschland*, Tübingen 2006

Künstle, Karl: *Die Legende der drei Lebenden und der drei Toten und derTotentanz, nebst einen Exkurs über die Jakobslegende*, Freiburg i. Br. 1908

Landois, Antonia: *Gelehrtenstand und Patriziertum. Wirkungskreis desNürnberger Humanisten Sixtus Tucher* (1459—1507), Tübingen 2014

Lateinische Gedichte deutscher Humanisten, Lateinisch / Deutsch, ausgewählt, übersetzt und erläutert von Harry C. Schnur, Stuttgart 2015

Lehmann-Haupt, Helmut: »Gutenberg und der Meister der Spielkarten«, in:

Gutenberg-Jahrbuch 37 (1962), S.360-379

Leuker, Tobias: *Angelo Poliziano. Dichter, Redner, Stratege.Eine Analyse der »Fabula di Orpheo« und ausgewählter lateinischer Werke des Florentiner Humanisten*, Stuttgart / Leipzig 1997

Liliencron, Rochus von: *Die historischen Volkslieder der Deutschenvom 13. bis zum 16. Jahrhundert*, 4 Bde., Hildesheim 1966

Löther, Andrea: *Prozessionen in spätmittelalterlichen Städten.Politische Partizipation, obrigkeitliche Inszenierung, städtische Einheit*, Köln / Weimar / Wien 1999

Lowry, Martin: *Nicholas Jenson and the Rose of Venetian Publishing in Renaissance Europa*, Oxford 1991

Lubac, Henri de: *Typologie. Allegorie. Geistiger Sinn*, Einsiedeln / Freiburg i. Br. 1999

Ludolf von Sachsen: *Das Leben Jesu Christi*, hrsg. von Susanne Greiner, Freiburg i. Br. 1994

McLuhan, Marshall: *Die Gutenberg-Galaxis. Das Ende des Buchzeitalters*, Bonn 1994

– *Die magischen Kanäle*, Düsseldorf / Wien 1968

Mai, Klaus-Rüdiger: »Geheimbünde und Freimaurergesellschaften im Europa der Frühen Neuzeit«, in: *Europa in der Frühen Neuzeit*, hrsg. von Erich Donnert, Köln / Weimar / Wien 2008, Bd. 7, S.243-250

– *Dürer. Das Universalgenie der Deutschen*, Berlin 2015

– »Frühneuzeitliche Geheimbünde als Kryptoradikalität«,

in: *Kryptoradikalität in der Frühneuzeit*, hrsg.

von Günter Mühlpfordt und Ulman Weiß, Stuttgart 2009

– *Martin Luther. Prophet der Freiheit*, Freiburg i. Br. 2014

Margull, Hans Jochen (Hrsg.): *Die ökumenischen Konzileder Christenheit*,

Stuttgart 1961

Marsilius von Padua: *Der Verteidiger des Friedens (Defensor Pacis)*, lat.-dt.,
übersetzt von Walter Kunzmann, bearbeitet undeingeleitet von Horst Kusch, 2
Bde., Darmstadt 1958

Martorell, Joanot: *Der Roman vom Weißen Ritter Tirantlo Blanc*,3 Bde., Frankfurt a.
M. 2007

Matheus, Michael (Hrsg.): *Lebenswelten Johannes Gutenbergs*, Stuttgart 2005

– *Weinproduktion und Weinkonsum im Mittelalter*, Stuttgart 2004

Matheus, Michael / Rödel, Walter G. (Hrsg.): *Bausteine zur Mainzer
Stadtgeschichte. Mainzer Kolloquium* 2000, Stuttgart 2002

Mechthild von Magdeburg: *Das fließende Licht der Gottheit*, Frankfurt a. M. 2003

Meister Eckhart: *Werke*, 2 Bde., hrsg. von Niklaus Largier, Frankfurt a. M. 1993

Meistermann, Ludolph: »Anzeige in Glaubenssachen gegen den Prager
Theologieprofessor Stanislaus von Znaim bei Papst Gregor XII. 1407/08«, in:
Annales facultatisartium I, fol. 220v-222, Universitätsarchiv Heidelberg

Meltzin, Otto: *Das Bankhaus der Medici und seine Vorläufer*, Jena 1906

Mertens, Dieter: »›Europa, idestpatria, domus propria, sedesnostra...‹. Funktionen
und Überlieferung lateinischer Türkenreden im 15. Jahrhundert«, in: *Europa
und die osmanische Expansion im ausgehenden Mittelalte*r, hrsg. von Franz-
ReinerErkens (= ZHF Beihef 20), Berlin 1997, S.39-58

Meuthen, Erich (Hrsg.): *Acta Cusana. Quellen zur Lebensgeschichte des Nikolaus
von Kues*, Hamburg 1976

– »Der Fall von Konstantinopel und der lateinische Westen«, in: *Historische
Zeitschrift* 237 (1983), S.1-35

– Ein neues frühes Quellenzeugnis (zu Oktober 1454?) für denfrühen
Buchdruck, in: *Gutenberg-Jahrbuch* 57 (1982), S.108-118

Miethke, Jürgen / Schreiner, Klaus (Hrsg.): *Sozialer Wandelim Mittelalter,* Sigmaringen 1994

Miglio, Massimo / Bussi, Giovanni A. (Hrsg.): *Prefazioni alle edizionidi Sweynheym e Pannartz, prototipografromani*, Mailand 1978

Miglio, Massimo / Rossini, Orietta (Hrsg.): *Gutenberg e Roma: le origini della stampanellacittàdeipapi (1467—1477)*, Neapel 1997

Mitteilungen des Vereins für Geschichte der Stadt Nürnberg 1-95 (Nürnberg 1978—2008)

Moeller, Bernd / Patze, Hans / Stackmann, Karl (Hrsg.): *Studienzum städtischen Bildungswesen des späten Mittelalters und der frühen Neuzeit. Bericht über Kolloquien der Kommission zur Erforschung der Kultur des Spätmittelalters,* 1978—1981, Göttingen 1983

Monro, Alexander: *Papier. Wie eine chinesische Erfndung die Welt revolutionierte,* München 2015

Mühlack, Ulrich / Walther, Gerrit (Hrsg.): *Diffusion des Humanismus.Studien zur nationalen Geschichtsschreibung europäischer Humanisten*, Göttingen 2002

Müller, Lothar: Weiße Magie. *Die Epoche des Papiers*, München 2014

Neddermeyer, Uwe: *Von der Handschrift zum gedruckten Buch. Schriftlichkeit und Leseinteresse im Mittelalter und in der frühen Neuzeit. Quantitative und qualitative Aspekte*, 2 Bde., Wiesbaden 1998

Neske, Ingeborg: *Die spätmittelalterliche deutsche Sibyllenweissagung. Untersuchung und Edition*, Göppingen 1985

Nikolaus von Kues: *Opera omnia*, Hamburg 1959

　– *Philosophisch-theologische Werke,* 4 Bde., Hamburg 2002

　– *Predigten in deutscher Übersetzung*, Bd. 2, Münster 2013

Nowicki-Pastuschka, Angelika: *Frauen in der Reformation*, Pfaffenweiler 1990

Ochs, Heidrun: *Gutenberg und sine frunde. Studien zu patrizischenFamilien im spätmittelalterlichen Mainz*, Stuttgart 2014

Oschema, Klaus: »Der Europa-Begriff im Hoch- und Spätmittelalter. Zwischen geographischem Weltbild und kulturellerKonnotation«, in: *Jahrbuch für europäische Geschichte* 26 (2001), S.191-234

Panofsky, Ernst / Klibansky, Raymond / Saxl, Fritz: *Saturn und Melancholie. Studien zur Geschichte der Naturphilosophie und Medizin, der Religion und der Kunst*, Frankfurt a. M. 1990

Pastor, Ludwig von: *Geschichte der Päpste im Zeitalter der Renaissance*, Bd. 1 u. 2, Freiburg i. Br. 1923 (1925)

Pastorius, Martin: *Kurze Abhandlung von den Ammeistern der Stadt Straßburg*, Straßburg 1776

Pfordten, Dietmar von der (Hrsg.): *Große Denker Erfurts und der Erfurter Universität*, Göttingen 2002

Pico della Mirandola, Giovanni: *Über die Würde des Menschen*, Hamburg 1990

Platon: *Sämtliche Werke in 3 Bdn.*, hrsg. von Erich Loewenthal, Darmstadt 2004

Ploss, Emil Ernst: *Ein Buch von alten Farben*, Heidelberg 1962

Powitz, Gerhard: *Die Frankfurter Gutenberg-Bibel. Ein Beitragzum Buchwesen des 15. Jahrhunderts,* Frankfurt a. M. 1990

Radbert, Paschasius: *Vom Leib und Blut des Herrn*, Trier 1988

Roeck, Bernd / Bergdolt, Klaus / Martin, Andrew John (Hrsg.): *Venedig und Oberdeutschland in der Renaissance. Beziehungenzwischen Kunst und Wirtschaft*, Sigmaringen 1993

Rosenfeld, Hellmut: »Hat Gutenberg sein Erfurter Studium 1418 fürein Jahr unterbrochen?«, in: *Gutenberg-Jahrbuch* 57 (1982), S.106f.

Rössler, Hellmuth (Hrsg.): *Deutsches Patriziat 1430—1740. Büdinger Vorträge*

1965, Limburg a. d. L. 1968

Rothmann, Michael: *Die Frankfurter Messen im Mittelalter*, Stuttgart 1998

Roye, Jean de: *Journal de Jean de Roye, connue sous le nom de Chroniques candaleuse* 1460—1483, 2 Bde., Paris 1894—96

Ruh, Kurt: *Die abendländische Mystik*, 4 Bde., München 1990—1999

Ruppel, Aloys: *Johannes Gutenberg. Sein Leben und sein Werk*, Berlin 1939

Rupprich, Hans (Hrsg.): *Dürer. Schriftlicher Nachlass*, 3 Bde., Berlin 1956—59

Sabais, Heinz Winfried: *Gutenberg und die Selbstentfremdung des Menschen. Festvortrag gehalten beim Burgfest am 27. August 1967 anlässlich der Fünfhundertjahrfeier Eltviller Erstdrucke in Eltville am Rhein*, Wiesbaden / Frankfurt a. M. 1967

Schanze, Frieder: »Wieder einmal das Fragment vom Weltgericht–Bemerkungen und Materialien zur Sibyllenweissagung«, in: *Gutenberg-Jahrbuch* 75 (2000), S.42-63

Schartl, Reinhard: Johannes Fust und Johannes Gutenberg in zwei Verfahren vor dem Frankfurter Schöffengericht, in: GutenbergJahrbuch 76 (2001), S.83-86

Schaube, Adolf: *Handelsgeschichte der romanischen Völker des Mittelmeergebietes bis zum Ende der Kreuzzüge*, München / Berlin 1906

Schedel, Hartmann: *Weltchronik 1493. Kolorierte Gesamtausgabe*, hrsg. von Stephan Füssel, Köln 2013

Schmidt, Peter: *Gedruckte Bilder in handgeschriebenen Büchern.Zum Gebrauch der Druckgraphik im 15. Jahrhundert*, Köln / Weimar / Wien 2003

Schmidt-Künsemüller, Friedrich-Adolf: *Die Erfndung des Buchdrucksals technisches Phänomen*, Mainz 1951

Schorbach, Karl: »Die urkundlichen Nachrichten über Johann Gutenberg. Mit Nachbildungen und Erläuterungen«, in: *Festschrift zum fünfhundertjährigen*

Geburtstage von Johann Gutenberg, hrsg. von Otto Hartwig, Leipzig 1900, S.1233-1256

Schreiner, Klaus (Hrsg.): *Laienfrömmigkeit im späten Mittelalter. Formen, Funktionen, politisch-soziale Zusammenhänge*, unter Mitarbeit von Elisabeth Müller-Luckner, München 1992

Schröder, Edward: »Das Mainzer Fragment vom Weltgericht«, in: *Veröffentlichungen der Gutenberg-Gesellschaft*, Mainz 1908, S.1-9

Schröder, Edward / Zedler, Gottfried / Wallau, Heinrich: »Das Mainzer Fragment vom Weltgericht, der älteste Druck mitder Donat-Kalender-Type Gutenbergs«, in: *Veröffentlichungen der Gutenberg-Gesellschaft*, Mainz 1904, S.1-36

Schröder, Karl (Hrsg.): *Der Nonne von Engelthal Büchlein von der genaden uberlast*, Stuttgart / Tübingen 1871

Schuchardt, Hugo: »Virgil im Mittelalter«, in: ders.: *Romanischesund Keltisches. Gesammelte Aufsätze*, Berlin 1886

Schuh, Maximilian: *Aneignung des Humanismus. Institutionelle undindividuelle Praktiken an der Universität Ingolstadt im 15. Jahrhundert*, Leiden / Boston 2013

Schulte, Aloys: *Geschichte der großen Ravensburger Handelsgesellschaft 1380— 1520*, 3 Bde., Berlin 1923

Schulthess, Peter / Imbach, Ruedi: *Die Philosophie im lateinischen Mittelalter. Ein Handbuch mit einem biobibliographischen Repertorium*, Zürich 1996

Sibyllinische Weissagungen, hrsg. von Jörg-Dieter Gauger, Düsseldorf / Zürich 2003

Simon, Eckehard: *The Türkenkalender (1454) and the StrasbourgLunation Tracts*, Cambridge, MA 1988

Sottili, Agostino: Humanismus und Universitätsbesuch. Die Wirkungitalienischer

Universitäten auf die Studia Humanitatis nördlich der Alpen, Leiden / Boston 2006

Spitz, Lewis W.: *Humanismus und Reformation als kulturelle Kräfte inder deutschen Geschichte. Ein Tagungsbericht*, Berlin / New York 1981

Stammler, Wolfgang (Hrsg.): *Spätlese des Mittelalters*, Bd. 1: Weltliches Schriftum, Berlin 1963

– *Spätlese des Mittelalters*, Bd. 2: *Religiöses Schriftum*, Berlin 1965

Steffens, Rudolf: »Das ›Mainzer Friedgebot‹ vom Jahre 1437.Neuedition«, in: *Mainzer Zeitschrift* 103 (2008), S.29-59

Stevenson, Alan H.: *The Problem of the Missale Speciale*, London 1967

Strack, Georg: *Thomas Pirckheimer* (1418—1473). *Gelehrter Rat und Frühhumanist,* Husum 2010

Streuber, Dirk: *Die Flucht des Schuldners und die Reaktionstechnikeneines Gesamtvollstreckungsrechts. Der fallitusfugitivus alsRechtsproblem*, Berlin / Boston 2014

Sturlese, Loris: *Die deutsche Philosophie im Mittelalter. Von Bonifatiusbis zu Albert dem Großen* 748—1280, München 1993

– *Homo Divinus – Philosophische Projekte in Deutschland zwischen Meister Eckhart und Heinrich Seuse*, Stuttgart 2007

Subiaco, la culladellastampa. Attideiconvegni, Abbazia di SantaScolastica, 2006—2007, a cura del Comitato »Subiaco, la Culladella Stampa«, Subiaco (Rom) 2010

Takács, Imre (Hrsg.): *Sigismundus Rex et Imperator. Kunst und Kulturzur Zeit Sigismunds von Luxemburg*, 1387—1437, Budapest 2006

Thomas, Johann Gerhard Christian: *Der Oberhof zu Frankfurt am Main und das fränkische Recht in Bezug auf denselben*, hrsg. VonLudwig Heinrich Euler,

Frankfurt a. M. 1841

Thomas von Aquin: *Summe der Theologie*, 3 Bde., Stuttgart 1985

Thomas von Kempen: *Das Buch von der Nachfolge Christi,* Freiburg i. Br. / Basel /
Wien 1999

Tiemann, Barbara (Hrsg.): *Die Buchkultur im 15. und 16. Jahrhundert*, Hamburg
1995

Trusen, Winfried: *Spätmittelalterliche Jurisprudenz und Wirtschaftsethik, dargestellt
an Wiener Gutachten des 14. Jahrhunderts,* Wiesbaden 1961

Türkenkalender auf das Jahr 1455, mit einer Einleitung und Erläuterungen hrsg. von
Alexander Bieling, Wien 1873

Vansteenberghe, Edmond: *Le Cardinal Nicolas de Cues: l'action–la pensée*, Paris
1920

Venzke, Andreas: *Johannes Gutenberg. Der Erfinder des Buchdrucks*, Zürich 1993

Vergil: *Bucolica. Hirtengedichte,* Frankfurt a. M. / Leipzig 1999

– »Lied vom Helden Aeneas«, in: ders.: *Werke in einem Band*, Berlin / Weimar
1983

Vespasiano da Bisticci: *Große Männer und Frauen der Renaissance.Achtunddreißig
biographische Porträts, ausgewählt*, übersetzt undeingeleitet von Bernd Roeck,
München 1995

– *Le vite. Edizionecritica con introduzione e commento di Aulo Greco*, 2 Bde.,
Florenz 1970—1976

Wanke, Helen: *Zwischen geistlichem Gericht und Stadtrat. Urkunden, Personen und
Orte der freiwilligen Gerichtsbarkeit in Straßburg, Speyer und Worms im 13.
und 14. Jahrhundert*, Mainz 2007

Wannenmacher, Julia Eva: *Hermeneutik und Heilsgeschichte. Deseptemsigillis und
die sieben Siegel im Werk Joachims von Fiore*, Leiden / Boston 2005

Wattenbach, Wilhelm: *Das Schriftwesen im Mittelalter*, Graz 1958

Widmann, Hans (Hrsg.): *Der gegenwärtige Stand der Gutenberg-Forschung,* Stuttgart 1972

— *Geschichte des Buchhandels vom Altertum bis zur Gegenwart, Teil I: Bis zur Erfndung des Buchdruckes*, Wiesbaden 1975

— *Vom Nutzen und Nachteil der Erfndung des Buchdrucks-aus derSicht der Zeitgenossen des Erfnders*, Mainz 1973

Wilhelm von Rubruk: *Reise zum Großkhan der Mongolen. Von Konstantinopel nach Karakorum 125-1255*, Stuttgart 1984

Wissenschaft im Mittelalter. Ausstellung von Handschriften und Inkunabeln der österreichischen Nationalbibliothek, bearbeitet von Otto Mazal, Eva Irblich und István Németh, Wien 1975

Worringer, Wilhelm: *Formprobleme der Gotik*, München 1912

Wüst, Wolfgang: *Die »gute« Policey im Reichskreis*, 7 Bde., Berlin 2001-2015

Wuttke, Dieter: *Dazwischen. Kulturwissenschaft auf Warburgs Spuren, 2* Bde., Baden-Baden 1996

— Humanismus als integrative Kraf. *Die Philosophia des deutschen »Erzhumanisten« Conrad Celtis*, Nürnberg 1985

Zahnd, Ueli: *Wirksame Zeichen? Sakramentenlehre und Semiotik in derScholastik des ausgehenden Mittelalters*, Tübingen 2014

注　释

绪论　图像与原型

1. 确切地说，"活字"在德语中应该是"bewegte Letter"（可被活动的字模），而非"bewegliche Letter"（可活动的字模），因为虽然它们能被移动，本身的形状却是固定的。但由于这个术语已被广泛使用，所以本书保留了"bewegliche Letter"这个说法。

2. 参见Giesecke, *Buchdruck*, S.64："人们之前只在记忆中储存的视觉体验，现在被写了下来并被与他人分享。"

3. 有趣的事实是，随着知识媒介变得可机械再生产化，以及人们开始对其进行机械化复制，产生了知识产权的概念和对此的保护，即著作权；与之相对，随着互联网的普及，创造性智力成果更加容易被复制（而不是之前说的再生产），著作权的问题引发了深刻的讨论。

4. Giesecke, *Buchdruck*, S.48.

5. 参见McLuhan: *Die Gutenberg-Galaxis*. Das Ende des Buchzeitalters, Bonn 1994。

6. 拉丁语原版的*Prosopographia herorum atque illustrium virorum totius Germaniae*比其早一年在巴塞尔出版。

258

7. André Thevet, *Les vrais pourtraits et vies des hommes illustres grecz, latins et payens, recueilliz de leurstableaux, livres, médallesantiques et modernes*, 9 Bde., Paris 1584.

8. 参见Emmrich, »Sankt Viktor« in: Gutenberg-Jahrbuch 2001, S.94。

9. 同上，S.91。

10. 转引自Meuthen, *Quellenzeugnis,* S.108 ff。

11. *Humanistische Lyrik*, S.57 ff.

12. Dante, *Monarchia*.

13. Marsilius von Padua, *Der Verteidiger des Friedens*.

14. 参见Venzke, *Gutenberg*, S.95："除此以外，我们再次看到的是固执而毫不手软的容克贵族的形象：必要时粗暴地对待周围的人，目标明确地谋划自己的利益。古登堡毫无顾忌地榨取自己在经济上的优势（……）"如果要研究中世纪晚期的精神、思维和社交方式，这样一种直接用今天的观念来评价15世纪人物性格的做法是不恰当的。

第一章　岌岌可危的世界

1. 参见Heidrun Och对于中世纪晚期美因茨城市贵族的史料丰富、令人印象深刻的研究，载于*Gutenberg*, S.439。

2. 理论上，古登堡的出生时间可能在1393—1405年。

3. 参见Heuser, *Namen*, S.315。

4. Henricus de Langenstein, *Epistola de contemptumundi ad Iohannem de Eberstein*, http://www.geschichtsquellen.de/repOpus_02653.html（引用日期：2016年8月11日）.

5. 参见Glatz, *Wandmalereien*, S.276 f。

6. 转引自Alexander Heising, »Großbürgerliches Wohnen im mittelalterlichen

Bingen-Die Stadtgrabung am Carl-Puricelli-Platz 1999/2000« (翻译自：S.Beissler, Universität Frankfurt a. M.), in: Dorfey, *Stadt und Burg*, S.88 f。

7. 参见Ruppel, *Gutenberg*, S.28 f。

8. 参见Glatz, *Wandmalereien*, S.156 f.和448 f。

9. 警长（walpode）负责维护城市中的公共秩序，职责包括监管市场、赌场、酒馆和妓院。

10. 参见Ochs, *Gutenberg,* S.96。

11. 转引自Dumont, *Mainz*, S.128。

12. 参见Mattheus/Rödel, *Bausteine*, S.43 ff。

13. 有趣的是，城市贵族虽然从事贵金属生意，负责发行货币，但他们不进行生产。但毫无疑问，他们与铸币师们有紧密的关系，因而约翰内斯·古登堡从小就对铸币这门手艺有着一定的了解。

14. Kapr, *Gutenberg*, S.44.

15. 虽然不知道她是否还生下了别的孩子，但是活下来的只有三个。

16. 参见*Haingerichtsbuche* fol 74, Eltville, Stadtarchiv Eltville。

17. 现代之路的目标在于，用逻辑的方法尽可能使所有错综复杂之物回归到最简单的基本形态，去除多余部分——参见"奥卡姆的剃刀"。

第二章　与人文主义的相遇

1. "下面是图林根代理主教、埃尔福特修道院院长埃克哈特兄弟与教会内的青年人的谈话，青年们在晚上围坐在一起聆听他的讲话，他提了不少问题。"出自Meister Eckhart, Bd. 1, S.334–433。

2. 参见Wilhelm Schum, *Beschreibendes Verzeichnis der Amplonianischen Handschriften-Sammlung zu Erfurt*, Berlin 1887。

3. Pfordten, *Große Denker*, S.86.

4. Trutfetter 转引自同上，S.113。

5. 参见Meistermann，»Anzeige«。

6. Pfordten, *Große Denker*, S.88.

7. 同上。

8. Flasch, *Das philosophische Denken*, S.508.

9. 同上，S.512。

10. 同上。

11. 参见Hoffmann, »Druck von Bild und Schrift«, S.57。

12. 参见Widmann, *Geschichte des Buchhandels*, S.32 f。

13. 参见Funke, *Buchkunde*, S.41。

14. Ploss, *Ein Buch von alten Farben*, S.101–125.

15. 同上。

16. 参见Cennini, *Das Buch von der Kunst*, S.121–124。

17. Schedel, *Weltchronik,* Blatt XXXIX verso.

18. 转引自Rosenfeld, »Erfurter Studium«, S.106。

19. Schorbach, »Die urkundlichen Nachrichten«, S.167。

20. Luther, »Von Kaufhandlungen und Wucher«, in: Ders.: *Luther Deutsch*, Bd. 7, Berlin 1954, S.224–236, 此处为第232页。

21. Aristoteles, *Politik*, S.22 f.

22. 同上，S.20。

23. Petrus Johannes Olivi, *Tractatus de emptionibus et venditionibus, de usuris, de restitionibus*, 转引自：Michael Wolff: »Mehrwert und Impetus bei Petrus Johannis Olivi«, in: Miethke/Schreiner, *Sozialer Wandel*, S.417。

24. 最早进行长途贸易的是佛罗伦萨人、热那亚人和威尼斯人，长途贸易造就了国际性的金融联系，那不勒斯和英格兰的巴尔迪银行就是一个例证。随着长途贸易范围的扩大和重要性的增强，以及国际性金融关系的产生，形成了密集的沟通网络和经济上的依赖关系。14世纪国家之间的经济依存关系对现实话题具有启发性，可惜此处无法进一步展开。现今对于全球化的讨论常常缺乏历史维度。

25. Ehrenberg, *Das Zeitalter der Fugger*, Bd. 1, S.31 f.

26. 同上，S.34。

27. Ochs, *Gutenberg*, S.162.

28. 参见Sebald Schreyer, *St. Sebald Amtsbuch und Messnerpflichtordnung*, Stadt AN (Stadtarchiv Nürnberg) A21, Nr. 169-2° 。

29. Meuthen, *Acta Cusana*, S.6 f., Zeugnisse Nr. 18 bis 22.

30. 参见Anton Ph. Brück, »Nikolaus von Kues in Mainz«, in: *Jahrbuch der Vereinigung der Freunde der Universität Mainz 1965*, S.18 f。

31. Liliencron, Volkslieder, Bd. 1, Nr. 63, S.309.

32. Joachim Schneider, »Das illustrierte ›Buch von Kaiser Sigmund‹ des Eberhard Windeck. Der wiederaufgefundene Textzeuge aus der ehemaligen Bibliothek von Sir Thomas Phillipps in Cheltenham«, in: *Deutsches Archiv für Erforschungdes Mittelalters* 2005, S.172–180.

33. Ruppel, *Gutenberg*, S.34.

34. 参见Meuthen, *Acta Cusana*, S.50, Zeugnis Nr. 102。

第三章　企业主的追求

1. Heusinger, *Die Zunft im Mittelalter*, S.186 f.

2. Meister Eckhart, *Deutsche Predigten und Traktate*. Übersetzt v. Josef Quint. München 1979, S.273.[1]

---

[1] 译文出自《埃克哈特大师文集》（荣震华译，商务印书馆，2010年）第290页。

3. Immanuel Kant, *Kritik der reinen Vernunft*, Leipzig, 1979, S.23："这里的情况与哥白尼最初的思想是相同的。哥白尼在假定整个星群都围绕着观察者旋转，对天体运动的解释就无法顺利进行之后，试一试让观察者旋转而星体静止，是否可以更为成功。如今在形而上学中，就对象的直观而言，人们也可以用类似的方式做出尝试。如果直观必须遵照对象的性状，那么，我就看不出人们怎样才能先天地对对象有所知晓；但如果对象（作为感官的客体）必须遵照我们的直观能力的性状，那么，我就可以清楚地想象这种可能性。" [1]

4. 参见哥白尼开拓性的著作*De revolutionibus Orbium Caelestium*。

5. Nikolaus von Kues, »Vom Beryll«, in: Ders.: *Philosophisch-Theologische Werke,* Bd. 3, S.2–143, hier S.5.

6. 以下基于Kurt Köster在Gutenberg-Jahrbuch 1983中提出的观点。参见Köster, *Aachenspiegel-Unternehmen*, S.24–44。

7. 参见Franz, Der Magister Nicolaus Magni de Jawor, S.182, 脚注1。

8. 参见Zeitschrift des Aachener Geschichtsvereins 1 (1879), S.166 f。

9. Köster, *Aachenspiegel-Unternehmen*, S.41.

10. Schorbach, *Die urkundlichen Nachrichten*, S.200.

11. 参见Zeitschrift des Aachener Geschichtsvereins 1 (1879), S.166 f。

12. 同上。

13. *Das Journal des Philippe de Vigneulles*, S.168.

14. 同上，S.167。

15. 同上。

16. Lubac, *Typologie*, S.324.

17. *Das Journal des Philippe de Vigneulles*, S.168.

---

[1] 中文译文出自《纯粹理性批判》（注释本）（李秋零译，中国人民大学出版社，2004年）第14页。

18. 同上，S.171。

19. 参见Gerhardt, *Was erfand Gutenberg*, S.56–72, 在此采用他的观点。

20. 参见同上，S.56。

21. Schorbach, *Die urkundlichen Nachrichten*, S.248 ff.

第四章　媒体时代的诞生

1. Andernacht/Berger, *Bürgerbuch*, S.157.

2. Thomas, *Oberhof*, S.337, Nr. 83; Schartl, *Johannes Fust*, S.84 f.

3. *Die Chroniken*, S.315.

4. 参见Brix, *Die politischen Konflikte*, S.95–111。

5. 针对卡尔·柯斯特（Karl Köster）关于亚琛的朝圣镜的研究（Köster, *Aachenspiegel-Unternehmen*, S.24–44），沃尔夫冈·施特罗默（Wolfgang Stromer）认为："古登堡关键的且前所未有（？）的发明是用于活字的'铸造工具'——这个观点不再成立"（Stromer, Vom Stempeldruck zum Hochdruck, in: *Johannes Gutenberg-Regionale Aspekte*, S.48, Anm. 2）尽管如此，其中能认同的只有，手铸工具不是古登堡的"关键"且"前所未有"的发明。在他除此之外很是出色的这篇文章中，施特罗默似乎误解了柯斯特的意思，误以为朝圣徽章是铸造的产品，柯斯特的观点其实是，古登堡的创新之处在于压制镜框、只浇铸金属镜子（Köster, *Aachenspiegel-Unternehmen*, S.43），"古登堡为亚琛的朝圣镜设计了一种显然更迅速、更合理的生产方法，这种方法超越了行业中的常见的方法[1]，由于可以以此提升生产数量，这种方法同时也带来了更好的盈利机会。"同上。

6. 参见Helmut Lehmann-Haupt, »Gutenberg und der Meister der Spielkarten«,

---

[1] 即铸造。

in: Gutenberg-Jahrbuch 1962, S.360–379, 以及Wolfgang Stromer, »Vom Stempeldruck zum Hochdruck«, in: *Johannes Gutenberg-Regionale Aspekte*, S.48, Anm. 2。

7 . Ruppel, *Gutenberg*, S.146。

8. Wolfgang Stromer, Vom Stempeldruck zum Hochdruck, in: Johannes *Gutenberg-Regionale Aspekte,* S.62.

9. Koller, *Reformation Kaiser Sigismunds*, S.322.

10. 同上，S.342 f。

11. 同上，S.296。

12. 同上，S.304。

13. Galantaris, »Essay 1«, in: *Biblia sacra Mazarinea*, S.16.

14. Nikolaus von Kues, *Predigten*, S.113 f.

15. 1447 年，约翰内斯·曼特林获得斯特拉斯堡公民权并加入行会。

16. Eheberg, *Verfassungs-, Verwaltungs- und Wirtschafsgeschichte*, S.145.

17. 转引自Knackmuß, *Meine Schwestern*, S.82。

18. Neddermeyer, *Von der Handschrift*, Bd. 1, S.232–236.

19. Dante, *Das neue Leben*, S.52.

20. Schanze, Fragment vom Weltgericht, S.47–53; 参见Neske, *Sibyllenweissagung*, S.50–222。

21. Schanze, *Fragment vom Weltgericht*, S.57–62.

22. 参见Neske, *Sibyllenweissagung*, S.3 f.，特别是编辑版，S.242–300。

23. Heraklit, »Fragment 6« (Plut. De Pyth. or. 397 A), in: *Die Vorsokratiker,* Bd. 1, S.289.

24. Vergil, »Vierte Ekloge«, in: *Sibyllinische Weissagungen*, S.227.[1]

---

[1] 中文译文出自杨宪益，其中的"库玛"即库迈。

25. Neske, *Sibyllenweissagung*, S.274 f.:

> es kompt darczu wol,
>
> das got ein keyser weln sol.
>
> Den hat er behalten yn syner gewalt,
>
> vnd gibt ym craft manigfalt.
>
> Er wirt genant friderich,
>
> vnd nympt das cristenfolck an sich.
>
> vnd wirt stryten vmb gotes ere,
>
> vnd gewynt das heylig grab vbir mere.

26. 同上，S.275 f。

27. 同上，S.277。

28. Nikolaus von Kues, *Predigten*, S.382.

29. 后者通过以下两种途径实现：一方面，富裕市民通过捐赠宗教机构逐渐对宗教活动施加影响；另一方面，就像在纽伦堡可以看到的一样，市民们在与教会旷日持久的斗争中越来越多地参与和控制圣职在城市中的颁发。

30. Geldner, *Inkunabelkunde*, S.28.

31. 因曾经的拥有者约翰·H.谢德（John H. Scheide）而得名。

32. Helmut Lehmann-Haupt, »Gutenberg und der Meister der Spielkarten«, in: *Gutenberg-Jahrbuch* 1962, S.360–379, 此处 S.362 ff.

33. Worringer, *Gotik*, S.61.

34. Nikolaus von Kues, *Predigten*, S.370.

35. 诚然当时已有织物印刷师，人们也已经开始运用木刻版和铜刻版进行印刷，但是这些都还是刻版印刷的方法。此处提到的书籍印刷师使用的是到古登堡时才得以发明的书籍印刷机。

36. 在损害赔偿法中，"damnum emergens"（积极损失）指的是现存财产减少，例如支付利息；与之不同的是，"lucrum cessans"（损失的利润）

指的不是已存在的财产遭受损失，而是财产增加的可能性被阻碍。参见 Armstrong, U*sury and publicdebt*, S.63; Endemann, Studien, S.303; Trusen, *Spätmittelalterliche Jurisprudenz*, S.32 ff.; Schwintowski, »Legitimation und Überwindung des kanonischen Zinsverbotes«, in: Brieskorn, *Vom mittelalterlichen Recht*, S.261–270; Hübner, *Privatrecht*, S.495。

37. Schöffer, danscettehypothèse, n'aurait plus rien d'un calligraphe employé presque par hasard les entrepreneurs de la 42. Il aurait déjà été dans la place, collaborateur et secrétaire de son pèreadoptif.« Bechtel, *Gutenberg*, S.478 f.

38. »L'enfant de Gernsheim, peut-être vaguement, aurait été adopté par l'homme d'affairesalors que la femme de celui-ci tardaitpeut-êtreàlui donner une descendance. Ensuite, tout coule de source et prend un tour logique.« 同上，S.479 f.，笔者自译。

39. 同上，S.478 f。

40. Aristoteles, *Physik*, S.92 f.

41. Eva-Maria Hanebutt-Benz, »Gutenbergs Erfndungen«, in: *Gutenberg–aventur und kunst*, S.172.

第五章　近代之春

1. Hans-Michael Empell在他除此之外非常出色的研究中忽略了这点。Empell, *Gutenberg vor Gericht*, S.128.

2. 转引自Meuthen, »Quellenzeugnis«, S.108 ff。

3. *Förster, Europa*, S.40 f.

4. 转引自*Meuthen*, »Quellenzeugnis«, S.108 ff。

5. Pastor, *Päpste*, Bd. 1, S.600 f.

6. Ruppel, *Gutenberg*, S.172; Kapr, *Gutenberg*, S.200 f.

7. 阿洛伊斯·鲁佩尔（Aloys Ruppel）认为这部作品出自福斯特和舍费尔的工场，但这部作品没有体现名字的末页题记和徽章。一些研究者认为，末页题记提到的1460年是因疏忽产生的错误，印刷时间应为1469或1470年，甚至更晚；但是他们为此提出的证据也不够充分。

8. 这点上要认同阿尔伯特·卡普尔（Albert Kapr）的观点。

9. Kapr, *Gutenberg*, S.229.

10. 同上S.230。

11. Esch, »Deutsche Frühdrucker«, S.49.

12. Häbler, *Die deutschen Buchdrucker*, S.15.

13. Esch, »Deutsche Frühdrucker«, S.45.

14. Von der Heyden-Rynsch, *Aldo Manuzio*, S.19.

15. Johannes Trithemius, De laude scriptorium，转引自Widmann, *Vom Nutzen und Nachteil*, S.43。

16. Leo X., »Intersollicitudines«，转引自Widmann, *Vom Nutzen und Nachteil*, S.48。

译名对照表

（按中文译名的首字母排序）

A

阿尔布雷希特·博福斯特	Albrecht Pfster
阿尔布雷希特·丢勒	Albrecht Dürer
阿尔布雷希特二世（神圣罗马帝国）	Albrecht II (HRR)
阿尔杜斯·马努提乌斯	Aldus Manutius
阿方索·德·卡塔赫纳·德·圣玛利亚	Alonso de Cartagena de Santa Maria
阿格涅斯·斯托瑟	Agnes Stösser
阿里斯托芬	Aristophanes
阿马尼亚克伯爵伯纳德七世	Graf Bernhard VII von Armagnac
阿米纽斯	Arminius
阿姆普罗尼欧斯·拉廷·德·贝尔卡	Amplonius Rating de Berka
阿诺尔德·潘纳尔茨	Arnold Pannartz
阿诺尔特·格尔图斯	Arnolt Gelthus
阿普列乌斯	Apuleius
阿斯科利的艾诺克	Enoch von Ascoli
阿威罗伊（伊本·路西德）	Averroës (Ibn Ruschd)
埃贝斯泰因的约翰	Johann von Eberstein

埃伯哈德·温德克	Eberhard Windecke
埃尔巴赫的迪特里希·申克	Dietrich Schenk von Erbach
埃尔哈特·拉多特	Erhard Ratdolt
埃尔泽·根斯弗莱施 （古登堡的姐姐）	Else Gensfleisch (Schwester)
埃尔泽·根斯弗莱施 （婚前姓氏为维利希）（古登堡的母亲）	Else Gensfleisch (geb. Wirich)
埃尔泽·根斯弗莱施 （婚前姓氏为希尔茨）（古登堡的嫂子）	Else Gensfleisch (geb. Hirtz)
埃尔泽·维利希	Else Wirich
埃尔泽·菲兹图姆 （婚前姓氏为根斯弗莱施）	Else Vitzthum (geb. Gensfleisch)
埃尔泽·希尔茨	Else Hirtz
埃吉狄乌斯·罗马努斯	Ägidius Romanus
埃克哈特大师	Meister Eckhart
埃勒维贝尔·伊瑟林·托勒	Ellewibel zur Iserin Thüre
埃利乌斯·多纳图斯	Aelius Donatus
埃普施泰因的埃伯哈德三世	Eberhard Ⅲ von Eppstein
埃普施泰因的西格弗里德三世	Siegfried Ⅲ von Eppstein
艾布的阿尔布雷希特	Albrecht von Eyb
安德烈·泰韦	André Thevet
安德烈亚斯·海尔曼	Andreas Heilmann
安德烈亚斯·特里岑	Andreas Dritzehn
安东尼·科伯格	Anthoni Koberger
安东尼乌斯·海尔曼	Antonius Heilmann
安娜·巴列奥略	Anna Palaiologina
安娜·弗莱	Anna Frey
盎博罗削·特拉韦萨里	Ambrogio Traversari

奥迪尔根·根斯弗莱施	Odilgen Gensfleisch
奥迪尔根·佐根罗赫	Odilgen Sorgenloch (geb. Gensfleisch)
（出生姓氏为根斯弗莱施）	
奥蒂尼，宾根银行家	Bankmann in Bingen Ottini
奥多·科隆纳（马丁五世）	Oddo Colonna (Martin V)
奥古斯特·本斯海姆	August Bensheim
奥卡姆的威廉	William von Ockham
奥滕贝格的维冈特·施比斯	Wiegand Spieß von Orthenberg
奥维德	Ovid

B

芭芭拉·罗斐尔霍尔茨	Barbara Löffelholz
柏拉图	Platon
保利努斯·扎伯	Paulinus Zappe
贝萨里翁	Bessarion
贝托尔德·福特迈耶	Berthold Furtmeyer
贝托尔特·鲁佩尔	Berthold Ruppel
彼得·胡梅里	Peter Humery
彼得·路德	Peter Luder
彼得·伦巴德	Petrus Lombardus
彼得·荣根	Peter zum Jungen
彼得·舍费尔	Peter Schöffer
彼得·肖特	Peter Schott
彼得·伊姆霍夫	Peter Imhoff
彼得·约翰内斯·奥利维	Petrus Johannes Olivi
彼得罗·本博	Pietro Bembo
彼得罗·佩鲁吉诺	Pietro Perugino

彼得曼·根斯弗莱施	Petermann Gensfleisch
彼德鲁斯·克里斯蒂	Petrus Christus
波爱修斯	Boethius
波焦·布拉乔利尼	Poggio Bracciolini
波纳文图拉	Bonaventura
布拉格的杰罗姆	Hieronymus von Prag
布拉格的斯宾科	Zbynko von Prag
布歇格的马蒂亚斯	Matthias von Buchegg

C

查理大帝	Karl der Große
查理七世（法兰西）	Karl VII (Frankreich)
查理四世（神圣罗马帝国）	Karl IV (HRR)
成吉思汗	Dschingis Khan

D

达瑟尔的莱纳尔特	Rainald von Dassel
大阿尔伯特 / 阿尔伯特·马格努斯	Albertus Magnus
代达罗斯	Dädalus
但丁·阿利吉耶里	Dante Alighieri
得尔肯海姆的卡特琳娜	Katherine von Delkenheim
邓斯·司各脱	Duns Scotus
迪博尔德·劳伯	Diebold Lauber
迪里克·鲍茨	Dierick Bouts
敌对教皇本笃十三世（在普罗旺斯的阿维尼翁，与在罗马的教皇对立）	Gegenpapst Benedikt XIII

敌对教皇约翰二十三世　　　　　　　　Gegenpapst Johannes XXIII

笛卡尔　　　　　　　　　　　　　　　Ren Descartes

多纳托·布拉曼特　　　　　　　　　　Donato Bramante

E

恩讷辛·菲尔斯滕贝格　　　　　　　　Ennechin zum Fürstenberg

恩讷辛·维利希　　　　　　　　　　　Ennechin Wirich

（前一段婚姻中为恩讷辛·菲尔斯滕贝格）

恩尼琳·伊瑟林·托勒　　　　　　　　Iserin Thüre, Ennelin zu der

恩尼亚·西尔维奥·皮科洛米尼　　　　Enea Silvio Piccolomini (Papst Pius II)

（庇护二世）

F

菲奥雷的约阿希姆　　　　　　　　　　Joachim von Fiore

菲利波·布鲁内莱斯基　　　　　　　　Filippo Brunelleschi

菲利普·德·维尼厄勒　　　　　　　　Philippe de Vigneulles

腓特烈二世（神圣罗马帝国）　　　　　Friedrich II (HRR)

腓特烈三世（美男子腓特烈，奥地利）　Friedrich III (der Schöne, Österreich)

腓特烈三世（神圣罗马帝国）　　　　　Friedrich III (HRR)

腓特烈一世（巴巴罗萨，神圣罗马帝国）Friedrich I (Barbarossa, HRR)

腓特烈一世（普法尔茨）　　　　　　　Friedrich I (Pfalz)

费德里科·达·蒙特费尔特罗　　　　　Federico da Montefeltro

弗拉斯兰的约翰·维尔纳　　　　　　　Johann Werner von Flassland

弗朗切斯科·彼特拉克　　　　　　　　Francesco Petrarca

弗朗切斯科·科隆纳　　　　　　　　　Francesco Colonna

弗里勒·根斯弗莱施（古登堡的伯祖）　Friele Gensfleisch (Großonkel)

弗里勒·根斯弗莱施（古登堡的父亲）	Friele Gensfleisch (Vater)
弗里勒·根斯弗莱施（古登堡的兄长）	Friele Gensfleisch (Bruder)
弗里勒·拉登	Friele zu Laden
弗里勒·拉夫特·根斯弗莱施 （古登堡的曾祖父）	Friele Raft zum Gensfleisch (Urgroßvater)

G

格奥尔格·克里斯托弗·利希滕贝格	Georg Christoph Lichtenberg
格雷特·根斯弗莱施 （婚前姓氏为荣根·阿本）	Grete Gensfleisch (geb. zur jungen Aben)
格雷特·荣根·阿本 （格雷特·根斯弗莱施）	Grete zur jungen Aben
格雷特根·斯瓦尔巴赫	Gretgen Swalbach
格弥斯托士·卜列东	Gemistos Plethon
格特·格罗特	Gert Groote

H

哈根的库尼贡德	Kunigunde von Haghen
哈特曼·舍德尔	Hartmann Schedel
海梅里库斯·德·坎波	Heymericus de Campo
海姆堡的格雷格	Gregor von Heimburg
海因里希·埃格施泰因	Heinrich Eggestein
海因里希·贝希特敏策	Heinrich Bechtermünze
海因里希·盖斯马尔	Heinrich Geismar
海因里希·君特	Heinrich Günther
海因里希·科菲尔	Heinrich Keffer

海因里希·雷布斯托克	Heinrich Rebstock
海因里希·潘塔莱翁	Heinrich Pantaleon
海因里希·荣根	Heinrich zum Jungen
汉斯·拜尔	Hanns Beyer
汉斯·丁内	Hanns Dünne
汉斯·福斯特	Hans Fust
汉斯·里弗	Hanns Riffe
汉斯·路德	Hans Luder
汉斯·温德伯格	Hans Windberg
"好人"菲利普	Philipp der Gute
荷马	Homer
赫尔曼·阿普特克	Hermann Aptheker
赫尔曼·菲尔斯滕贝格	Hermann Fürstenberg
赫尔曼·舍德尔	Hermann Schedel
赫尔曼·温德克	Hermann Windecke
赫拉克利特	Heraklit
亨利·德·吕巴克	Henri de Lubac
亨内·克瑙夫	Henne Knauf
亨内·拉登/亨金/亨显·根斯弗莱施	Henne zur Laden / Hengin / Henchen Gensfleisch
亨内·荣根	Henne zum Jungen
亨内·泰德林根	Henne zu Tedlingen
亨内贝格的贝托尔特	Berthold von Henneberg
"红色的"阿诺尔德	Arnold der Rote
胡安·德·卡瓦哈尔	Juan de Carvajal
胡安·德·托克马达	Juan de Torquemada
怀勒的尼古拉斯	Nikolaus von Wyle

J

K

康拉德·福斯特	Konrad Forster
康拉德·胡梅里	Konrad Humery
康拉德·萨斯帕赫	Konrad Saspach
康拉德·施韦因海姆	Konrad Sweynheim
康拉德·维茨	Konrad Witz
科隆的约翰	Johann von Köln
克拉拉·皮克海默	Klara Pirckheimer
克莱尔沃的圣伯纳德	Bernhard von Clairvaux
克劳狄乌斯·托勒密	Claudius Ptolemäus
克劳斯·哥德尔麦西勒	Claus Gordelmeychler
克劳斯·特里岑	Claus Dritzehn
克劳斯·菲兹图姆	Claus Vitzthum
克劳斯·肖特	Claus Schott
克雷泽·赖泽	Cleese Reise
克里斯汀娜·福斯特	Christina Fust
克里斯汀娜·舍费尔 （婚前姓氏为福斯特）	Christina Schöffer (geb. Fust)
肯恩纳特的马蒂亚斯	Matthias von Kemnat
孔子	Konfuzius
库尔特·弗拉施	Kurt Flasch
库尔特·柯斯特	Kurt Köster
库萨的尼古拉	Nikolaus von Kues

L

拉克坦提乌斯	Lactantius
拉蒙·柳利	Raimundus Lullus
莱昂纳多·布鲁尼	Leonardo Bruni

M

马丁·路德	Martin Luther
马尔西利奥·菲奇诺	Marsilio Ficino
马格德堡的梅西蒂尔特	Mechthild von Magdeburg
马可·波罗	Marco Polo
马克西米利安一世（神圣罗马帝国）	Maximilian Ⅰ (HRR)
马提雅尔	Martial
曼德谢德的乌尔里希	Ulrich von Manderscheid
蒙哥	Mangu
蒙提尔昂代尔的阿多索	Adso von Montier-en-Der
米开朗琪罗	Michelangelo
米歇尔·斯科特斯	Michael Scotus
穆罕默德二世（奥斯曼帝国）	Mehmed Ⅱ (Osmanisches Reich)

N

拿骚的阿道夫	Adolf von Nassau
奈佩格的莱因哈特	Reinhart von Neipperg
内泽·根斯弗莱施（婚前姓氏为荣根）	Nese Gensfleisch (geb. zum Jungen)
内泽·荣根，见内泽·根斯弗莱施	Nese zum Jungen (Nese Gensfleisch)
尼古拉·哥白尼	Nikolaus Kopernikus
尼古拉·让松	Nicolas Jenson
尼古拉斯·贝希特敏策	Nikolaus Bechtermünze
尼古拉斯·胡恩罗伊尔	Nikolaus Hunleue
尼古拉斯·施宾德勒	Nikolaus Spindeler
努西亚的圣本笃	Benedikt von Nursia

O

欧费米娅·皮克海默	Eufemia Pirckheimer
欧几里得	Euklid
欧里庇得斯	Euripides

P

帕多瓦的马西利乌斯	Marsilius von Padua
帕萨/帕策·根斯弗莱施	Patza/Patze Gensfleisch
帕萨/帕策·荣根	Patza/Patze zum Jungen (geb. Gensfleisch)
（婚前姓氏为根斯弗莱施）	
皮特·布拉斯霍夫	Peter Blashoff
皮耶罗·德拉·弗朗切斯卡	Piero della Francesca
品达	Pindar
普劳图斯	Plautus
普洛科普·瓦尔德福格尔	Prokop Waldvogel

Q

乔瓦尼·皮科·德拉·米兰多拉	Giovanni Pico della Mirandola
乔瓦尼·安德烈亚·迪·布西	Giovanni Andrea di Bussi
乔瓦尼·薄伽丘	Giovanni Boccaccio
乔瓦尼·达·卡皮斯特拉诺	Giovanni da Capistrano
乔瓦尼·斯克里巴	Giovanni Scriba
琴尼诺·琴尼尼	Cennino Cennini

R

让·热尔松	Jean Gerson
热那亚的约翰内斯·巴尔布斯	Johannes Balbus de Janua

S

撒路斯提乌斯	Sallust
萨比娜·皮克海默	Sabina Pirckheimer
萨尔曼，美因茨财政大臣	Mainzer Kämmerer Salmann
塞巴斯蒂安·布兰特	Sebastian Brant
塞京根的弗里德尔	Friedel von Seckingen
塞伦霍芬的阿诺尔德	Arnold von Selenhofen
塞内卡	Seneca
圣安娜	Hl. Anne
圣奥古斯丁	St. Augustinus
圣彼得	Hl. Petrus
圣克里斯托弗	Hl. Christophorus
圣劳伦丘斯	Hl. Laurentius
圣雷米	Hl. Remigius
圣女贞德	Jeanne d'Arc
圣维克托的雨果	Hugo von St. Viktor
圣乌苏拉	Hl. Ursula
圣西蒙	Hl. Simon
圣约翰（福音书作者）	Johannes (Evangelist)
圣哲罗姆	Hl. Hieronymus (St. Jerome)
施佩耶尔的文德林	Wendelin von Speyer

维利巴尔德•皮克海默	Willibald Pirckheimer
维利希，美因茨的城堡伯爵	Wirich, Burggraf in Mainz
沃尔布加·皮克海默	Walburga Pirckheimer
沃尔施达特的尼古劳斯	Nikolaus von Wörrstadt
乌尔里希·博纳	Ulrich Boner
乌尔里希·策尔	Ulrich Zell
乌尔里希·汉	Ulrich Han
乌尔曼·施特罗默	Ulman Stromer
乌戈利诺·皮萨尼	Ugolino Pisani
乌利希·施莱耶	Ulrich Schreyer

X

西吉斯蒙德·施特罗默	Sigismund Stromer
西克斯图斯·吕辛格	Sixtus Rüssinger
西克斯图斯·图赫尔	Sixtus Tucher
西塞罗	Cicero
希罗多德	Herodot
希罗尼穆斯·阿莱安德	Hieronymus Aleander
锡耶纳的圣卡泰丽娜	Katharina von Siena
修昔底德	Thukydides

Y

雅各布·维茨兰特	Jacob Vizlant
雅各布·温菲灵	Jakob Wimpfeling
雅各布·文克尔	Jakob Wencker
亚琛的约翰	Johann von Aachen

亚当·罗特 　　　　　　　　　Adam Rot

亚里士多德 　　　　　　　　　Aristoteles

亚沃尔的大尼古拉斯 　　　　　Nicolaus Magni de Jawor

　　　　　　　　　　　　　　(Nikolaus Groß von Jauer)

扬·胡斯 　　　　　　　　　　Jan Hus

耶克尔·罗德·菲尔斯滕贝格 　Jekel Rode zum Fürstenberg

耶克尔·希尔茨 　　　　　　　Jeckel Hirtz

伊曼努尔·康德 　　　　　　　Immanuel Kant

伊森堡的迪特 　　　　　　　　Diether von Isenburg

尤维纳利斯 　　　　　　　　　Juvenal

约多库斯·特鲁夫特 　　　　　Jodokus Trutfetter

约尔格·格吕尔 　　　　　　　Jorge Gruel

约尔格·特里岑 　　　　　　　Jörg Dritzehn

约翰·H. 谢德 　　　　　　　　John H. Scheide

约翰·阿默巴赫 　　　　　　　Johann Amerbach

约翰·德·萨克罗博斯科 　　　Johannes de Sacrobosco

约翰·根斯弗莱施 　　　　　　Johann Gensfleisch

约翰·赫伊津哈 　　　　　　　Johan Huizinga

约翰·雷海迈尔 　　　　　　　Johann Leheymer

约翰·曼琛 　　　　　　　　　Johann Manthen

约翰·皮克海默 　　　　　　　Johann Pirckheimer

约翰·舍恩斯佩尔格 　　　　　Johann Schönsperger

约翰·台彻尔 　　　　　　　　Johann Tetzel

约翰·威克里夫 　　　　　　　John Wyclif

约翰·匈雅提 　　　　　　　　Johann Hunyadi

约翰·佐根罗赫 　　　　　　　Johann Sorgenloch

约翰二世（塞浦路斯） 　　　　Johann II (Zypern)

约翰内斯·察哈里埃	Johannes Zachariae
约翰内斯·法布里	Johannes Fabri
约翰内斯·福斯特	Johannes Fust
约翰内斯·格尔林克	Johannes Ghelrinc
约翰内斯·卡勒	Johannes Karle
约翰内斯·罗伊希林	Johannes Reuchlin
约翰内斯·曼特林	Johannes Mentelin
约翰内斯·斯瓦尔巴赫	Johannes Swalbach
约翰内斯·陶勒	Johannes Tauler
约翰内斯·谢勒	Johannes Scheele

Z

朱利安·塞萨里尼	Giuliano Cesarini
朱利亚诺·德拉·罗韦雷（尤利乌斯二世）	Giulio della Rovere (Julius Ⅱ)
朱亚诺·马托尔雷	Mossèn Joanot Martorell
兹诺伊莫的斯坦尼斯劳斯	Stanislaus von Znaim
尊者比德	Beda Venerabilis

马上扫二维码，关注"**熊猫君**"

和千万读者一起成长吧！